U0010857

黃國煜——

編著

The Illustrated Guide to
Judaism

圖解
猶太教

✡ 前 言

探索堅韌的猶太精神

● 猶太教是世界最早唯一真神（一神論信仰）的古老宗教，同時也是極少數不積極向外傳教的封閉性宗教，他們自認是上帝特別揀選的子民，是優越感很重的民族，猶太教目前傳教的對象是針對已經不遵守猶太教教規的猶太人。

● 猶太教的起源是從一個普通家庭（亞伯拉罕家族）受到神的召喚，演化到整個家族的信仰，創造一個共同宗教的民族，最後建立一個國家。

● 摩西是猶太教的奠基者，他引領以色列十二支派族人離開被奴役 400 多年的的埃及，回到神所賜的應許之地（迦南美地），他透過神的啟示，頒定五部律法書（又稱：妥拉）成為舊約聖經裡前五卷最重要的精華篇章，又被稱為「摩西五經」，並孕育出爾後世界重要的宗教：基督教（新教）、天主教、東正教以及伊斯蘭教（回教），均承襲它所煥發出來的基礎元素，並把它更發揚光大（青出於藍更勝於藍）。

● 猶太人世代恪守著與神所訂立的盟約（行割禮、守安息日、遵行律法），雖然在數千年來的大流散時代（國際性難民），居無定所分散於世界各地，他們依然能用民族精神及宗教信仰在心靈上交流，緊密連結在一起。

● 一般國人對猶太教的認知，可說侷促一隅，尤其對希伯來人、以色列人及猶太人難以區別，於是再激起我提筆，繼多年前編著《圖解世界宗教》結構框架下再度用分門別類，搭配圖文的簡潔易懂方式，帶您一起去認識探索飽受悲悽滄桑、又能夠堅韌不拔的猶太精神。

黃國煜 謹識

Contents ● 目 錄

Contents ● 目 錄

Contents ● 目 錄

Contents ● 目 錄

第一章

認識世界文明的起源

第一節　四大古文明與應許之地所在

1 四大古文明圈

　　①巴比倫、②埃及、③印度、④中國。

2 四大古文明的共通點

　　① 皆在大河流域旁（土地肥沃，利於耕種）。

　　② 均集中在北緯 30 度線上下（氣候溫和、年平均溫度在攝氏 20 度左右）。

　　③ 均從群居生活連結成部落，最後聯合各部落而建立國家。

3 肥沃月灣帶　　巴比倫與埃及兩大古文明之間，有一條像似新月弧形肥沃土壤地帶（適於農耕及畜牧）。從波斯灣，延伸到尼羅河三角洲。

四大古文明	巴比倫	埃及	印度	中國
國別	巴比倫	埃及	印度	中國
成立年	前 3500 年	前 3100 年	前 2500 年	前 2000 年
流域	兩河流域[註1]	尼羅河流域	印度河流域	黃河流域
緯度	北緯 30 ～ 40 度	北緯 20 ～ 30 度	北緯 25 ～ 35 度	北緯 30 ～ 40 度
君主	月神的後裔（天下四方之王）	太陽神的兒子（法老王）	敬神的子民（婆羅門祭司）	龍的傳人（天子）
制度	城邦制度	奴隸制度	種姓制度	封建制度
文字	楔形文字	象形文字	印章文字	甲骨文字
發明	星座、地圖、法典、太陰曆	太陽曆、紙草、天文學、木乃伊	阿拉伯數字、瑜伽、數字「0」	指南針、火藥、造紙術、印刷術
建設	空中花園、通天塔	金字塔、神殿	摩罕佐陀羅城	萬里長城、秦始皇陵

註 1　兩河流域——底格里斯河與幼發拉底河之間（又稱美索不達米亞文化）

4 **應許之地** 聖經裡族長時期故事，剛好在此弧形線上（新月沃土）游走，最後落腳在共同走廊的核心處，即為神所賜的「流著奶與蜜的應許之地」。

5 **強敵環伺包夾其中** 神賜予猶太人的應許之地（又稱迦南美地，現代稱巴勒斯坦）恰巧處於兩大古文明之間中心點，是肥沃月灣帶的心臟區，於是長期受到兩股強大勢力左右夾擊，前後威脅而歷盡滄桑。

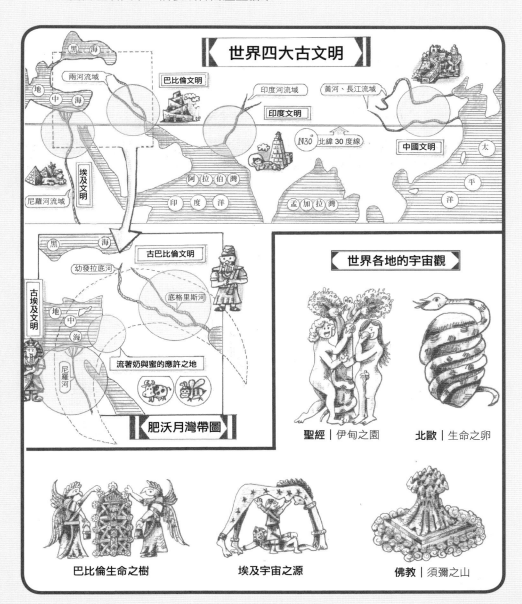

世界四大古文明

世界各地的宇宙觀

聖經｜伊甸之園　　北歐｜生命之卵

巴比倫生命之樹　　埃及宇宙之源　　佛教｜須彌之山

肥沃月灣帶圖

| 印度｜宇宙之脈 | 希臘｜擎天之柱 | 印加｜宇宙之輪 |

世界各地的宇宙觀

第二節　認識聖經歷史對照概略年表

年分	以色列記事		埃及	中國
前 2460-	大洪水 （挪亞方舟）	創世紀時期	古王國時期 第 3～6 王朝	
前 2250-	巴別塔		前 2200 年	
前 2165-	亞伯拉罕誕生			
前 2090-	亞伯拉罕前往應許之地		第一中間期 第 7～10 王朝	
前 2065-	以撒誕生			夏朝 （470 年）
前 2005-	雅各、以掃誕生	族長時期 （290 年）	前 2033 年	
前 1928-	雅各逃難至哈蘭			
前 1908-	雅各改名「以色列」		中王國時期 第 11～13 王朝	
前 1884-	約瑟在埃及當宰相			
前 1875-	以色列人寄居埃及			
前 1730-	以色列人在埃及成為奴隸	入埃及時期 （430 年）	前 1710 年	
			第二中間期 第 14～17 王朝	前 1600 年
前 1525-	摩西誕生			商朝
			前 1550 年	

接續下頁

年分	以色列記事		異族	埃及	中國
前 1445- 前 1405-	出埃及漂流曠野時期（40 年）			新王國時期 第 18 ～ 20 王朝	商朝 （555 年）
前 1375-	征服期、分地業				
	士師時期 （325 年）				
				前 1069 年	
前 1050-					前 1046 年
	統一期 （120 年）	掃羅	蘇美	第三中間期 第 21 ～ 25 王朝	西周 （275 年）
		大衛			
		所羅門	前 912 年		
前 930-					
	南朝猶大王國 （345 年）	北朝以色列王 國（209 年）	亞述帝國 （300 年）		前 771 年
前 722-				前 664 年	
					東周（春秋時代） （296 年）
前 613- 前 586-		新巴比倫（88 年）			
前 550-			後王朝時期 第 26 ～ 31 王朝		
	波斯帝國 （220 年）				前 476 年
前 334-			前 332 年		東周（戰國時代） （255 年）
前 323-	亞歷山大帝國（12 年）				
	塞琉古王朝 （250 年）				前 221 年
			托勒密王朝 （260 年）		秦（15 年）
前 143-					
	哈斯蒙尼王朝 （106 年）	前 63 年			西漢 （214 年）
前 37-		羅馬共和	前 44 年		
西元元年 -	希律王潮 （103 年）				西元 8 年
66-		前 27 年			新（15 年）
					東漢（195 年）
	羅馬大帝國 （422 年）				西元 220 年 三國（43 年）
					西晉（51 年）
395-	東羅馬	西羅馬			東晉（103 年）

中國	聖經	年分	重要記事
三皇五帝時期	創世紀時期共計 1950 年	前 4115 年	亞當、夏娃被逐出伊甸園（人類開啟有生命的起源，即原罪説）
		前 3986 年	塞特出生（亞當時年 130 歲）
		前 3760 年	★ 猶太曆的起始年（猶太元年）
		前 3186 年	◎ 亞當去世（享年 930 歲）
		前 3060 年	挪亞誕生（亞當第十代孫）
		前 2560 年	閃、含、雅弗誕生（挪亞時年 500 歲）
		前 2460 年	大洪水（挪亞方舟，時年 600 歲）★ 人類的重生
		前 2250 年	巴別塔（寧錄王建造，他是挪亞的第四代孫）★ 神變亂人類語言
夏朝 前 2070 ≀ 前 1600 共計 470 年	族長時期共計 290 年	前 2165 年	**始祖** 亞伯蘭誕生（後改名：亞伯拉罕，是挪亞的第十一代子孫）
		前 2110 年	◎ 挪亞去世（享年 950 歲）
		前 2090 年	亞伯蘭遵行上帝旨意前往應許之地（時年 75 歲）
		前 2078 年	亞伯蘭的妾夏甲生下以實瑪利（阿拉伯人始祖）
		前 2066 年	亞伯蘭行割禮改名「亞伯拉罕」（時年 99 歲）
			★ 神決定毀滅所多瑪及蛾摩拉兩城（唯有羅得家人倖免）
		前 2065 年	**二祖** 以撒誕生（亞伯拉罕時年 100 歲）夏甲母子被放逐
		前 2050 年	亞伯拉罕差點將以撒獻祭給神（被天使阻止），以撒時年 15 歲
		前 2025 年	以撒與利百加結婚（以撒時年 40 歲）
		前 2005 年	**三祖** 雅各及以掃誕生（以撒時年 60 歲）
		前 1990 年	◎ 亞伯拉罕去世（享年 175 歲）
		前 1928 年	雅各騙得長子權分，逃往哈蘭舅舅家避難（時年 78 歲）
		前 1915 年	**四祖** 約瑟誕生（雅各時年 91 歲）
		前 1908 年	雅各返回迦南將名字改成「以色列」（時年 98 歲）
		前 1897 年	約瑟被賣到埃及為奴（時年 18 歲）
		前 1886 年	◎ 以撒去世（享年 180 歲）
		前 1884 年	約瑟在埃及當宰相（時年 30 歲）
		前 1878 年	約瑟的兒子瑪拿西，以法蓮誕生（約瑟時年 37 歲）
	入埃及	前 1875 年	雅各家族遷往埃及寄居（雅各時年 130 歲，約瑟時年 40 歲）
		前 1859 年	◎ 雅各去世（享年 147 歲）
		前 1805 年	◎ 約瑟去世（享年 110 歲）
		前 1730 年	★ 以色列人在埃及從貴賓變成奴隸
商朝 前 1600 ≀ 前 1046	為奴期	前 1525 年	摩西誕生（雅各的第四代孫）
		前 1485 年	摩西誤殺埃及官吏，逃往米甸避難（時年 40 歲）
	出埃及 漂流期	前 1445 年	出埃及（摩西受神召命，帶領以色列民出埃及，時年 80 歲）
		前 1405 年	◎ 摩西去世（享年 120 歲）★ 以色列民結束漂流曠野 40 年的生活
	征服期	前 1398 年	約書亞征服迦南地（以色列十二支派分配地業）
		前 1390 年	◎ 約書亞去世於亭拿西拉（享年 110 歲）

14

接續下頁

中國	聖經	年分		重要記事
商朝	士師期	前 1375 年	325 年	325 年期間，共有十二位士師領導以色列民抵抗異族侵犯
		前 1050 年		
西周 前 1046 ～ 前 771 共計 275 年	統一王國時期 120 年	前 1050 年	40 年	掃羅	掃羅王時期（掃羅王出生於前 1080 年） ◎ 30 歲時被膏立為王，在位 40 年（兵敗自殺而亡，享年 70 歲）
		前 1010 年		
		前 1010 年～前 970 年	40 年	大衛	大衛王時期（大衛出生於前 1040 年，亞伯拉罕第十四代孫） 17 歲被膏立，30 歲時在希伯崙稱王，37 歲時遷都耶路撒冷，又稱為「大衛城」（錫安城），在位 40 年，享年 70 歲
		前 970 年	40 年	所羅門	所羅門王時期（所羅門出生於前 990 年），20 歲登基，在位 40 年，享年 60 歲 ★ 前 967 年建造聖殿，又稱「所羅門聖殿」（歷時 7 年完工）
		前 930 年		
	分裂王國時期	前 930 年	209 年	北朝	北朝以色列王國，由 9 個王朝輪替，共計 19 位國王掌權 ★ 前 722 年被亞述帝國滅亡（史稱：消失的十支派）
		前 722 年		
東周 春秋時代 共計 296 年		前 930 年	345 年	南朝	南朝猶大王國共有 20 位國王接續（大衛的子孫） ★ 前 586 年被新巴倫國滅亡（史稱：巴比倫之囚）
		前 586 年		
	僅存王國時期	前 722 年～前 586 年	136 年	北朝以色列王國被滅亡後，南朝猶大王國繼續獨立發展 ★ 此階段猶大王國的子民被稱為「猶太人」 ★ 前 612 年殘暴的亞述帝國被新巴比倫王國滅亡（國祚 300 年） ★ 前 586 年所羅門聖殿被巴比倫尼布甲尼撒國王徹底摧毀
	被擄及回歸時期	前 539 年		新巴比倫王國被波斯帝國滅亡（國祚 88 年）
		前 536 年	20 年	**第一次回歸** 所羅巴伯重建聖殿 ◎ 第二聖殿竣工（又稱所羅巴伯聖殿）	由波斯帝國皇帝居魯士及大流士敕令允許下建成
		前 516 年		
東周 戰國時代 共計 255 年		前 479 年		以斯帖（猶太女子）當上波斯王后，用機智拯救全體以色列民免遭滅族
		前 458 年		**第二次回歸** 以斯拉祭司重整律法並蒐集律本重編聖經
		前 445 年		**第三次回歸** 尼希米返回耶路撒冷重建城牆
	兩約之間的沉默時期	前 430 年		★《舊約聖經》寫到此年全部結束（《瑪拉基書》）
		前 330 年		波斯帝國被馬其頓的亞歷山大帝國滅亡（國祚 220 年）
		前 323 年		亞歷山大大帝猝逝，帝國分裂成三個國家（托勒密王朝在埃及建立）
		前 312 年		塞琉古王朝在敘利亞建立
		前 250 年		《舊約聖經》七十士譯本（希臘文）在埃及完成
西漢 214 年		前 167 年		馬加比革命（猶太人反抗塞琉古王朝）
		前 143 年		哈斯蒙尼王朝建立（由猶太人建立的獨立王國）
		前 63 年		塞琉古王朝被羅馬帝國滅亡（國祚 249 年）猶太區成為羅馬藩屬國
		前 37 年		大希律王朝建立（統治猶太地區，同時也是羅馬帝國的從屬國）

中國	聖經	年分	重要記事	
西漢	新約時期	前 5 年	⊙ 耶穌基督誕生（大希律王下達屠嬰令）	
		西元 25 年	35 年	耶穌在約旦河，接受施洗者約翰（首位傳達耶穌具有神性的人）洗禮，在曠野禁食 40 天，三次戰勝撒旦的誘惑
		26 年		耶穌揀選十二門徒開始傳道
		30 年		耶穌被釘於十字架
東漢時期	新約時期	34 年	聖徒司提反受害（基督徒首位殉道者）	
		35 年	32 年保羅歸主期間	掃羅歸信主（改名為保羅）
		45 年		★ 耶穌的追隨者首次被稱為基督徒（以前稱猶太教拿撒勒派）
		46 年		13 年 聖保羅在 13 年之間做了三次傳道宣教之旅
		58 年		
共計 195 年	共計 100 年	64 年		希律聖殿完工（重修期間歷時長達 80 年）
		66 年		第一次猶太戰爭
		67 年		聖彼得（66 歲）及聖保羅（64 歲）兩人此年被羅馬暴君尼祿處死
		70 年	★ 第二次聖殿被羅馬帝國提圖斯將軍下令徹底摧毀	
		95 年	《新約聖經》最後一卷完成（聖約翰所著：《啟示錄》）	
	猶太戰爭	132 年	第二次猶太戰爭 又稱「科克巴起義」	
		135 年	猶太民族大流散 猶太民族被驅逐出境，成為國際難民	
東晉	基督教發展期	313 年	741 年	羅馬君士坦丁大帝頒佈「米蘭詔書」承認基督教
		325 年		基督教第一次大公會議（又稱尼西亞會議）奠定基督教基本教義
		392 年		羅馬狄奧多西大帝在薩洛尼卡頒佈敕令，基督教正式成為國教
北宋		1054 年		基督教因教義之爭（和子句之爭）分裂成羅馬公教（天主教）和希臘正教（東正教）並延展到成為西羅馬帝國與東羅馬帝國的國教
明朝		1520 年	⊙ 德籍神父馬丁·路德倡議宗教改革（批判教宗濫賣贖罪券斂財）於是從羅馬公教（天主教）脫離，成立以聖經為教義的新教（即基督教）	
現代		1948 年	5 月 14 日以色列獨立建國 ★ 從猶太大流散時期算起至獨立建國，期間長達 1813 年	

?

對猶太人最寬容與最殘暴的兩個帝國

波斯帝國｜最寬容仁慈的帝國　讓猶太人三次回歸

① 居魯士大帝（古列王）歸還由巴比倫國王從猶太人手中掠奪而來的財寶及聖物，並允許猶太人回歸耶路撒冷重建聖殿。

② 大流士皇帝（大利烏王）贊助聖殿建造資金，並派人協助工程進度執行。

③ 亞達薛西大帝提供建材及物資，讓尼希米將已經傾圮已久的耶路撒冷城牆修復整建起來。

波斯人

羅馬帝國｜最凶橫殘暴的帝國　讓猶太人變成無家可歸的流浪民族

① 羅馬帝國提圖斯將軍（後來成為羅馬皇帝）攻陷耶路撒冷後，徹底將該城建築物及城牆甚至連聖殿都夷為平地（只留下西牆），讓光輝的聖城成為廢墟。

② 羅馬皇帝哈德良下令禁止猶太人守安息日、割禮，引發大暴動，結果 58 萬猶太人被殺，並被永久趕出巴勒斯坦地區（史稱：大流散）從此猶太人成為國際性難民（流落四方）。

羅馬人

第二章
認識創世紀時期

第一節　　創造天地萬物的七天　－星期的緣由

表	日計	形	內容
大地萬物的起源 ↕ 宇宙	第一天	色體	要有光 打破混沌與黑暗
宇宙	第二天	形體	天空 將上下的水分開
天體	第三天	物體	陸地、植物、海洋 世界誕生
天體	第四天	時間	太陽、月亮、星辰 白天黑夜相互運轉
生命體	第五天	空間	魚類游於水、飛禽翱於天
生命體	第六天	世間	人類、動物、昆蟲、爬蟲 行於陸
生命體	第七天	祝福	休息 一切工作停止，即安息日

第一天　光
第四天
第二天
第五天
第三天
第六天

人類的起源 上帝用泥土，塑形將氣息吹進鼻孔創造出人類始祖亞當（意即塵土），當時他的身分也算是天使（永生），再從他的第七根右肋骨創造出女生夏娃（意為生命）。
★ 所以男生就成為「先生」。

伊甸園 上帝讓他們住在幸福安樂的伊甸園（永生樂土）生活，並告誡絕對不能食用園內，能分辨善惡樹上的智慧果實。

偷嚐禁果 墮落天使薩麥爾背叛上帝，誘惑夏娃去慫恿亞當，一起偷嚐禁果（能知善惡的智慧聖果）。

？ 小常識
上帝創造萬物 6 天，第 7 天休息（安息日緣由），很多人會將星期一，意識為每週的第一天，其實是錯誤的想法，週期的第一天為星期日，最後一天是星期六（我們常用「週末」來形容）。

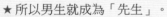

名稱	星期日	星期一	星期二	星期三	星期四	星期五	星期六
代號	SUN	MON	TUE	WED	THU	FRI	SAT
五行	太陽日	月亮日	火曜日	水曜日	木曜日	金曜日	土曜日
代表	太陽神	月　神	戰　神	主　神	雷　神	愛　神	農　神

面對死亡 當他們偷吃完禁果後，眼就開了，突然對赤身裸體感到羞恥（用無花果葉來遮蓋身體），因悖逆了神旨，從此墜入罪惡與死亡的深淵中（因此從原先的小天使降格為人類）。

原罪說 人類雖然因此擁有了智慧，但同時也要開始面對死亡的宿命來臨，並一直烙印在他們世代子孫身上（即原罪說）。

失樂園 被上帝奪走永生權分的亞當與夏娃被逐出伊甸園，來到充滿悲歡離合的凡世間生活（成為失樂園）。

亞當與夏娃

罪與罰	男生	必須透過勞動，才能取得食物（勞碌之苦）。
	女生	必經傳宗懷孕，生產驟痛之苦（生育之苦）。
	蛇	墮落天使薩麥爾被上帝懲罰比一切野獸更嚴厲的詛咒，終生在地上用腹部爬行，且終生吃土成為「蛇」（世代與人類敵對）。 ★ 聖經稱其為撒旦（意為仇敵）。

第二節　亞當與夏娃的兩個兒子 該隱與亞伯

◆ **人類首宗殺人事件**　**緣由** 亞當兩兒將地裡收穫的產物獻祭給神

長子	該隱（農夫）	獻出土產農作物	➡	被上帝數落遭到嫌棄
次子	亞伯（牧羊人）	獻出羊群頭胎羔羊	➡	受上帝青睞受到讚美

結果 該隱為此因而嫉妒，憤而殺死其弟亞伯（成為人類首宗謀殺案）。

詮釋 ① 其實上帝並不在乎他們的供品，只是亞伯懷著虔誠的信念奉獻給上帝最佳的供物，而該隱只是隨心所欲，應付一下而已。

② 此事件鋪陳象徵自古以來農耕民族與遊牧民族之間的對立不睦關係。

神的懲罰 上帝懲罰該隱一生都得耕種無法結果實的土地，並漂泊到各處顛沛流離恐懼痛苦（成為流浪漢民族）。

兄弟爭寵

神的憐憫 上帝在該隱身上做了一個記號，凡傷害他的人必遭七倍報復。

延續血脈 該隱被上帝放逐，亞伯（弟）被殺害，上帝在亞當130歲時賜給他第三個兒子，名為塞特（意為另一個兒子）延續血脈。

第三節　挪亞方舟 躲避大洪水

挪亞

源起　上帝開始後悔創造出惡貫滿盈的人類，便決心毀滅所有生物，唯一指示擁有純潔心靈的挪亞（亞當第十代子孫），建造方舟載走其家人及神指示的動物（雌雄一對）躲避大洪水。

結果　大雨持續下了四十晝夜，大洪水吞沒了所有生物，過了 150 天後方舟停在亞拉特山山頂。

三次試探	第一次	挪亞放出鴿子，讓牠尋覓陸地（無功而返）
	第二次	7 天後再放出鴿子（啣著一枝橄欖葉回來）
	第三次	待 7 天後再放出鴿子（結果有去無回）

挪亞放鴿

洪水消退　挪亞知道鴿子已找到安身之處（大洪水全部退去），便走出方舟，築起祭壇感謝上帝。

彩虹為記　神對挪亞應許，不會再以大洪水來摧毀大地，便以一道彩虹為立約記號，並庇佑其子孫繁衍茁壯（成為世界各民族之祖）。

民族之祖　挪亞三子：閃（長子）、含（次子）、雅弗（幼子）。

挪亞醉酒　某日挪亞喝醉，赤身裸睡在帳棚內，被次子含目睹覺得好笑，便去呼引兄弟前來觀看父親醜態，但是閃與雅弗不敢直視，並小心翼翼的幫父親遮蓋衣物後倒退離開。

長子閃　　次子含　　幼子雅弗

賞與罰	挪亞酒醒後，得知以上情況便向神祈求	
讚美	長子閃的子孫，將受到神的祝福	
賜予	幼子雅弗的子孫，獲得遼闊土地	
詛咒	次子含的兒子迦南將成為兄弟的奴僕，侍奉其後裔	

①長子閃的後裔	②次子含的後裔	③幼子雅弗的後裔
●希伯來（猶太人）	●埃及人	●希臘人
●貝都因（阿拉伯人）	●巴勒斯坦（迦南人）	●波斯人
●腓尼基人	●非利士人	●拉丁人

巴別塔

第四節　巴別塔 又稱巴比倫塔，意為上帝之門

源起　寧錄是挪亞次子含的後裔，當上古巴比倫國王期間，為了展現民生富庶傳揚國威，開始傲慢自大的建造通天高塔炫耀自己。

結果　但此舉觸怒上帝（與神在比較高低）於是上帝變亂了人類的語言，使他們無法溝通陷入混亂因而停工（★各地區方言的緣由）。

認識創世紀時期

19

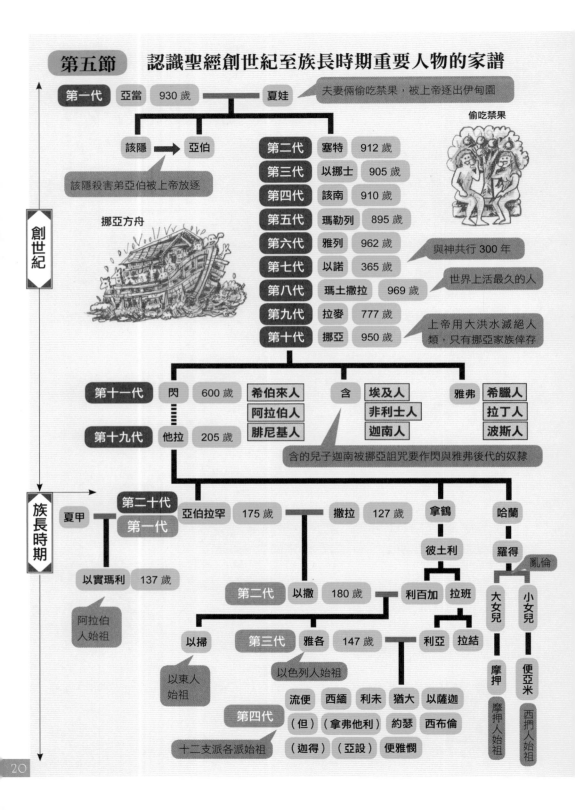

第五節　認識聖經創世紀至族長時期重要人物的家譜

第一代　亞當　930 歲　　　夏娃　　夫妻倆偷吃禁果，被上帝逐出伊甸園

偷吃禁果

該隱　→　亞伯

該隱殺害弟亞伯被上帝放逐

挪亞方舟

創世紀

第二代　塞特　912 歲
第三代　以挪士　905 歲
第四代　該南　910 歲
第五代　瑪勒列　895 歲
第六代　雅列　962 歲
第七代　以諾　365 歲　　與神共行 300 年
第八代　瑪土撒拉　969 歲　　世界上活最久的人
第九代　拉麥　777 歲
第十代　挪亞　950 歲　　上帝用大洪水滅絕人類，只有挪亞家族倖存

第十一代　閃　600 歲　　希伯來人／阿拉伯人／腓尼基人　　含　埃及人／非利士人／迦南人　　雅弗　希臘人／拉丁人／波斯人

第十九代　他拉　205 歲

含的兒子迦南被挪亞詛咒要作閃與雅弗後代的奴隸

族長時期

夏甲　　**第二十代／第一代**　亞伯拉罕　175 歲　　撒拉　127 歲　　拿鶴　　哈蘭

彼土利　　羅得　　亂倫

以實瑪利　137 歲

阿拉伯人始祖

第二代　以撒　180 歲　　利百加　拉班　　大女兒　小女兒

摩押　　便亞米

以掃　　**第三代**　雅各　147 歲　　利亞　拉結

以東人始祖

以色列人始祖

摩押人始祖　　西拶人始祖

第四代　流便　西緬　利未　猶大　以薩迦
（但）（拿弗他利）　約瑟　西布倫
（迦得）（亞設）　便雅憫

十二支派各派始祖

20

第三章
認識族長時代

第一節　亞伯拉罕一生的簡介

> 首位族長：又被稱為「多國之父」及「信德之父」

◆ **人生流程表（享年175歲）**

吾珥 與父親他拉，遷往哈蘭定居 ➡ **哈蘭** 神在此向他顯現，指示他要前往應許之地 ➡

➡ **示劍** 在此建造第一座祭壇（同時被稱為希伯來人） ➡ **埃及瑣安** 因迦南地區荒災來此避難

➡ **伯特利** 在此築第二個祭壇（與姪子羅得在此分居） ➡

別是巴 在此撒拉得子（以撒）趕走夏甲母子（後成為阿拉伯人始祖）亞伯蘭改名為亞伯拉罕 ➡

希伯崙 亞伯拉罕晚年生活於此，撒拉去世後他買下麥比拉洞成為家族基園，其終老也葬於此

信仰之父 早期名字為「亞伯蘭」，他是猶太教、基督教、天主教、東正教，甚至是伊斯蘭教（回教）中的信仰之父，同時也是最早宣揚「唯一神論」的人。

舉家遷居 挪亞長子閃的後裔子孫他拉，世居吾珥（烏爾）地區，因沒有屬於自己的土地，最後帶著兒子亞伯蘭、兒媳撒萊及姪孫羅得舉家遷往到西北方向的哈蘭（巴旦亞蘭）定居。

亞伯拉罕

1　亞伯蘭 75 歲時 有天榮耀的神向他顯現，指示他離開本地、本族、父家到流著奶與蜜的應許之地（迦南地），於是他遵從上帝的召喚，帶著妻子及姪子等家眷一同前行。

第一座會幕 當亞伯蘭家族來到示劍地方摩利橡樹時，上帝再度向他顯現，要把這塊土地賜給他的後裔子孫，於是亞伯蘭在此建造第一座祭壇讚美主（示劍之約）。

希伯來人始祖 亞伯蘭家眷從兩河流域地方前來，因此被稱為希伯來人（意為渡河而來的人）。

避居埃及 此時迦南地區鬧荒災，迫使他們遷居埃及暫時避難，期間埃及法老相中撒萊的美貌（亞伯蘭謊稱他們是兄妹），當謊言被拆穿後被趕出埃及。

與姪子分居 重返迦南後，姪子羅得就跟亞伯蘭分開生活，帶著家眷遷往死海附近繁華城市所多瑪定居。

四王打五王 羅得定居所多瑪不久，即發生四王打五王事件，羅得被以攔王基大老擄走，死海附近五個城市遭到洗劫一空，亞伯蘭聞訊後帶領精練壯丁 318 人前來救援。

有情有義 亞伯蘭成功搭救出羅得，並帶回被基大老奪走的財物，全數歸還給南方五王，且不收取任何酬報與饋禮（因此人們都知道亞伯蘭不但有膽識，更具有情義）。

★ 此役是亞伯蘭畢生唯一參加過的一場戰役（為了姪子差點送命）。

2 **亞伯蘭 86 歲時** 儘管上帝允諾亞伯蘭，要讓他的子孫多如天上繁星（各民族領頭羊），但他一直膝下無子。

無子之焦 妻子撒萊年逾 75 歲備感焦慮，便提議從埃及帶回的侍女夏甲送給丈夫以便傳宗接代。

老來得子 不久夏甲就幫亞伯蘭生下一個兒子以實瑪利（後來成為阿拉伯人的祖先）。

3 **亞伯蘭 99 歲時** 事隔十三年，上帝又向他顯現，說只有撒萊所生之子才能繼承家業。

應許之子 三位天使前來探訪宣告：① 撒萊將有喜事臨近 ② 上帝要毀滅所多瑪及蛾摩拉兩城。

以撒誕生 上帝旨意不容質疑，女主人撒萊終於如願以償，生下應許之子以撒（意為微笑），亞伯蘭時年 100 歲。

猶太人印記 上帝與亞伯蘭立約，凡你們後裔子孫男子出生後第八天，要接受割禮（切除生殖器包皮）成為猶太人與上帝立約的證據（印記）。

4 **亞伯蘭與撒萊改名** 撒萊生下以撒後，神將他們改名。

| 上帝將亞伯蘭改名為 | ➡ | 亞伯拉罕 | 意為多國之父 |
| 上帝將撒萊改名為 | ➡ | 撒拉 | 意為多國之母 |

夏甲母子被逐 話說夏甲（侍女）生下以實瑪利後態度大變，開始輕蔑女主人（不孕無子嗣）加以取笑嘲諷，當撒拉如願以償得子後，就要求亞伯拉罕將夏甲母子驅離趕出家族。

流浪曠野 亞伯拉罕在別是巴打發走夏甲及以實瑪利（時年十三歲）母子，只給他們少許餅乾及飲水，放逐至荒野中讓他們自生自滅。

阿拉伯人始祖 被趕出家門的夏甲母子，差點命喪荒野中，但上帝並沒有拋棄他們母子兩人，派天使指引方向，讓他們找到水源而存活下來，並給予祝福與守護，使得以實瑪利子孫昌盛繁多，最後成為阿拉伯人的始祖（此事件鋪就

成阿拉伯人與猶太人的世仇關係）。

第二節　以撒一生的簡介 以撒意為微笑

◆ 人生流程表（享年180歲）

> **別是巴** 出生於此也成長於此，晚年眼瞎被雅各（次子）欺瞞騙得長子權分 ➡

> **摩利亞山** 小時候差點在此被父親獻祭給神 ➡ **希伯崙** 逝世後葬於麥比拉洞家族墓園

以撒獻祭 亞伯拉罕老來得子，所以特別疼愛以撒，但上帝卻對他下達一道殘酷的指示，將以撒獻祭給神。

代罪羔羊 亞伯拉罕對上帝的指示絕對忠誠且服從，當他在摩利亞山（今聖殿山）祭壇準備動刀殺子時，天使突然現身制止，並以旁邊羔羊代替之（代罪羔羊）。

代罪羔羊

通過試煉 亞伯拉罕的忠誠虔信，受到神的肯定與祝福（敬畏之心毫無虛假）也因此贏得「信仰之父」的美名。

以撒尋親 亞伯拉罕派遣最信賴的老僕人以利以謝到故鄉哈蘭幫以撒尋親（當時習俗不能娶外邦女子，所以要回到家鄉尋親）。

以撒娶親 老僕人來到哈蘭時，遇見一位美麗少女利百加，便向她討水喝，少女不僅給他打水喝，還提供隨行駱駝充足水量（如此善良體貼感動老僕人），便向她表明來意，幫以撒向她提親（最終利百加順利成為以撒妻子）。

第三節　羅得一生的簡介 羅得意為隱藏（他是亞伯拉罕的姪子）

分道揚鑣 羅得跟隨伯父亞伯拉罕從哈蘭來到迦南，後又同去埃及避難，再度回到迦南後，就與伯父分居各自生活，他帶著家眷前往死海附近所多瑪城定居。

犯罪城市 那時候所多瑪和蛾摩拉是兩個毗鄰城市，因人民生活安逸，開始淫亂不堪，逐漸成為兩個無惡不作的腐敗城市。

無惡不作的兩個城市	所多瑪	成為墮落之城	因此觸怒上帝，決定毀滅該兩城
	蛾摩拉	成為罪惡之城	

唯一義人 伯父亞伯拉罕得知神要毀滅這兩個城市時，為了拯救姪子羅得，懇求上帝若能找到十個公義之人，就請神饒恕該地，結果天使發覺全城只有羅得是唯一義人而已。

羅得獲救 天使敦促正直又善良的羅得帶著家眷儘速逃出
城鎮，因為神決意毀滅此處，告誡其家人只能向前走
絕不能回頭，也不可停留在山谷，要到達山上才能避
難保命。

羅得逃亡

妻成鹽柱 神開始從天降下硫磺火摧毀兩座城市，此時走
在後方的羅得妻子因感受到熱氣忍不住回頭探望，結
果化成鹽柱。

亂倫得子 羅得和兩個女兒逃到瑣珥山上，住在洞穴裡過著與世隔絕的生活，兩
姐妹為了延續後代血緣，故意以酒灌醉父親行房讓自己懷孕。

羅得的後裔 和兩個女兒所生下的兒子（被稱為亂倫家族）。

大女兒生下 ➡	摩押	成為摩押人的祖先	兩族的後裔子孫始終與以色列人敵視對立
小女兒生下 ➡	便亞米	成為亞捫人的祖先	

相互敵視 因為近親亂倫的關係，兩個女兒後裔摩押人與亞捫人雖然和以色列人
是親族同宗關係，但是始終被以色列人極度蔑視揶揄，雙方維持長久敵對關
係。

摩押聖女 摩押人後裔出現一位名女子路得（《聖經·路得記》主角，也是大衛
王的曾祖母）

★ 所多瑪和蛾摩拉被毀滅後永沉死海湖底，現今附近還有很多風化岩柱，成
為著名觀光勝地。

第四節　雅各一生的簡介 以色列人的始祖

◆ **人生流程表（享年147歲）**

別是巴 騙得長子權分，怕被兄長以掃報復而逃亡 ➡ **伯特利** 在此夢到天梯（神的祝福）

➡ **哈蘭** 投靠舅舅（後成為岳父）幫其工作 20 年，娶其兩個女兒為妻 ➡

毗努伊勒（雅博河渡口） 在此與天使搏鬥，取得勝利後改名為「以色列」 ➡ **示劍** 女兒底拿被
該城城主兒子玷污，次子西緬夥同三子利未殺盡全城男子，迫使雅各帶著家眷離開此地 ➡

希伯崙 因誤以為愛子約瑟被野獸吃掉，每日悶悶不樂以淚洗面 ➡ **埃及歌珊** 與愛子約瑟重
逢，帶領家族移居埃及 ➡ **希伯崙** 其遺骸被摩西從埃及帶回，安葬於麥比拉洞家族墓園

兄弟爭寵 以撒和利百加結婚 20 年終於懷上雙胞胎兒子。

兄	狩獵	以掃	意為出生時渾身長毛肌膚發紅	受父以撒疼愛
弟	務農	雅各	意為抓著哥哥腳跟出生	受母利百加疼愛

交換名分 有天以掃為了想吃雅各煮的紅豆湯，竟拿長子名分和他交換食物。

欺瞞盲父 年事已高、視力惡化的以撒，決定要祝福長子以掃繼承家族事業（成為族長），結果被偏愛次子的利百加知曉，於是與雅各精心策劃一場騙局奪走長子權分。

雅各瞞父

為時已晚 當以掃得知雅各已捷足先登搶走他的長子權分祝福後，大發雷霆之怒揚言報復。

投奔舅父 利百加為了保護雅各，便叫他去哈蘭娘家找她哥哥拉班庇護暫避風頭。

夢見天梯 前往哈蘭途中，在伯特利時，他累癱趴在石頭上睡覺時夢到連接天與地的天梯，同時上帝向他顯現，給予賜福。

夢到天梯

服侍 20 年 雅各在舅父拉班家，對其次女拉結一見鍾情，為了娶她為妻答應幫拉班勞動七年，沒想到七年後狡猾的拉班卻說依習俗妹妹不可以比姐姐先嫁，於是雅各先與長女利亞結婚，並約定再工作七年，再七年後才如願以償與真愛拉結完婚。

十二支派之父 雅各非常寵愛拉結而冷落利亞，但是利亞雖不受到寵愛，卻生下眾多子女（六男一女），無法生育的拉結於是把婢女辟拉讓給雅各做妾（生下二男），利亞後來也停止生育，也把婢女悉帕讓給雅各作妾（生下二男），最後拉結蒙神眷顧也成功順利生下一子約瑟（雅各最疼愛的兒子），雅各家族離開哈蘭回到迦南後，拉結又生下一子（便雅憫），生完不久後，拉結就去世了（安葬於伯利恆），十二兄弟於是成為以色列十二支派始祖。

返回迦南 雅各在舅父（岳父）拉班家被迫勞動二十年，某天聽到神的召喚要他重返迦南，於是他踏上歸鄉的旅程，期間不僅娶了拉班兩個女兒生下多子，還用計謀取走拉班大部份財產。

★ 拉班因一己之私而嚐到報應，最後連女兒們也都嫌棄他。

與神格鬥 雅各返鄉途中，有天獨自一人留在瑪哈念的雅博河渡口，突然間有位天使擋在其面前，兩人進行一場摔跤格鬥，直至黎明，天使見自己勝不過他，就摸了雅各大腿窩的筋一下。

雅各與天使格鬥

改名以色列 雅各在格鬥中最後雖然獲勝，但大腿窩的筋被天使摸了，腳也瘸了，天使說你的名字要改成「以色列」（意為與神較力）。

★ 事後此地被取名為「毗努伊勒」（意為上帝的面）又稱「便以利」。

兄弟和解 雅各往故鄉迦南前進，完全沒有喜悅感受，反而極度害怕面對兄長以掃的怒火與報復，當以掃帶領著四百人現身在他面前時，雅各始終保持警戒，全身不停的顫抖，但沒想到以掃最後用個大擁抱來化解兩人間多年來的恩怨情仇。

以東人始祖 以掃因雅各返鄉，自己帶著家眷移居到死海南方西珥山附近繁衍後代，子孫昌盛成為「以東人」的祖先（但其後裔子孫世代還是與以色列人敵對成為世仇）。

第五節　約瑟一生的簡介 從奴隸變宰相

◆ 人生流程表（享年110歲）

希伯崙 17歲時父親送給他一件彩衣（長子的象徵物），引發其他兄長的嫉妒與憎恨 ➡

多坍 被兄長們賣給埃及商隊當奴隸 ➡ **埃及** 從奴隸變成宰相，迎接父親雅各

及家族宗親來埃及定居（約計430年）➡ **示劍** 其遺骸被摩西從埃及帶回安葬於此

獨寵招嫉 年邁的雅各最疼愛第十一子約瑟（因他是拉結所生），在他十七歲時特別送給他一件稀奇的彩衣（代表長子的象徵物），因此飽受兄長嫉妒與排擠。

兄長憎恨 有天約瑟作了一個夢，便去告訴哥哥說，我田裡捆束的稻穗挺立，而你們的稻穗都倒在我旁邊（此事讓兄長更加厭惡約瑟）。

敵意爆棚 又過不久，約瑟又作了一個夢，同樣再去向兄長訴說，「太陽、月亮及十一顆星星向他下拜」，此事更令兄長對他怨恨反感推向極點。

謀害約瑟 在多坍時，懷有敵意的兄長們決定合謀害死約瑟，但在大哥流便及時勸阻及大家不忍下手的狀況下，只把他扔進枯井（自生自滅）。

約瑟被賣

被賣為奴 此時剛好有埃及商隊經過，在四哥猶大的建議下以二十枚銀幣價錢，將約瑟賣給埃及商隊當奴隸。

痛失愛子 約瑟被賣後，兄長們將他的彩衣撕碎並染上公羊血，向父親謊報約瑟已被野獸吃掉了，讓雅各悲痛欲絕，終日以淚洗面。

嶄露頭角 約瑟被轉賣到埃及法老王侍衛長波提乏家當奴僕，開始發揮自己的工作才能，備受波提乏的信任，於是把所有家務及財產都交由他管理作帳。

拒絕誘惑 約瑟長相俊美、體格健碩，波提乏之妻不時向他誘惑示愛，但約瑟始終不為所動。有天女主人竟趁四下無人之際寬衣解帶，並強行扯下約瑟外

袍，要與他共寢，約瑟情急之下奪門而出，但卻留下外袍，被惱羞成怒的女主人，拿來當做誣陷約瑟試圖非禮的證據，因此身陷囹圄。

約瑟解夢 約瑟在牢獄中常幫獄友解夢（相當靈驗），他告訴法老王的酒政「你三天後必將被釋放且會恢復原職，請你在法老面前幫我申冤」（結果雖應驗，但他沒幫約瑟申冤）。

法老怪夢 兩年後法老王做了兩個怪夢，因而惶恐不安，召集埃及所有巫師與占星專家都無人能解開法老夢意，此時法老酒政突然想起在獄中的約瑟，於是向王強力推薦。

預言成真 約瑟被帶到王宮為法老解夢，結果是埃及將有七個豐收年、隨後接著七個荒災年，所以必須囤糧避災，法老王聽完後便任命他為督辦（七年後荒災果真來臨與預言完全吻合）。

成家立業 約瑟三十歲時被法老任命為宰相，賜給他名字、金鍊及戒指等，並將安城祭司波提非拉的女兒亞西納許配給他（生下瑪拿西及以法蓮），開始嶄露鋒芒出人頭地。

遍地饑荒 大饑荒年代終於來臨，周遭國家赤地遍野、糧食短缺，唯有埃及在約瑟宰相未雨綢繆的政策下，儲存大量糧食備用。

兄長購糧 遠在迦南地區、曾經背叛約瑟的兄長們也因嚴重缺糧之苦，在父親雅各的委促下，前往埃及購糧（只留下么兒便雅憫陪伴父親）。

仇人相遇 約瑟是負責糧食分配的最高長官，一眼就認出十個兄長（但兄長們已不認得他），於是為了探聽家庭現況，故意以奸細罪名將他們全部逮捕，為了證明他們的清白，條件是將西緬（二哥）扣押做為人質，其他人帶糧回迦南，把家中最獲疼愛的么兒便雅憫帶來埃及釐清案情事實真相。

栽贓誣陷 當便雅憫被帶到埃及後，受到約瑟（同母生）熱情款待，當兄長們獲得澄清（證明不是奸細）後，也被全部釋放準備回鄉，不料在返鄉途中接受檢查時，在便雅憫的行李內搜出宮廷失竊的銀杯（其實是約瑟想留下他及考驗兄長們的嫁禍計謀）。

猶大跪求 此時四哥猶大跪求約瑟，痛苦懺悔說父親年邁，已經失去一位心愛的約瑟弟弟，絕對不能再奪走他最疼愛的么兒，他願意自己代替便雅憫留在埃及當奴隸。

兄弟相認 兄長們此時竭盡所能努力袒護么弟便雅憫，讓約瑟再也無法佯裝隱瞞下去，終於表明自己真實身分與兄長們相擁而泣。

父子團員

定居埃及 約瑟將父親及家族宗親七十人迎接到物產豐饒的埃及定居，法老王也賞賜歌珊地區（尼羅河三角洲東部），讓雅各家族在此生活，從此開啟以色列人在埃及長達 430 年寄居生活（直到摩西出現）。

約瑟將家族接至
埃及定居

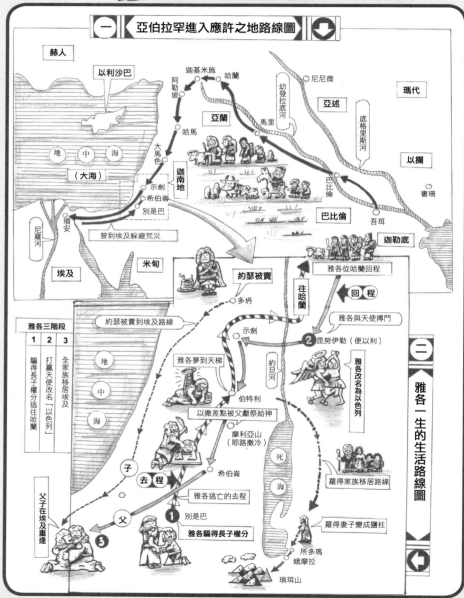

（一）　亞伯拉罕進入應許之地路線圖

赫人

以利沙巴

迦基米施　哈蘭

阿勒坡

尼尼微

幼發拉底河

亞述

瑪代

哈馬

亞蘭

馬里

底格里斯河

以攔

地　中　海

（大海）

大馬色

迦南地

書珊

示劍
希伯崙
別是巴

巴比倫

巴比倫

吾珥

尼羅河

瑣安

曾到埃及躲避荒災

迦勒底

埃及

米甸

約瑟被賣

雅各從哈蘭回程

回　程

往哈蘭

雅各與天使搏鬥

多坍

約瑟被賣到埃及路線

示劍

毘努伊勒（便以利）

②

雅各夢到天梯

約旦河

雅各改名為以色列

雅各三階段		
1	2	3
騙得長子權分逃往哈蘭	打贏天使改名	全家族移居埃及及「以色列」

伯特利

以撒差點被父獻祭給神

摩利亞山
（耶路撒冷）

地
中
海

死
海

羅得家族移居路線

子

去　程

希伯崙

雅各逃亡的去程

羅得妻子變成鹽柱

父子在埃及重逢

父

①

別是巴

雅各騙得長子權分

③

所多瑪
蛾摩拉

瑣珥山

（二）　雅各一生的生活路線圖

第四章
認識以色列十二支派

第一節 **以色列十二支派起源表**

> 利未支派（祭司）沒得地業，約瑟支派得兩份（由子繼承）

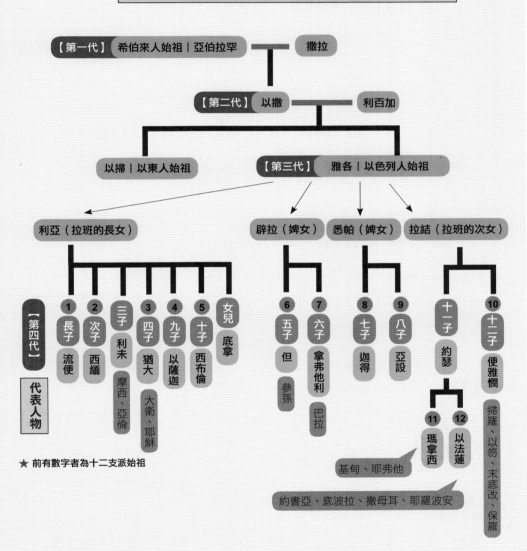

【第一代】希伯來人始祖｜亞伯拉罕 ─── 撒拉

【第二代】以撒 ─── 利百加

以掃｜以東人始祖　　　【第三代】雅各｜以色列人始祖

利亞（拉班的長女）　　辟拉（婢女）　悉帕（婢女）　拉結（拉班的次女）

【第四代】代表人物

① 長子 流便
② 次子 西緬
三子 利未　摩西、亞倫
③ 四子 猶大　大衛、耶穌
④ 九子 以薩迦
⑤ 十子 西布倫
女兒 底拿

⑥ 五子 但　參孫
⑦ 六子 拿弗他利　巴拉

⑧ 七子 迦得
⑨ 八子 亞設

十一子 約瑟
⑪ 瑪拿西　基甸、耶弗他
⑫ 以法蓮　約書亞、底波拉、撒母耳、耶羅波安

⑩ 十二子 便雅憫　掃羅、以筍、末底改、保羅

★ 前有數字者為十二支派始祖

29

支派	排序	名字	字意	象徵	母親	宮別	備 註
1	長子	流便	有兒子	縱慾	利亞	寶瓶宮	與庶母辟拉通姦，被奪走長子資格
	長女	底拿	審判				雅各獨生女，被示劍城主兒子強暴
2	次子	西緬	聽見	殘暴		雙魚宮	性情暴烈，其妹被玷污，竟然殺光示劍城全城男生
	三子	利未	聯合	祭司			被神指派管理會幕（受其他支派供養）
3	四子	猶大	讚美	君王		獅子宮	十二支派中得到神最多祝福的派別
4	五子	但	伸冤	背道	辟拉	摩羯宮	曾一度被抹除掉支派資格
5	六子	拿弗他利	相爭	復活		處女宮	產生不少勇士的支派
6	七子	迦得	萬幸	恢復	悉帕	白羊宮	驍勇善戰的支派
7	八子	亞設	有福	豐富		天秤宮	供給美食的支派
8	九子	以薩迦	價值	建會棚	利亞	天蠍宮	常年居住帳棚裡的支派
9	十子	西布倫	同住	傳道		巨蟹宮	常向外發展貿易的支派
	十一子	約瑟	增添	一切是福	拉結		被兄長賣到埃及，因禍得福成為宰相
10	十二子	便雅憫	右手之子	神的居所		人馬宮	擅打軍事行動的支派
11	孫	瑪拿西	忘記	約瑟的兒子	亞西納	金牛宮	雅各希望他大的要服侍小的（以法蓮）
12	子	以法蓮	昌盛			雙子宮	被祖父（雅各）祝福最多的支派

第三節　認識以色列十二支派始祖　雅各十二個兒子

1 長子｜流便／呂便　意為：有一個兒子

個性 被父親奪走長子權分。

評語 **縱慾** 其與庶母辟拉通姦，雅各（父親）說：你上了我 的床，污穢了我的榻，並不得居首位。

作為 當兄弟商量要殺害弟弟約瑟時，他以長子的身分勸阻大家，只把弟弟扔進枯井裡自生自滅（讓約瑟存活下來）。

● 在埃及購糧期間被誣陷為奸細，他又擔起長子責任，從中協調（獲神饒恕其罪孽）。

象徵物
曼托羅草　　風茄

2 次子｜西緬　意為：聽見

個性 始終沒有得到神祝福的人。

評語 **殘暴** 性情兇悍，其妹底拿被示劍城主兒子強暴，他衝動的帶著弟弟利未去殺盡

象徵物
城樓　　雙刀

示劍全城男丁。

作為　在埃及購糧期間被誣陷為奸細時，他是唯一被扣押下來的人（當人質）。

●雅各移居埃及臨終前向每個兒子祝福，唯獨對他不但沒有給予祝福，更是咒罵一番。

❸ 三子｜利未　意為：聯合

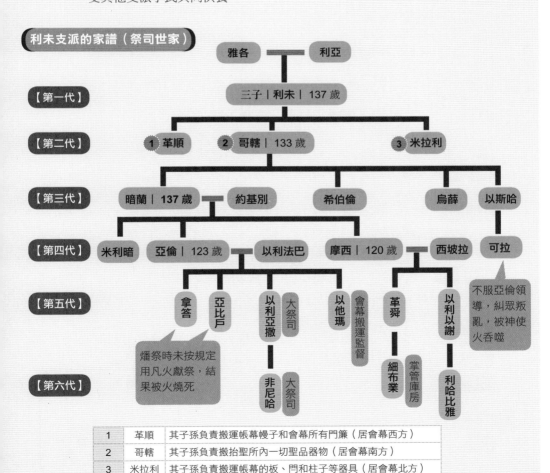

個性　專職祭司服事神（因此不必參與戰爭）。

評語　**祭司** 因曾和西緬一起去屠殺示劍男丁，從此和以上兄長一起失去長子資格（後被上帝揀選為管理會幕的人）。

作為　因具有神職責任，其後裔子孫沒有被分配到土地，於是散居各處當祭司，受其他支派子民共同供養。

象徵物

法板　胸牌

利未支派的家譜（祭司世家）

雅各 ── 利亞

【第一代】　三子｜利未｜137 歲

【第二代】　❶ 革順　❷ 哥轄｜133 歲　❸ 米拉利

【第三代】　暗蘭｜137 歲 ── 約基別　希伯倫　烏薛　以斯哈

【第四代】　米利暗　亞倫｜123 歲 ── 以利法巴　摩西｜120 歲 ── 西坡拉　可拉

【第五代】　拿答　亞比戶　以利亞撒（大祭司）　以他瑪（會幕搬運監督）　革舜（細布業）　以利以謝（掌管庫房）

拿答、亞比戶：燔祭時未按規定用凡火獻祭，結果被火燒死

可拉：不服亞倫領導，糾眾叛亂，被神使火吞噬

【第六代】　非尼哈（大祭司）　利哈比雅

1	革順	其子孫負責搬運帳幕幔子和會幕所有門簾（居會幕西方）
2	哥轄	其子孫負責抬聖所內一切聖品器物（居會幕南方）
3	米拉利	其子孫負責搬運帳幕的板、門和柱子等器具（居會幕北方）

4 四子｜猶大 意為：讚美

個性 打破家族不娶迦南女子的規定，雖然沒有得到雅各家族長子的權分，但後來卻成為上帝揀選的支派（被稱為大衛的子孫）。

評語 **君王** 受神眷顧如獅子般強盛的君王，成為弟兄中的領頭羊（族中之首）。

★ 現今猶太人均為猶大支派的後裔（其他支派均已被異族同化消失）。

作為 猶大曾阻止其他兄弟殺害弟弟約瑟的計劃，他提議將其賣給埃及商人，促使約瑟因禍得福當上埃及宰相。

● 又曾經為了保護幼弟便雅憫，願意替代他留在埃及當奴隸（讓神讚賞）。

家庭 猶大違反家族規定（打破傳統），娶了迦南女子書亞（生下三個兒子）。

三個兒子的遭遇	大兒子	珥	娶他瑪為妻，因行惡事，遭受天譴而死。
	二兒子	俄南	依習俗兄長過世，又無子嗣時，弟弟要娶兄嫂（他瑪）為妻，生下第一個兒子依照傳統歸兄長名下（以繼承長子家業），自私的俄南不願意讓兄嫂（他瑪）有懷孕機會，故意將精液外射，因此被神視為不義之人，亦遭到天譴而亡。
	小兒子	示拉	接下來輪到幼子示拉，要依習俗迎娶兄嫂（他瑪）為妻，此時公公猶大認為他瑪已連續剋死兩個兒子，故以示拉仍未成年為由，讓她先回到娘家守寡，等示拉成年後再行通知（從此之後就對兒媳他瑪不聞不問了）。

兒媳｜他瑪 她是個不幸之人，但卻能靠著自己毅力，扭轉乾坤的奇女子。

處心積慮 被遣送回娘家守寡的他瑪，因沒有得到子嗣（就如同與猶大家族絕緣），並會失去一切家庭地位，讓她過著每日憂心忡忡的生活。

色誘公公 猶大妻子書亞去世後不久，有次來到兒媳娘家附近洽商，兒媳他瑪得知後便喬裝成妓女去引誘公公，被蒙在鼓裡的猶大與她同寢發生關係，事後更粗心的將自己的印信及手杖交給她保管，不久後他瑪就懷孕了。

兒媳成妻子 事後當猶大得知兒媳因不守婦道懷孕的消息傳來，氣急敗壞想休了她，結果他瑪拿出猶大的信物，證明懷的是猶大的孩子。才讓他恍然大悟只好接受事實。

孿生兄弟 他瑪生下一對雙胞胎兒子，後來繼承猶大的家業（長子權分）。

長子	法勒斯	→	後來成為大衛王及耶穌家譜中的先祖
次子	榭拉		

5 五子｜但 意為：伸冤

個性 作道上的蛇，路中的虺，咬傷馬蹄，使騎馬者後墜（意為雖然前途多舛，但還是要咬緊牙

象徵物
獅子

象徵物
蛇　　天秤

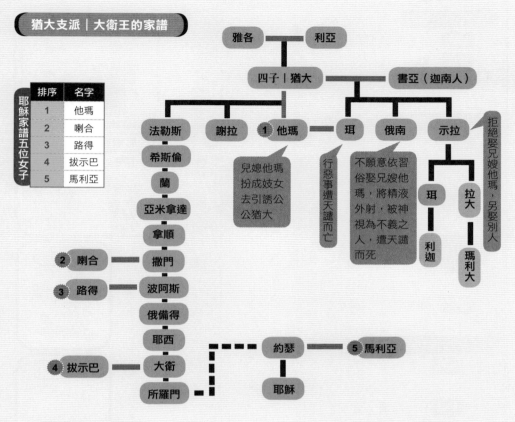

猶大支派｜大衛王的家譜

排序	名字
1	他瑪
2	喇合
3	路得
4	拔示巴
5	馬利亞

耶穌家譜五位女子

雅各 ── 利亞

四子｜猶大 ── 書亞（迦南人）

法勒斯　謝拉　① 他瑪 ── 珥　俄南　示拉

希斯倫

蘭

亞米拿達

拿順

② 喇合 ── 撒門

③ 路得 ── 波阿斯

俄備得

耶西

④ 拔示巴 ── 大衛

所羅門

約瑟 ── ⑤ 馬利亞

耶穌

兒媳他瑪扮成妓女去引誘公公猶大

行惡事遭天譴而亡

不願意依習俗娶兄嫂他瑪，將精液外射，被神視為不義之人，遭天譴而死

拒絕娶兄嫂他瑪，另娶別人

珥　拉大

利迦　瑪利大

根不斷向前）。

評語　**背道**　其後裔子孫自設偶像，另立祭壇成為以色列宗族的絆腳石，其支派名號一度被抹除刪掉。

6 六子｜拿弗他利　意為：相爭

個性　是被釋放的母鹿，出嘉美的言語。

評語　**復活**　步履矯捷機敏，智能辯才無礙。
● 此支派出產不少勇士。

象徵物

母鹿

7 七子｜迦得　意為：萬幸

個性　被敵人追擊，卻要追擊他們的腳跟（意為從失敗中記取教訓，隨後有力的還擊）。

評語　**恢復**　是個驍勇善戰的支派。

象徵物

帳篷

8 八子 | 亞設　意為：有福

個性　必出肥美糧食，且出君王的美味。

評語　**豐富** 在肥美之地物產豐富，生活無慮。

● 王國時期君王美食，均由亞設支派供應。

象徵物

稻穗　橄欖樹

9 九子 | 以薩迦　意為：價值

個性　強壯的驢，臥在羊圈之中，他以安靜為佳，以肥美為地，便低肩背重，成為服苦的僕人（意為忍辱負重，最後從勞苦中獲得回報）。

評語　**帳篷** 住在帳棚，享受無憂無慮的快樂生活。

象徵物

驢子　星月

10 十子 | 西布倫　意為：同住

個性　必住在海邊，成為停船的海口，他的境界地域必延伸到西頓（地中海東岸城邦）。

評語　**帆船** 向外發展貿易，必能獲得成功。

象徵物

帆船

11 十一子 | 約瑟　意為：增添

個性　泉水旁有棵結很多果實的樹，樹枝探出牆外（意為子孫繁衍昌盛）。

評語　**一切都是福** 最後得到長子權分，地業比兄長多得一份（由兩個兒子繼承）。

● 因獲父親（雅各）的溺愛，引起兄長的嫉妒，將他賣給埃及商隊為奴，在埃及憑靠自己的天資與能力，最後當上宰相，並不計前嫌的將家族成員迎接到埃及定居。

象徵物

金字塔

約瑟的兩個兒子	大兒子	**瑪拿西**	意為：忘記
	● 雅各（祖父）囑附他要服事弟弟		
	二兒子	**以法蓮**	意為：昌盛
	● 雅各（祖父）臨終前用右手按在他頭上祝福（代表長子地位） ● 以法蓮支派是北朝十支派中勢力最強大的支派		

瑪拿西象徵物

椰樹　獨角獸

以法蓮象徵物

葡萄　公牛

12 十二子 | 便雅憫　意為：晚來得子／右手之子

個性　撕掠的狼，早晨要吃他所抓的，晚上分他所奪的。

評語　**神的居所** 善於戰鬥，痛擊仇敵。

● 他是所有兄弟中唯一在迦南地出生的兒子（其他兄長

象徵物

野狼

均在哈蘭出生）。

● 雅各最受寵的愛妻拉結生下他後，不久就去世了，又因他的年齡與兄長差距甚大（老來得子），故受到雅各特別憐愛。

第四節　寄居埃及（異邦）430年　西元前1875年～前1445年

奉為貴賓　西元前 1875 年，雅各帶著兒子及家眷 70 人投靠在埃及當宰相的約瑟（第十一子），法老王視他們為貴賓，特別賞賜在尼羅河三角洲東邊的歌珊地，讓他們家族落地生根。

引發忌憚　以色列民在埃及長期寄居 145 年後，人口驟增，族群龐大，在異邦昌盛茁壯起來，引發埃及宮廷的恐慌，更令法老王深具威脅，逐漸萌生敵意。

開始打壓　西元前 1730 年，法老王為了壓抑以色列民的極速膨脹，派督工去挾制族群，並強迫他們去建造比東和蘭塞兩座囤貨城（開啟以色列民服徭役、做苦力的生活）。

下令屠嬰　以色列民雖然受到非常繁重的勞役之苦，但是子嗣卻越發旺盛，讓法老王惱羞成怒，下令殺掉境內所有以色列民出生的男嬰，以絕後患。

以色列人在埃及從貴賓變成奴役的主因

1	政治方面	以色列民人口驟增，勢力膨脹，引起法老王的忌憚
2	宗教方面	埃及人崇拜自然界多神信仰（與以色列民族「唯一神論」格格不入）
3	生活方面	以色列人以畜牧（遷徙）為生，與農耕（種植）為主的埃及人常為土地問題引發爭端事故
4	思想方面	以色列人注重文化教育傳承，無法接受埃及奴隸制度社會的結構
5	習俗方面	以色列人入境不問俗，保留自己民族傳統文化、生活習俗（導致雙方完全無法融合）

十二支派圖徵總覽

流便　風茄	西緬　城樓	猶大　雄獅	但　蛇
拿弗他利　母鹿	迦得　帳棚	亞設　稻穗	以薩迦　驢
西布倫　帆船	便雅憫　狼	瑪拿西　獨角獸	以法蓮　公牛

第五章

認識出埃及記

第一節　摩西一生的簡介

摩西（意為從水中拉起），帶領以色列民出埃及

◆ 人生流程表（享年120歲）

①前期 40 年　快樂生活在埃及王宮裡，40 歲那年因誤殺欺凌同胞的埃及人而逃往米甸

②中期 40 年　在米甸娶妻生了兩個兒子，80 歲那年神向他顯現（要他帶領以色列族人回迦南地）

③後期 40 年　摩西帶領族人出埃及　**疏割** 啟程 ➡ **以倘** 安營 ➡ **比哈希錄** 齊渡紅海（蘆葦海）➡ **瑪拉** 使苦水變甜水 ➡ **以琳** 十二股水泉，天降嗎哪（生命靈糧）

➡ **利非訂** 以色列人第一次戰鬥（擊退亞瑪力人）➡ **西奈山** 神在此頒佈律法（十誡石板）

➡ **他備拉** 眾民起鬨抱怨，神怒使火燒營 ➡ **哈洗錄** 米利暗（摩西姐）誹謗摩西，被神處罰

➡ **加低斯** 摩西差遣十二支派探子偵察迦南地，結果回報惡訊，被神懲罰漂流曠野 40 年 ➡

臨門帕烈 祭司可拉叛變 ➡ **何珥山** 亞倫（摩西兄）歸天 ➡ **普嫩** 摩西製作銅蛇解厄

➡ **亞珥** 擊敗不肯借道的亞摩利王西宏 ➡ **什亭** 假先知巴蘭因貪慾蒙蔽良知遭神懲罰 ➡

尼波山 摩西眺望無緣進入的應許之地（迦南地）遺憾而終（葬在何處至今成謎）

第二節　摩西前期四十年的王子待遇生活

摩西誕生　摩西是利未支派人，生不逢時，出生時為埃及法老王敕令殺掉所有以色列男嬰的時期，其父母匿藏他三個月後，再也無法繼續隱瞞下去，忍痛將他裝在蒲草箱裡，擱放在河邊，讓其聽天由命。

公主領養　埃及公主來到河邊沐浴，聽到嬰兒哭聲，打開一看，明知是以色列小孩，但出於惻隱之心，將其帶回宮中撫養，並幫其取名為摩西（意為從水中拉起）。

埃及公主拾獲摩西

生母成奶媽　摩西姐姐米利暗自告奮勇向公主說要幫她找奶媽，得到公主允諾後，於是

摩西的母親約基別化身成為他的奶媽（從此成為一個既有公主保護還有生母
照顧的幸運兒）。

鶴立雞群 摩西在王宮中長大成人，受到良好的教育，並享受榮華富貴，與其他
衣衫襤褸、蓬頭垢面的以色列民（奴隸）形成強列對比。

因故殺人 成年後的摩西目睹以色列族人遭到埃及人欺凌虐待，怒火中燒，失手
殺死一名鞭打同胞的埃及人，只好逃到米甸地區避難。

第三節　摩西中期四十年的牧羊人生活

結婚生子 米甸祭司葉忒羅（忒音「特」）的女兒西坡拉來到井邊打水，遭到惡
霸牧羊人的騷擾，摩西挺身而出化解危機，此事感動祭司，將女兒西坡拉許
配給他（育有兩子），從此過著簡樸幸福的生活，逐漸淡忘遠在埃及過著水
深火熱生活的同胞們。

上帝召喚 八十歲的摩西已在米甸幫岳父放牧度過四十年光景，有天追趕羊群
來到何烈山（西奈山），神突然在燃燒荊棘火焰中顯現，摩西脫了鞋、摀著
眼聆聽著神的指示，結果神要他回去埃及，把正在受盡折磨苦難的以色列子
民，帶領他們返回到流著奶與蜜的應許之地（迦南地）。

擔負使命 但摩西認為自己口拙不清、能力不足而向神推辭，神便向他展現神
蹟，將一根神奇木杖交給他，又差遣他辯才無礙的哥哥亞倫與他同行（被神
說服擔負使命）。

與王談判 兩兄弟回到埃及後，立刻召集以色列長老們，傳達神的旨意，並代表
族人去跟法老王談判，希望能讓以色列人領著自己財產全數離開埃及，回到
上帝賜予的應許之地。

法老刁難 法老王以不認識你們的神為由而拒絕，於是摩西施展神蹟，將木杖變
成一條蛇，結果法老王認為是雕蟲小技不屑一顧，並開始加重以色列人的勞
役工作。

出爾反爾 以色列人民開始責怪摩西兄弟，因為他們觸怒法老王，害得大家工作
更加嚴苛沉重，於是上帝在埃及降下十災。每次災難開始時，法老王就答應
他們的請求，等災禍平息後，法老王又後悔改變主意，堅持不放人。

激怒上帝 因為法老王冥頑不靈，徹底激怒上帝，前九災是自然之災，而神決定
親自執行第十災——取走埃及境內所有長子和長畜性命。

十災	1 血災	2 蛙災	3 蟲災	4 蠅災	5 瘟疫之災
	6 瘡災	7 冰雹之災	8 蝗災	9 黑暗之災	10 長子之災

神降第十災 神曉諭以色列子民，在猶太曆正月十四日黃昏時，將公羔羊血塗抹在大門門楣上，束腰帶、穿著鞋、手拿杖，晚上吃無酵餅、苦菜、烤羊肉等……作為「免災記號」。

逾越節緣由 當晚埃及遍地一片悲鳴哀嚎，只有以色列人家平安無恙（依神指示在門口作記號，滅命天使越過他們家門），成為猶太教三大節日之首「逾越節」的緣由。

第四節　摩西後期四十年的領導族人生活

摩西渡紅海

出埃及 法老王最後終於屈服，答應以色列人帶著家產離開埃及。摩西引領著約六十萬男子，加上親族近百萬眾，聲勢浩大的從各地方會合到疏割城，集體啟程，離開寄居 430 年的埃及。

神指引路 神透過日間的雲柱、夜間的火光柱做為記號，引領以色列人民往目標前進。

大軍攔截 法老王放走以色列人後，埃及頓失大量的奴隸勞動力，於是又改變初衷，調派軍隊要將他們追趕回來，當以色列人來到蘆葦海（紅海）時，追兵逼近，眾人深感大難臨頭而驚慌失措。

齊渡紅海 此時摩西展現神蹟，舉起木杖向海伸去，頓時海水分界，出現一條通道，讓以色列民通行，隨後合攏將追趕而來的埃及軍隊全部淹滅。

艱辛旅程 出埃及後神沒有引領他們抄近路、走捷徑（約十天路程就可抵達迦南美地），反而選擇一條艱辛漫長的歸途。

繞道遠行七大原因	1	以色列人寄居埃及 430 年（奴役生活），已經淡忘自己是蒙神揀選的子民
	2	以色列人信仰始終沒有堅定，容易迷失在多神崇拜思維，有再被同化的隱憂
	3	剛離開埃及如同一片散沙，需要避開沿岸兇悍的非利士海民的武力威懾
	4	神要引領他們到西奈聖山，接受神的感召
	5	摩西曾逃亡到米甸地區避難，對當地的人文地理環境較為熟悉
	6	西奈半島附近是政治三不管地帶，較不易受到異族軍事武力恫嚇干擾
	7	要接受神的試煉與磨練才能進入應許之地

第五節　返回應許之地前的三個重要階段

三大階段	次序	內容	地點	重點
	第一階段	錯失良機	從埃及到西奈山	在西奈山，獲頒十誡
	第二階段	漂流曠野	在巴蘭曠野	聽從惡信，被罰漂流曠野 40 年
	第三階段	重新出發	往摩押的路程	進入河東美地

① 第一階段｜錯失良機　從埃及到西奈山（受頒十誡）

伊坦曠野	在瑪拉	出埃及後的第三天抵達此地，眾民開始埋怨水苦，於是摩西向神祈求後丟樹枝到水裡，水變成甘甜可口（現今該地還保留有「摩西井」遺跡）。
	在以琳	在這裡遇到十二股水泉（止渴）和七十棵棕櫚樹（遮陽）。
汛曠野	在脫加	眾民埋怨無肉無餅（糧食短缺），傍晚奇蹟般飛來大群鵪鶉，早上降下甘露凝結成清甜美味的「嗎哪」食物（以後四十年間以色列便以「嗎哪」做為生命靈糧）。
	在利非訂（耶和華尼西）	**第一次擊水** 因缺乏水源，摩西求神後擊何烈磐石出水，讓人畜解渴。
		第一次作戰 由約書亞掛帥初征，和沙漠盜賊亞瑪力人戰鬥並獲勝（贏得以色列人首場戰役），後將此地改名為「耶和華尼西」（意為上帝的旌旗）。
西奈曠野	在西奈山	摩西受神召喚獨自上山四十晝夜，神給他兩塊法板，上面寫著十大戒律（十誡）是神和以色列人立約的永久證據（成為猶太教三大節日之一「七七節」緣由）。 **金牛犢事件** 摩西在西奈山與上帝立約的同時，在山下苦等不耐煩的眾民開始鼓躁，慫恿亞倫私下鑄作金牛犢神，讓大家獻祭膜拜，摩西下山後看到此情景，勃然大怒，摔碎石板，焚毀金牛犢，並嚴懲 3000 名冒犯神的人。 **重新立約** 摩西求神原諒眾民後，再度登上西奈山，停留四十晝夜，重新領回兩塊法板，並制定律法和典章，作為眾民生活和信仰的準則。 **容光煥發** 此時摩西頭上，發出兩道光芒，眾民見狀開始敬畏他。 **建造帳幕** 摩西依神的吩咐，將會幕立在堅如磐石的營區中央，成為未來教會的預表，是神悅納人敬拜的聖所，也是以馬內利（與神同在）具體實證。 **丈人建言** 岳父葉忒羅從米甸帶著摩西妻子西坡拉及兩個兒子來到此地，看到摩西從早忙到晚疲憊不堪，於心不忍的向他建言，要培養優秀人才來幫你分憂解勞。 **行政組織** 摩西依丈人建議，開始挑選七十位長老，分層協助管理，組織祭司系統、獻祭禮儀、訂定節期、統計人口、編組軍隊（猶太散和都公會緣由）。 **西奈盟約** 以色列民在西奈山下安營自潔居住一年（領受神的律法及誡命）。

十誡法板

十誡	1 信奉獨一上帝	2 禁止崇拜偶像	3 不可妄稱主名
	4 遵守安息日	5 孝敬父母	6 不可殺人　7 不可奸淫
	8 不可偷盜	9 不可妄證	10 不可貪他人財

? 小常識

❶ 希伯來語「瑪拉」意為苦的意思，「拿俄米」意為甜的意思。

❷「嗎哪」是野地裡露水升起後，結為如白霜的小圓物，滋味如同掺蜜的薄餅（是神賜給以色列民的生命靈糧），入迦南後才終止食用。

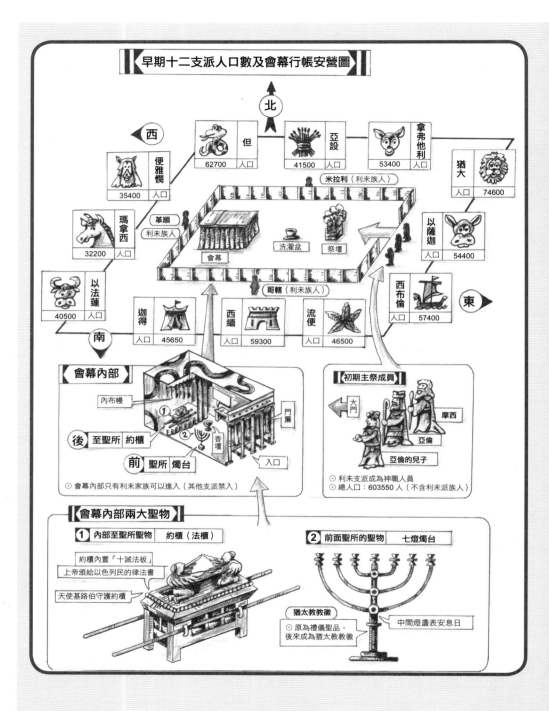

早期十二支派人口數及會幕行帳安營圖

北

西

但	62700 人口
亞設	41500 人口
拿弗他利	53400 人口
猶大	74600 人口

便雅憫 35400 人口

瑪拿西 32200 人口

革順（利未族人）

米拉利（利未族人）

會幕　洗濯盆　祭壇

以薩迦 人口 54400

以法蓮 40500 人口

南

哥轄（利未族人）

迦得 人口 45650

西緬 人口 59300

流便 人口 46500

西布倫 人口 57400

東

會幕內部

內布幔

後　至聖所　約櫃　①

②　香壇

前　聖所　燭台

門簾

入口

⊙ 會幕內部只有利未家族可以進入（其他支派禁入）

初期主祭成員

大門

摩西

亞倫

亞倫的兒子

⊙ 利未支派成為神職人員
⊙ 總人口：603550 人（不含利未派族人）

會幕內部兩大聖物

① 內部至聖所聖物　約櫃（法櫃）

約櫃內置「十誡法板」
上帝頒給以色列民的律法書
天使基路伯守護約櫃

② 前面聖所的聖物　七燈燭台

猶太教教徽
⊙ 原為禮儀聖品，後來成為猶太教教徽

中間燈盞表安息日

2 第二階段｜漂流曠野　**在巴蘭曠野（聽從惡信漂流 40 年）**

拔營出發　以色列眾民出埃及後第三個月來到西奈山，第二年猶太曆正月初一立起會幕，正月十四日第一次守逾越節（去年族人還在埃及受苦），二月二十日雲彩從約櫃的帳幕收去，他們開始打包行李，啟程往巴蘭曠野前進。

西奈曠野	在他備拉	啟程三天後，眾民的表現又開始讓摩西沮喪，怨言四起，惹發神的怒氣，使火在他們中間焚燒，一直燒到營區邊界，摩西再度求神饒恕眾民。 ★ 他備拉又稱為「基博羅哈他瓦」，意為貪慾者的墳場。		
	在哈洗錄	米利暗（摩西之姐）沒有記取在他備拉的教訓，嫉妒神只會與摩西溝通，因而開始誹謗其弟，神使她長大麻瘋，肉腐爛見不得人，摩西依照神指示，將她逐於營外七天，等痊癒後她再也不敢亂發謗語。		
巴蘭曠野	在加低斯巴尼亞（加低斯）	摩西差遣十二支派各挑選一名領袖當探子，去窺探迦南地蒐集情報，歷經四十天的迦南實地探查，十二探子回來報告偵察結果。		
		沒有共識	**迦南美地** 猶大支派迦勒、以法蓮支派約書亞當探子，確認那裡是流著奶與蜜的美地，主張儘速前往去完成神的應許使命。	
			蠻邦惡地 其他十支派探子回報，那裡住著碩壯巨人，常吞食居民，另有堅固寬大的堡壘，我們在他們面前如同蚱蜢般不堪一擊。	
		相信惡訊 兩個極端的回報，結果以色列眾民多數相信十支派探子所描述的惡信，開始畏懼膽怯起來，並一度想殺掉摩西和亞倫（再度忽視神的應許之命）。 **漂流四十年** 此舉再度觸怒神，便使瘟疫降臨埋怨者及報惡信探子身上，摩西再度替百姓求神饒恕（窺探迦南地四十日，一年抵一日共計四十年）。 ★ 神宣諭要讓以色列民漂流曠野四十年才能進入應許之地。 **錯失良機** 以色列眾民對神的信心不足，聽從惡信，以致錯失進入迦南美地的良機，只能待在荒漠曠野中，重新接受神的試煉與磨練。 **自行脫隊** 因神諭已定，感到沮喪悲嘆的部份百姓，認為在此煎熬折磨四十年，倒不如返回埃及或自行前往迦南地，於是自主離去另謀發展。 **後悔莫及** 摩西告誡他們，心中無神必被仇敵所滅，果不出所料自行離去的百姓均被異族殺得精光。		

3 第三階段｜重新出發　**往摩押的路程（進入河東地）**

曠野省思　在加低斯因眾民聽從惡信，錯過進入迦南美地的大好機會，被神懲罰在巴蘭曠野自我反省，過著艱辛的放牧生活。出埃及的那一代以色列人，除了兩個報喜信的探子（以法蓮支派約書亞及猶大支派迦勒）兩人可以進入應許之地外，其餘人均會倒在曠野中（遺憾離世）。

巴蘭曠野	加低斯巴尼亞（加低斯）	**第二次來到加低斯** 快接近四十年的熬煉歷程，神吩咐摩西再次引領眾民在以旬迦別集結，隨後北上再度會集到加底斯（摩西姐米利暗此時去世）。 **米利巴水** 有天會眾沒水喝，又開始抱怨起來，神吩咐摩西招聚會眾到磐石前，神就會吩咐水流出來，但過於激動的摩西，竟然用木杖敲擊磐石讓水流出（第二次敲擊出水），此舉使神大怒，責備摩西和亞倫不按神諭行事，最終兩人被懲罰終生不能進入迦南地。★ 後被稱為「米利巴水」（意為向神爭鬧）。 **借道遭拒** 摩西遣使去見以東王和摩押王，請求容許以色列人從王道過境，結果遭到拒絕，只好沿著尋曠野的亞他林路（曲折繞行）繞道前進。
	在臨門帕烈（拉蒙裂谷）	**可拉叛變** 利未支派可拉挑戰領導權炳，聚眾抨擊摩西和亞倫，假借神諭擅自專權，摩西叫他引領跟隨他的 250 人，帶著自己香爐到聖幕門前，讓神來做評斷，結果榮光顯現，地裂成火洞吞噬可拉等人。 **揀選大祭司** 可拉事件後，為了在百姓面前確認亞倫大祭司的權柄，神吩咐十二支派首領，在自己木杖上刻上名字，放在會幕約櫃前讓神來揀選。 **木杖發芽** 隔日大家取杖時，發現只有亞倫的木杖發芽開花並結杏果（蒙神揀選的記號）摩西將亞倫發芽的木杖放在約櫃內作為紀念。 **頒發律法** 隨後摩西頒佈祭司職責及除污穢水條例，使會幕安營儀典更加完善。
尋曠野	在何珥山	**亞倫歸天** 摩西把亞倫的大祭司聖服脫下，給亞倫的兒子以利亞撒穿上後不久，亞倫就在何珥山頂去世，並安葬於此。 ★ 以利亞撒承襲大祭司職分（代表新一代的開端）。
	在蠍子坡	**擊退敵人** 迦南人亞拉得王聽聞有大批以色列人，從亞拉他林路經過，就派大軍前來襲擾並擄走一批百姓為奴，以色列人在神的助力下最終將其擊退並救回族人，且一鼓作氣將迦南人附近的城邑完全摧毀，此地之後被稱為何珥瑪（意為毀滅）。
	在普嫩	**銅蛇解厄** 由於繞道遠行，百姓心中又開始煩躁抱怨起來，神再度發怒降下火蛇進入群眾中咬死多人，神在摩西虔誠祈求下，吩咐他鑄造銅蛇高掛柱上，只要被蛇噬咬的人，仰望銅蛇悔過就能存活。 ★ 被普嫩地區的毒蛇噬咬，如同火燒身灼熱難受，故被稱為「火蛇」。
	在亞珥	**連奪五城** 摩西遣使去見亞摩利王西宏，容許眾民借道過境該國領土，國王西宏不但不允許，還派軍隊前來圍剿。在神的協助下，不但擊敗亞摩利人，並狂奪他們五個城邑（瑪他拿、底本、米底巴、巴末、希實本）。
	在河東地	**一路北上** 征服亞摩利人後，以色列民沿山谷佔領雅謝、巴珊等河東境內的城邑，大片土地盡收以色列民手裡，最後安營在什亭平原。
約旦河東岸地區	在什亭（什亭事件）	**召請巴蘭** 以色列民在神的引領下，戰果豐碩日益壯大，讓南方的摩押王巴勒如芒刺在背、心驚膽顫（曾拒絕以色列人借道），於是與米甸長老商議召請境內最傳奇的大先知巴蘭前來詛咒以色列人。 **利誘巴蘭** 摩押王巴勒差遣使者，帶著大批金銀財寶去謁見大先知巴蘭，報告此行的來意與目的（巴蘭不敢立刻答應，說要請示以色列人的神才能做出決定）。 **巴蘭問神** 夜裡神諭降臨：「巴蘭你不可與他們同去，也不可咒詛那民，因為那民是蒙福的。」得到神諭後的巴蘭，將話傳給使者，並打發他們離開。 **加碼召請** 摩押王巴勒並不死心，再度差遣更尊貴的使者，帶著比上回更多的金銀財寶，前去召請巴蘭出馬幫忙。 **巴蘭心動** 巴蘭見到滿屋財寶不免心動起來，雖然動起貪婪之念，但還是告訴使者需要請示以色列大神的旨意（神見他財迷心竅，就任由他去，只降神諭：「你只要說我對你說的話」）。

| 約旦河東岸地區 | 在什亭（什亭事件，先知巴蘭的報應） | **騎驢赴約** 巴蘭騎驢啟程，途中驢子見到帶刀天使擋路不敢前進，不明就裡的巴蘭憤而鞭打它數十下，驢竟然開口說話：「從前至今我曾這樣待過你嗎？」
天命不可違 巴蘭瞬間恍然大悟，絕對不能違背以色列大神的旨意（不能咒詛以色列民）。
咒詛變成祝福 摩押王巴勒親自迎接巴蘭，登上什亭附近的高崗眺望以色列安營區，並開始築壇獻祭施法，但沒想到巴蘭口中所唸出的咒詛，反而是祝福以色列人的祈願語（且一連三次）。
利慾薰心 此一舉動惹怒了巴勒國王，試圖收回所有賞賜給他的金銀財寶，巴蘭辯稱以色列大神的旨意不可違逆，而巴蘭為了保住錢財，私下給予破解方法，使他成為因利益，而出賣恩賜的貪慾先知。
破解之法 巴蘭明知不能越過神的諭旨，但被貪慾蒙蔽良知，指點摩押與米甸女子去什亭以色列安營區，引誘他們獻祭跪拜外邦偶像，並大搞淫亂行為。
瘟疫再現 神怒使瘟疫遍行以色列全營，直到亞倫的孫子非尼哈以神忌邪心為念，在會眾前用長矛刺死邪淫亂眾的西緬族長心利和米甸族長的女兒哥斯比，才使瘟疫止住（這場瘟疫使二萬四千名以色列人死亡）。
巴蘭的報應 什亭事件後，神再次曉諭摩西做第二次人口統計，並數點壯丁在越河得業前各支派遣一千人（共計一萬二千人）朝米甸報復（摩西曾在此地避難結婚生子，但在此事件上他們卻背叛以色列人）。
大獲全勝 由於有神的助力，進攻米甸戰役十分順利，共殺了米甸地區五個國王以及罪魁禍首的悖逆先知巴蘭（畫下什亭事件的休止符）。
功成身退 懲罰米甸人後，摩西完成神交付給他的最後一個使命，依照神的指示，在約旦河東岸地方分別祝福每個支派，最後將聖杖傳給以法蓮支派嫩的兒子約書亞（正式成為以色列十二支派新一代領導人）。
最大遺憾 摩西曾在加低斯聚眾向磐石敲擊兩下出水（因沒有在眾人面前尊神為大，妄稱水由他引出，又稱「米利巴水」），遭神懲罰不得越過約旦河進入迦南地，成為他畢生最大的遺憾。 |
| 摩押平原 | 在尼波山 | **摩西歸天** 摩西從摩押平原登上尼波山山頂，百感交集的遠眺近在眼前廣闊而無緣進入的應許之地，隨後嚥下最後一口氣，遺憾而終（享年 120 歲，摩西的遺體由上帝取走，最終葬於何處至今成謎）。 |

巴蘭責驢

摩西怒砸十誡法板

以色列民沉溺於金牛犢的膜拜

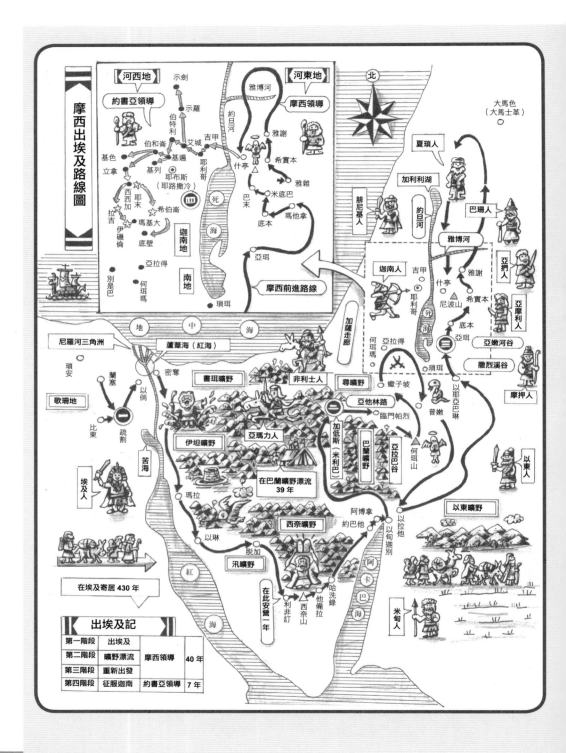

摩西出埃及路線圖

河西地
約書亞領導

河東地
摩西領導

北

示劍
示羅
雅博河
伯特利
艾城
吉甲
約旦河
雅謝
希實本
伯和崙
基遍
什亭
耶利哥
雅雜
基色
立拿
基列
耶布斯（耶路撒冷）
死海
米底巴
巴末
瑪他拿
西西加
耶末
希伯崙
瑪基大
底壁
迦南地
亞珥
伊磯倫
迦南地
南地

大馬色（大馬士革）

夏瑣人

加利利湖

肺尼基人

約旦河

巴珊人

雅博河

亞捫人

迦南人

吉甲
什亭
雅謝
希實本
尼波山
耶利哥
死海
底本
亞珥

亞摩利人

亞嫩河谷

撒烈溪谷

摩押人

亞拉得
何珥瑪
琤珥

摩西前進路線

地中海

尼羅河三角洲
瑣安
蘭塞

蘆葦海（紅海）

加薩走廊

書珥曠野

非利士人

尋曠野

蠍子坡

臨門帕烈

以耶亞巴琳

歌珊地

密奪
以倘

亞他林路
加低斯（米利巴）
普嫩

比東
疏割

亞瑪力人
巴蘭曠野

亞拉巴谷
何珥山

以東人

苦海
埃及

伊坦曠野

在巴蘭曠野漂流 39 年

以旬迦別

以東曠野

埃及人

瑪拉
以琳

西奈曠野
約巴他
阿博拿
以拉他
阿卡巴海

脫加
汎曠野

哈洗錄
他備拉
西奈山
利非訂

米甸人

紅海

在埃及寄居 430 年

在此安營一年

出埃及記			
第一階段	出埃及		
第二階段	曠野漂流	摩西領導	40 年
第三階段	重新出發		
第四階段	征服迦南	約書亞領導	7 年

第六章
認識征服迦南地時期

第一節　以色列人入主迦南地　由以蓮法支派嫩的兒子約書亞領導

1　約書亞的簡介

　　約書亞又稱「何西阿」意為「救恩」，是以法蓮支派嫩的兒子，繼承摩西遺志，帶領以色列人渡過約旦河，回到神的應許之地（迦南），七年內征服了迦南七族，擊殺三十一位國王，並將領地分配給十二支派，完成神交付給他的使命後，在亭拿西拉去世（享年 110 歲）。

2　齊渡約旦河，進入迦南地

渡約旦河	**神助渡河** 約書亞繼承摩西的領導地位後，依神諭要祭司抬著約櫃走在百姓前頭，當祭司腳踏入河水時，當年齊渡紅海的奇蹟再度出現，突然洶湧湍急的約旦河水被截流成乾涸河床，使眾民盡數通過後才再行合攏。 **神予立威** 這次奇蹟是神與約書亞同在的記號（確立他的領導地位，並幫他立威）。
吉甲	**紮營吉甲** 以色列眾民渡過約旦河後在吉甲安營，此地有豐富的土產及優越戰略地理位置，成為進入迦南美地後，以色列第一個最高指揮中心（總部）。

吉甲三大事	1	第一次在吉甲行割禮（新一代的年輕人集體在此舉行割禮）。
	2	第一次在迦南美地歡度逾越節（從河中取來十二塊石頭柱立為記）。
	3	第一次開始吃當地土產（停止吃了四十年的嗎哪生命靈糧）。

	刺探敵情 派遣兩位探子潛入耶利哥城偵察敵情，結果事洩差點喪命，幸虧得到該城一位善心妓女喇合的窩藏搭救，才順利逃出城外。

耶利哥	**神人相助** 約書亞來到耶利哥附近觀察，正在思索如何攻城掠地時，突然冒出一位敵友不清且持刀擋道的人，經詢問後原來是神差派的天使，要來擔任耶和華軍的元帥。 **攻城策略** 約書亞伏地向天使下拜，並聆聽其依神曉諭擬定的攻城策略。 **圍城施法** 耶利哥人緊閉城門嚴加戒備，約書亞按照神諭由七名祭司吹響羊角號走在約櫃前，士兵隨侍在約櫃後方，每天繞城一圈，連續六天。  約櫃鎮敵 **不攻自破** 第七天從清晨起繞城七次，隨後配合約書亞的號角，軍民齊聲吶喊，城牆應聲崩塌，以色列軍直衝城內將所有人畜趕盡殺絕（唯有喇合一人倖存）。 **以紅線為記** 曾搭救過以色列兩名探子的妓女喇合，以繫紅線在窗上為記號（免被誤殺）逃過一劫，後來她嫁給猶大支派的撒門，生下波阿斯（大衛王與耶穌的先祖）。

艾城	**亞干貪財** 探子從艾城帶回不實情報，使以色列人輕敵，在進攻艾城時大敗而歸，約書亞在懊惱反省之際，發現原來是猶大支派的亞干私藏戰利品，受神處罰因而牽連大家因此戰敗（亞干被亂石砸死，戰利品也被全數銷毀）。 **艾城被焚** 約書亞率三萬精銳夜間埋伏在艾城後方，隨後出兵挑釁，再詐敗撤退誘敵出城追剿，伏兵趁機衝入城內縱火燒城（在一片火海中，艾城化為烏有）。
示劍	**安葬先祖** 奪取艾城後依神諭在示劍城兩側山（基利心山及以巴路山）宣讀聖約，並將摩西從埃及迎回的約瑟骸骨隆重的安葬在示劍城內。
基遍	**立約保命** 以色列軍已連下兩城，銳不可擋，鄰近的基遍王遣使者穿著舊衣帶著發霉的餅乾，佯稱從遙遠地方前來訂立和約，約書亞一時不察就與其立約，不久後才發現被騙，原來基遍是近鄰（因已立約逃過被攻擊）。 **五王聯軍** 迦南一位王聽聞基遍已和以色列人立約結盟，就召喚另外四個地方王組成聯軍意圖搶奪基遍城。
伯和崙	**聯軍潰敗** 約書亞得知基遍有兵災之險（曾立約結盟）即從吉甲率軍前來救援，迅速將聯軍擊潰，並沿路追剿到伯和崙，此時神從天降下大冰雹，並將烈日停在基遍，月亮止於亞雅崙谷一日之久，直至以色列民將敵人完全殲滅為止。
瑪基大（五王）	**五王吊樹** 五王慘敗後趁亂逃到瑪基大洞穴躲藏，不久後被發現，拖出擊殺屍首被掛在五棵樹上示眾。 **五王** 耶布斯王、希伯崙王、耶末王、拉吉王、伊磯倫王 **勢如破竹** 約書亞乘勝追擊，攻佔立拿、拉吉、基色、伊磯倫、希伯崙及底壁等迦南重要城邑，並派軍從加低斯攻擊到迦薩（南方戰線）大獲全勝後才回到吉甲安營休養。 **五王吊樹** 
夏瑣	**嚴陣以待** 夏瑣王耶賓聽聞基遍之戰五王敗北，嚇出一身冷汗，驚恐萬分的集結周圍城鎮諸王會師到米倫河邊，準備和以色列軍決一死戰。 **神出策略** 聯軍精銳盡出，並擁有鐵製戰車和極具殺傷力的箭弩，讓約書亞不敢輕舉妄動，神吩咐他「只要砍斷馬的蹄筋，用火燒毀他的車輛」就可破解。 **夏瑣淪陷** 約書亞依神的指示兵分三路發動突擊，結果敵軍不堪一擊，潰敗逃竄被追剿數十里，最後全數被消滅殆盡，所有領地被化為一片廢墟。

第二節　約書亞分配地業 十二支派領地的形成

河東	摩西帶領時期，流便支派、迦得支派及瑪拿西的一半支派自願留在約旦河東岸長久定居下來（先得地業），約書亞帶領其餘九個半支派渡河（進入迦南）作戰時，二個半支派肩負後勤支援糧食補給的重任。

	第一階段	約書亞依神吩咐，直接將迦南地南方土地分給猶大及以法蓮支派（因十二支派探子，只有他們兩支派尊神為大、報喜信，其他十支派均反對進入迦南而報惡信）。
河西地	第二階段	在示羅，未被分配到地業的其他七個半支派在神面前，透過抽籤方式取得地業。 ★ 利未支派擔任祭司聖職，未分得任何地業（被分配到全境四十八個城鎮，散居各地擔任聖工，受其他支派共同供養）。 ★ 約瑟因得到長子權分（兩份地業）由瑪拿西及以法蓮支派繼承（遞補利未支派缺）。

會幕城（總指揮部）所在演變

❶ 吉甲（約書亞時期）　　❷ 示羅（士師時期）　　❸ 耶路撒冷（大衛王時期）

設立逃城　「逃城」意為避難城，庇護因過失殺人者，讓其免受遺族的報復。

　　★ 在逃城裡殺人者會受到保護，並獲得公正審判（摩西曾在埃及過失殺人而逃到米甸避難）。

六大逃城（由利未祭司主持）

河東部 ❶ 哥蘭　❷ 拉末　❸ 比悉　　河西部 ❶ 基低斯　❷ 示劍　❸ 希伯崙

設立證壇　在河東部（二個半支派領地）設立兩座證壇（證明耶和華是主的地方）：① 雅謝地、② 基列地。

示劍之約　老邁的約書亞在示劍召集會眾，告誡子民必須恪守遵行與神所立的約定，並將律例和典章寫在律法書上（《約書亞記》），另將一塊大石頭立在耶和華聖所的橡樹下為記號（被稱示劍之約）。

　　★ 示劍是亞伯拉罕第一個設會幕的地方，雅各也曾在此築壇，約瑟的骸骨被從埃及迎回也安葬於此。

約書亞歸天　神吩咐將以法蓮領地內的亭拿西拉賜予他養老（享年 110 歲）並安葬於此。

異教興起　約書亞死後，長老們也相繼辭世，新一代的眾民又開始背棄與神的約定，去敬拜異教偶像，換來被異族征服統治的黑暗時期來臨（士師時期），直至大衛王的出現為止。

?

小常識

對敵人滅絕除盡的主因

　　以色列人在戰役上屢獲捷報，但仍擔心敵人隨時隨地的反撲危機意識（只要敵人的存在，就是對以色列民的試探，所以必須將城池盡毀、人畜盡殺，以絕後患）。除了基遍的希未人與以色列講和立約外，其他民族均不蒙憐憫，慘遭趕盡殺絕（佔據迦南後共計擒殺三十一位國王，若降服者，則沒收財產淪為奴隸）。

以色列十二支派與周遭強鄰分布地圖

★ 約書亞分配 **12** 支派地業。
　河東地區（**2** 個半）：流便、迦得、東瑪拿西
　河西地區（**9** 個半）：亞設、拿弗他利、西布倫、以撒迦、西瑪拿西、以法蓮、但、便雅憫、猶大、西緬

★ 會幕城（總指揮部）位置演變：
　A 吉甲、B 示羅、C 耶路撒冷

★ 六大逃城：
　河東地區：① 哥蘭、② 拉末、③ 比悉
　河西地區：④ 基低斯、 ⑤ 示劍、⑥ 希伯崙

★ 應許之地（迦南美地）的範圍，廣義而言一般是指從北部但城到南部別是巴之間的區域

第七章
認識士師時期 西元前 1375 年～前 1050 年 共計 325 年

第一節　何謂士師

士師　意為「審判者」，當以色列人遭受外族壓迫時自告奮勇挺身而出的拯救者。

★ 士師並不是聖人，有的還是地痞流氓或好色之徒，只能說其為「民族英雄」。

★《士師記》裡共有十二位士師，他們之間並不是傳承（有的是在同時期）。

源起　① 以色列人征服迦南地後，並不代表就此控制所有領地上的異族（外邦）。

② 約書亞去世後以色列民又開始背離聖約，逐漸出現侍奉迦南外邦的巴力神及亞舍拉女神等異教偶像，屢犯神眼中的惡行，致使民族向心力削弱，外族趁虛而入，開始建立支配以色列眾民的統治管理權。★ 以色列眾民七次背道，七次為奴，亦蒙神的七次救恩。

③ 神差遣士師成為領袖，領導以色列眾民從仇敵蹂躪中拯救出來。

第二節　十二士師簡介

⊙ 較出名者有六位：俄陀聶、以笏、底波拉、基甸、耶弗他、參孫，其他人則簡略帶過事蹟不詳。

1 俄陀聶｜40 年｜最初的士師｜猶大支派人　**驅走亞蘭人**

● 娶猶大族長迦勒（報喜信的探子）的女兒押撒為妻（有賢妻相助，易於團結族人）。

驅逐惡鄰　美索不達美亞地區亞蘭國王古珊利薩田向以色列人課以重稅長達八年，俄陀聶聯合各支派的族人將敵人驅離出境外，維持長達四十年的太平生活。

2 以笏（音戶）｜80 年｜左撇子士師｜便雅憫支派人　**驅走摩押人**

● 便雅憫的意思是右手之子，但以笏卻是左撇子（表示他異於族人）。

● 有次他率領使節團進入被摩押人霸佔十八年之久的耶利哥城。

以笏刺胖王

刺殺肥王　在進貢儀式後，他謊稱有機密相告，與王有獨處機會時，趁機拿出預藏的短刀刺向摩押大胖子國王伊磯倫的肥肚腩裡。

女士師底波拉

| 起兵討伐 | 事畢後以笏將房門反鎖，淡定的從窗戶逃走，隨後在以法蓮山舉兵打敗失去國王而驚惶失措的摩押人，收復失地，安享八十年的太平生活。

---

3 珊迦｜10 年｜單打獨鬥的士師　驅走非利士人

| 單打獨鬥 | 他沒拿任何武器，只握一根趕牛棍，就輕鬆打死六百非利士人，拯救以色列人。

★ 非利士人是迦南地區最兇悍的民族，因此更突顯珊迦的武藝高超、膽識過人。

---

4 底波拉｜40 年｜唯一女性士師｜以法蓮支派人　驅走迦南夏瑣人

● 夏瑣王耶賓曾被約書亞擊敗過，新的夏瑣王捲土重來，命西西拉將軍奪回領地並高壓統治以色列人達二十年之久（人民陷入被欺壓苦難的生活裡）。

| 受神啟示 | 女先知底波拉從神領受啟示召來巴拉（拿弗他利派司令）。

| 畏縮不前 | 巴拉當時只有步兵，而要面對迦南指揮官西西拉將軍所率領強大九百輛戰車部隊，開始心生畏懼，要求底波拉與他同行，否則他不敢單獨行動。

| 神助奇蹟 | 底波拉見到巴拉略顯懦弱，決定與他並肩作戰，擬定奇襲戰略後發動攻擊，此時得神相助，天降豪雨使基順河開始氾濫成災。

| 動彈不得 | 擁有九百輛戰車的西西拉陷入泥濘動彈不得，逐一被殲滅。

| 釘死悍將 | 險些喪命的西西拉逃亡到基尼人希百之妻雅憶的帳棚裡避難。雅憶佯裝友善，使其失去戒心，隨後用帳棚橛子刺穿西西拉的頭顱。以色列由此迎來四十年太平生活。

| 歷史重現 | 上一次夏瑣王的戰車被約書亞用火燒毀，這次夏瑣王的戰車則是被水淹滅。

---

5 基甸｜40 年｜以寡擊眾的士師｜瑪拿西支派人　驅走米甸人

● 基甸被稱為「耶路巴力」（意為讓巴力神來和我爭論），出身瑪拿西派當中最貧弱的小分支派，但卻擁有優秀的軍事天份。

| 毀外邦神 | 其父親約阿施信奉異教的巴力神，被他搗毀，引發信眾不滿要他認罪，他反駁說「讓巴力神自己來和他爭論」，信眾無語而平息糾紛。

| 外邦掠奪 | 米甸人是強悍的沙漠遊牧民族，每逢以色列農作物成熟季節，就前來掠奪打劫。

| 被神召喚 | 因連續七年農作物遭米甸人搶奪，神派使者來叫他領導眾民與米甸人作戰，但被他懷疑而拒絕，使者施予法術後，他才相信自己真的是神所要指

派之人。

揀選戰士 基甸召集三萬二千名士兵打算以眾擊寡，但神不允，只指示喝水時還能保持戒備者，才能上戰場。他觀察一天後結果只有三百人合乎要求。

基甸吹角

以寡擊眾 基甸只好帶領這三百壯士對米甸發動奇襲（呼喊口號：「主的劍！基甸的劍！」），因而大獲全勝。

逆子稱王 基甸也是個好色之徒，子嗣多達七十名，其中有一位不肖兒子亞比米勒，在示劍城稱王，暴虐統治以色列民三年，除么弟約坦僥倖逃亡外，其他兄弟被他殺光（最後被一名婦人用石頭將他砸死）。

6 陀拉｜23 年｜以薩迦支派人

★ 他是朵多的孫子，普瓦的兒子，住在以法蓮山區的沙密。

7 睚珥（音牙耳）｜22 年｜瑪拿西支派人

★ 在基列地區擁有三十座城騎、三十匹驢駒，生三十個兒子。

8 耶弗他｜6 年｜流氓士師｜瑪拿西支派人　　**驅走亞捫人**

家人排斥 因母親是妓女的緣故，耶弗他被其他同父異母的兄弟瞧不起，並將他逐出家門，他只好前往陀伯定居，不久後成為該城地痞流氓的頭領。

託付重任 以色列人不堪亞捫人的侵擾，只好去基列地區請求頗有地方勢力的耶弗他來帶領以色列人與亞捫人作戰。

戰勝獻女 耶弗他求神給予助力，並起誓若能戰勝歸來，就將從家門最先走出來迎接他的人獻祭給神（不料是他最疼愛的獨生女）。

愚昧許願 ★ 古代女子最終宿願就是嫁夫生子（獻祭給神代表是終身不嫁，長期侍奉上帝的意思），這事件告訴我們，只要相信神的大能就好，不必做多餘許願。

女兒迎接耶弗他

9 以比讚｜7 年｜猶大支派人

他有三十個兒子及三十個女兒，死後葬在伯利恆。

10 以倫｜10 年｜西布倫支派人

11 押頓｜7 年｜猶大支派人

有四十個兒子、三十個孫子、七十匹驢駒（非常富有），死後葬在比拉頓。

12 參孫｜20 年｜好色士師｜但支派人　**驅走非利士人**

天生神力　參孫與生俱有天生神力，能單手劈死獅子。（唯一弱點就是不能剪髮）

脾氣暴躁　他與非利士女子結婚，婚禮當天與賓客玩猜謎時起衝突，當場打死三十人，還曾經用三百隻胡狼尾巴點火燒光非利士人的田地，並用驢的顎骨擊斃上千非利士人（引來殺身之禍）。

色誘參孫　參孫常為瑣碎小事，不斷殘殺非利士人，但因他擁有神奇大力量，非利士人也對他莫可奈何，於是利用妓女大利拉去色誘參孫（套出破解神力之法）。

洩露秘密　參孫經不起女色誘惑，將破解神力的秘密抖出，於是大利拉在他熟睡之際，剪去他的頭髮（神力退散）。

參孫碎柱

受盡折磨　頓失神力的參孫被挖去雙眼、銬上腳鍊、受盡凌辱，參孫向神懺悔，結果頭髮重生神力再現，不知情的非利士族長在舉行神廟祭典時，放出參孫讓賓客戲謔耍弄。

同歸於盡　參孫抱著神殿大柱向神禱告後，使出渾身力量，大殿應聲倒塌，所有人同歸於盡。

第三節　　認識路得　摩押女子（《路得記》中的主角）

移居異邦　士師們統治時期，伯利恆地區出現饑荒，猶大族人以利米勒帶著妻子拿俄米及兩個兒子移居到異族摩押地暫居（躲避荒災）。

噩耗連連　遷往摩押地不久以利米勒就去世了，長大後的兩個兒子各自都娶了當地女子（路得、俄珥巴）為妻，但沒有留下子嗣兩個兒子就不幸相繼去世。

思鄉婆婆　拿俄米不忍心讓兩位媳婦守寡，勸她們回娘家改嫁，自己選擇回家鄉伯利恆養老。

婆媳歸鄉　其中一位媳婦俄珥巴聽從建議，就此離開，而善良體貼的路得表明要長期照顧婆婆，執意相依為命伴隨到老，於是婆媳兩人便一同回到以色列的故鄉。

艱苦度日　回到伯利恆後，她們兩過著窮困艱辛的生活，為求溫飽，只能拾穗勉強度日。

路得拾穗

地主動心　當地富農波阿斯（拿俄米丈夫的親戚）被路得的溫順孝心感動，萌生愛意。

52

促成良緣 在拿俄米的鼓勵下，兩人終成眷屬，育有一子俄備得（大衛王的祖父）。

波阿斯簡介 波阿斯的母親是喇合（當年幫助約書亞所派探子的耶利哥城妓女，後來嫁給猶大派撒門，生下波阿斯），波阿斯在伯利恆地區擁有廣大田地，是當地著名的富農。

？ **小常識**

路得改變以色列人傳統觀念
路得是外邦女子（摩押人），未妄自尊大，彰顯孝心、溫順美德，而波阿斯也能接納外邦女子，因此改變以色列人敵視異族的傳統封閉觀念。

《塔木德書》規章
●沒有結婚的男子，不能算是完整的男性（鼓勵結婚生子，否則會被人瞧不起）。
●女性嫁人十年內沒有生育，有可能會被家族傳統習俗休婚（退婚）。

波阿斯與路得家族世系表 猶大支派伯利恆地區

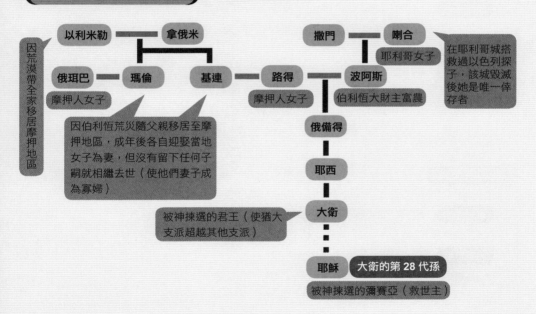

？ **小常識**

非利士人
是士師時期最強悍的異族，盤據通往埃及的沿岸道路，沿途中均受其強大的軍事武裝力量控制。

非利士五大城（五首領）
①亞實突 、②亞實基倫、 ③以革倫、 ④迦特（首府）、 ⑤迦薩

第四節　認識大祭司以利　也被當成為士師

1 撒母耳的啟蒙老師　先知撒母耳幼年時期在大祭司以利的聖殿中學習長大。

放縱兒子　示羅大祭司以利為人善良，但卻放縱兩個祭司兒子為非作歹，淫行放蕩，讓神憎怒。

大兒子	何弗尼	無惡不作、貪慾薰心	● 兩人聯合私吞獻給神的祭品
二兒子	非尼哈		● 兩人結伴淫亂與妓女苟合

神發預告　神對幼年期間的撒母耳曉諭「以利家罪孽甚大，即使獻祭，也永不得贖罪」。

2 約櫃被擄　非利士人從示羅西側侵犯，長老們沒有向神請示，擅自將耶和華的約櫃抬到戰場（希望得到神的援助）結果事與願違，慘敗潰決（以利兩個兒子被殺，約櫃被擄走）。

預言應驗　噩耗消息傳回示羅城，當大祭司以利聽到約櫃被擄走，簡直比自己兒子被殺的消息更令他驚愕，當場跌下折斷頸骨暴斃。

以利之死

沒了榮耀　以利的兒媳（非尼哈的妻子）懷有身孕即將臨盆，聽聞公公及丈夫相繼身亡後，開始陣痛產下一男孩，絲毫沒有任何喜悅，就取名為「以迦博」（意為沒了榮耀），是以利家族唯一留下的血脈。

3 約櫃發威　話說非利士人將約櫃擄奪走後，安置在大袞神廟內，當成戰利品展示，不料隔天大袞神像倒下粉碎，當地民眾得了毒瘡及瘟疫等怪病。

眾民懼怕　非利士人把約櫃轉移到哪裡，災難就降臨到哪裡，最後他們知道以色列的神在發怒了，於是決定將約櫃送還給以色列民（平息神的怒氣）。

約櫃奉還　非利士人召來巫師占示，做了五個金製毒瘤和五個金製老鼠（代表五個首領的賠罪貢物），連同耶和華的約櫃運送到伯示麥歸還給以色列民，至此所有非利士人的疫區病患都自然痊癒。（從失落到歸還相隔七個月）

歸還約櫃

安置約櫃　撒母耳將約櫃安奉在基列耶琳的亞比拿達家中長達二十年之久（直到大衛登基稱王後，才將約櫃迎奉到新首都耶路撒冷）。

第五節　認識撒母耳　意為神賜

全民愛戴　撒母耳是結束士師時期、開啟王國時期的重要人物，他是祭司、士師、
先知集於一身的特殊奉獻地位者，深受以色列民眾信賴與愛戴，晚年在拉瑪隱居
直至去世。

1 父母簡介　以法蓮山有個名叫以利加拿的人，他有兩個妻子，但比較偏愛小夫
人哈拿（但她一直沒有子嗣），另一夫人毗尼拿則生了好幾個孩子，因而時常嘲
諷沒有小孩的哈拿。

　　內心隱痛　沒有小孩是哈拿內心最大的隱痛，時常為此黯然悲傷，此情景被溫
　　和的丈夫以利加拿察覺，就體貼的撫慰她說：「只要有我在，勝過十個孩
　　子」。

　　向神求子　哈拿時常到示羅聖所向神祈求許願，如果能賜給她一個兒子，必將他
　　奉獻給神，大祭司以利見她如此虔誠，也幫忙向神代求顧念哈拿。

　　受神眷顧　神果然眷顧她，不久哈拿真的懷孕，生出一個男孩取名撒母耳（意為
　　神賜）。

　　侍奉上帝　哈拿沒有忘記與神的約定，將稍大後的撒母耳託交給大祭司以利（學
　　習侍奉神）。

2 蒙神揀選　年少時期的撒母耳跟從大祭司以利一起在聖所侍奉神，某天晚上神
顯現於約櫃前的燭台，向他召喚三次，並降神論「神已唾棄大祭司以利全家人」
（因他有兩個不肖兒子）。

　　風雲變色　非利士人侵犯示羅，打敗以色列人並擄走約櫃，大祭司以利及兩個不
　　肖兒子相繼死亡，於是撒母耳當上大祭司，開始領導以色列人。

　　萬眾歸心　撒母耳當上大祭司後，遵行神的旨意，叫百姓拋棄外邦偶像全心歸
　　神，並在米斯巴聚集眾民，在神的面前灑水贖罪。

　　神力幫忙　以色列人在撒母耳的呼籲下回歸敬神，在神的助力下成功制伏多次來
　　犯的非利士人，並收復很多被奪去的城邑（約櫃也失而復得）。

3 民盼王者　以色列十二支派部族組成的鬆散共同體，經不起時代考驗，面對外
族強敵更顯得不堪一擊，凡事藉由神的助力來抗敵，於是眾民希望擁有一位國王
來領導百姓。

　　不肖兒子　年邁的撒母耳立他兩個兒子（約珥及亞比亞）作為以色列士師，但他
　　們兩人不敬畏神並貪圖財利收受賄賂（和大祭司以利兩個不肖兒子雷同且更

糟糕）。

再盼王者 長老們聚集到拉瑪，認為撒母耳的兩個
兒子不行正道，不能繼承大業，強烈希望神能揀
選一位領袖（國王），但是撒母耳說：「人民唯
一主人只有上帝，而不是世俗的國王」，因而拒
絕。

膏立國王

出乎意料 不久後神降曉諭給撒母耳，竟然允許人們
擁有國王（帶領百姓）建立國家體制。

膏立國王 撒母耳在神的指點下，用抽籤方式膏立（把油抹在或倒在人上，任命
其擔任職務）掃羅為以色列首任國王（但不久後掃羅開始行神眼中的惡事，
剛愎自用、我行我素）而被神與撒母耳唾棄，最後在戰場上失利自殺身亡。

黃金歲月 撒母耳再度依神的指示，找到神直接揀選的大衛，膏立他成為新任國
王，開啟以色列王國的黃金歲月。

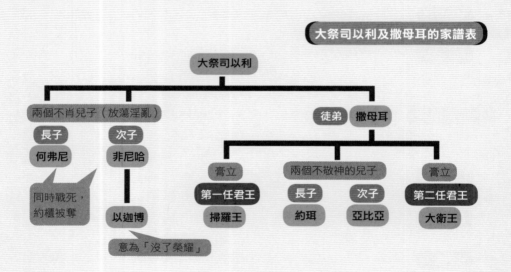

大祭司以利及撒母耳的家譜表

大祭司以利

兩個不肖兒子（放蕩淫亂）

長子 何弗尼

次子 非尼哈

同時戰死，約櫃被奪

以迦博

意為「沒了榮耀」

徒弟 撒母耳

膏立 第一任君王 掃羅王

兩個不敬神的兒子

長子 約珥

次子 亞比亞

膏立 第二任君王 大衛王

第八章

認識統一王國時期 前1050年～前930年 共計120年

| 第一節 | **認識掃羅王** 王國時代首位國王 ★ 首都：基比亞 |

掃羅簡介 前1080年出生於基比亞，便雅憫支派人，三十歲時被撒母耳膏立為首任國王，在位四十年（與非利士人作戰中敗北，自殺身亡，享年七十歲）。

1 因驢而達 基士的兒子掃羅是以色列最帥的美男子，某天父親不小心弄丟了驢，就讓掃羅去尋找。

請問高人 掃羅連找三天一無所獲，僕人建議他去附近城鎮請示先知撒母耳幫忙。

膏立為王 撒母耳初見掃羅，就明白這是神所要召選的君王，透過抽籤儀式更確認他的判斷，於是在米斯巴拿膏油（橄欖油）按神意旨立他為王（象徵士師時期結束、王國時期開始）。

首戰立功 亞捫王拿轄常以挖掉全城居民右眼來威嚇鄰國（令人畏懼），更常霸凌懦弱的以色列人，掃羅王聽聞拿轄的惡行後就率勇士去討伐，在基列雅比贏得首場大勝利。

2 傲慢自大 掃羅登基兩年內，統率以色列軍隊先後擊敗鄰近強敵，開始驕矜自傲、妄用王權、僭越祭司之職，開啟君權與神權的激烈鬥爭。

逐步失控 在吉甲和非利士人對峙時，他因嫌棄大祭司撒母耳獻祭時間冗長（視他為累贅），竟然擅自主持獻祭，迫不及待向敵人發動攻擊（此事件導致兩人關係徹底決裂的開始）。

違悖神意 在和宿敵亞瑪力人作戰時，更突顯他的一意孤行，不順從撒母耳所傳達神的旨意（將擄獲戰利品全數銷毀），貪圖戰利品，自作主張，終被神與先知唾棄。

先知離去 撒母耳預言他王位不保後回到拉瑪隱居，至死都不願意和掃羅見面（漸行漸遠）。

怪病纏身 掃羅雖然失去撒母耳的支持，但他仍然受到百姓愛戴，不過精神狀況一落千丈，身心恍惚（邪靈附身），家臣們請來能夠撫慰心靈的豎琴演奏師大衛（讓其情緒紓壓解憂）。

3 **大衛崛起**　非利士巨人歌利亞率眾來到以拉谷叫囂四十天，沒有人敢與他單打獨鬥，此時正好大衛帶著父親送給三位出征哥哥的慰勞品過來，目睹這幕，就撿起五顆石頭向巨人叫陣單挑，歌利亞巨人見到乳臭未乾的小子，正要開口嘲笑時，大衛猝不及防擲出石子打爆巨人頭顱。

由愛轉恨　大衛取下歌利亞巨人的首級後一戰出名，擄獲不少百姓的心，包含王子約拿單（掃羅長子），民間歌頌「掃羅殺敵千千，大衛殺敵萬萬」此事讓掃羅王從賞識他到嫉妒他，甚至到開始想殺他。

使出詭計　掃羅王見大衛聲望扶搖直上，光芒凌駕自己，於是使計想借敵人之手，除掉自己心中大患。

掃羅嫁女　掃羅王以女兒米甲作餌，說只要取得一百張非利士人的陽皮（包皮），即將女兒下嫁給他，但沒料到幾天後，大衛帶回二百張陽皮，因此順利娶到米甲為妻。

大衛逃難　掃羅王聽聞撒母耳受神指示，另行膏立大衛為新的君王，妒火中燒立即展開刺殺行動，大衛險些受害，所幸得到妻子米甲及摯友約拿單通風報信協助，成功脫逃。

不計前嫌　流亡期間的大衛曾在隱基底有兩次可刺殺掃羅王的機會（第一次只割下他的披風襟角，第二次只取走他枕邊的長矛和水壺），儘管掃羅王承認大衛是個忠義之人，但還是無法放過他。

先知歸天　撒母耳去世，以色列百姓全為他哀悼，只有掃羅王不聞不問（早已決裂分道揚鑣，因為撒母耳至死都不原諒掃羅）。

掃羅焦心　掃羅王常被邪靈侵擾，內心時常感到惶恐焦躁，不巧此時非利士人集結一支強悍精銳軍隊來犯，更讓他膽顫心驚起來。

犯大不諱　掃羅王此時六神無主，忍不住犯下大不諱，到隱多珥找女巫師，竟然想利用靈媒召喚撒母耳之靈來尋求解救之道。。

遊魂顯靈　掃羅王跪地說：「恩人啊！我現在有危難，該怎麼辦才好？」遊魂答：「你和你的孩子們，不久後會與我相見。」說完就消失了，掃羅王受到嚴重驚嚇，久久無法言語。

預言成真　隔天掃羅王與非利士大軍在基利波山決戰，結果以色列軍潰敗，掃羅王三個兒子（包含約拿單）都戰死沙場，掃羅王自知氣數已盡，最後自殺而亡，享年七十歲。

兵敗的掃羅王

認識統一王國時期

第二節　認識大衛王　英明的國王　★ 首都：耶路撒冷

大衛王簡介　前 1040 年出生於伯利恆，猶大支派人，十七歲時被撒母耳膏立為王，三十歲時在希伯崙登基，三十七歲將首都遷往耶路撒冷，在位四十年，享年七十歲（在位與享年與掃羅王相同）。

1　尋找新君　猶大支派長老耶西住在伯利恆，有天先知撒母耳受神指引，到耶西家中來尋找新王。

膏立為王　在場耶西七個兒子無一中選，讓撒母耳困惑良久，後來得知還有一位么兒大衛正在牧羊，於是遣人把他召回，撒母耳見到大衛就說：「就是你」。

彈琴驅魔　此時掃羅王因失去神的眷顧，又受到撒母耳的唾棄，因此變得有點神智不清，情緒低落，家臣們找到琴藝高超的大衛來王宮彈奏心曠神怡的音樂，讓掃羅王紓壓，療癒憂悶。

引發忌憚　掃羅王對大衛充滿好感，但自從大衛在以拉谷大顯身手，擊斃非利士巨人歌利亞後，掃羅開始對其忌憚起來（充滿敵意）。

大衛逃難　大衛後來娶掃羅王女兒米甲為妻，又和其長子約拿單建立深厚友誼，在他們兩人的通風報信協助下，躲避過掃羅的追殺而到處流亡。

少年大衛

好牧人

單挑巨人

搏獅救羊

彈琴驅魔

借糧遭拒 落難的大衛來到迦密時向當地富農拿八借糧，不但遭到醉醺醺的拿八拒絕，甚至出言侮辱（大衛震怒下想殺掉他），結果其妻亞比該帶著糧草代夫向大衛賠罪。

異地再婚 拿八酒醒後，得知亞比該借糧賠罪才救回自己一命，卻當場嚇死，大衛聞拿八死訊後，就迎娶亞比該為妻（從此獲得財務與食物的資助）。

★ 大衛逃難期間，元配米甲被掃羅王逼迫改嫁別人，而大衛也先後娶了亞比該及亞希暖兩位共患難的妻子。

敵君庇護 大衛逃亡期間，非利士迦特城的亞吉王不但收留他，並將洗革拉送給他治理，並打算帶著大衛上戰場對抗以色列人（後因怕他變節倒戈，就沒讓他上陣）。

★ 大衛也因此避開一場與同胞及摯友自相殘殺的悲劇發生。

哀悼摯友 這場戰役掃羅王及約拿單皆壯烈陣亡，大衛得知他們的死訊後沉浸在悲傷中，禁食到晚上並作哀歌悼念他們。

2 南北對峙 神指引大衛到希伯崙登基正式成為新王（時年三十歲），此時掃羅王唯一存活的兒子伊施波設也在北方繼承王位，形成南北軍事對峙局面。

局勢逆轉 掃羅王之子伊施波設稱王後，國力比大衛強盛（但不得民心），他的部屬押尼珥將軍變節帶著米甲（大衛妻）投奔大衛陣營，使局勢大為逆轉。

為弟報仇 大衛的司令官約押，其弟曾被詐誠者押尼珥將軍殺害，一直耿耿於懷，於是使計將其誘殺（為弟復仇），被蒙在鼓裡的大衛勃然大怒，但約押因在逃城（希伯崙）殺人受到祭司保護，一時也無法懲罰他（後來也原諒他了）。

大衛王

北國兵變 北方以色列國發生兵變，伊施波設國王被兩名軍官殺害，還將他的首級呈獻給大衛王（結果沒有拿到任何獎賞，還被大衛痛斥一番）。

統一全國 七年內戰後，大衛成為統治以色列全境的君王（時年三十七歲），並將約櫃從基列耶琳轉移安奉到耶路撒冷（大衛城），使耶路撒冷成為政教合一的聖城。

3 稱霸迦南 統一全境後的大衛王卓越英明，領導以色列人擊敗強敵非利士人、摩押人、瑣巴人、亞蘭人及亞捫人，他順服上帝以公義治國，國勢日漸強盛。

王的誘惑 有天大衛王在王宮平台上散步，無意中窺見到一位絕美少婦正在沐浴，遣使者打聽，原來是部將西台人烏利亞（外籍傭兵隊長）之妻拔示巴，

因被其迷惑，暗中差人召她入宮與她同寢，但不久後拔示巴竟然懷孕了。

拔示巴沐浴

設套殺人　大衛王立刻召回正在前線作戰的烏利亞報告戰情，順便讓他回家與妻同房（好隱瞞他們的通姦罪行），但是烏利亞執意回營歸隊，大衛王在無奈之下，只好把他調到最危險的前線作戰，不久其便戰死在沙場。

受神懲罰　烏利亞陣亡後，大衛王便娶拔示巴為妻，但此舉為神所不容（違反十誡條規），於是透過先知拿單訓誡他「將有喪子之痛」，果不出所料，兒子生下七天後即夭折。

★ 拔示巴後來蒙神眷顧生下一位王子所羅門（成為大衛王的繼承人）。

③ 骨肉相殘　神對大衛所降下的懲罰還沒結束（全家不得安寧），長子暗嫩愛上異母所生的妹妹他瑪，並強行侵犯她，親哥哥押沙龍得知此事後，竟趁暗嫩酒醉時把他殺了，隨後逃到基述找外公庇護避難。

覬覦王位　三年後在家臣的關說下，大衛王饒恕押沙龍，將他召回與家人團聚。回到耶路撒冷後的押沙龍性情大變，萌生篡位野心（因他已經察覺大衛特別寵愛幼弟所羅門），於是開始籌策奪取王權的叛變計劃。

逆子造反　經過四年的精心謀劃，見事機成熟，押沙龍隱瞞其父，暗地裡動身前往希伯崙登基稱王，隨後率領傭兵突襲攻占沒有防備的耶路撒冷（大衛王倉皇而逃）。

忠臣暗助　逃命中的大衛王元氣大傷，幸好及時得到以太所率領的六百名迦特人的馳援，以及留在耶路撒冷裡忠心的祭司撒督（後來成為所羅門聖殿的首任大祭司）、先知拿單和參謀戶篩提供假情報給押沙龍（讓其誤判），並暗中向大衛王通風報信躲避追殺。

功虧一簣　亞希多弗是押沙龍的首席軍師，提議帶領一萬兩千精銳部隊去圍剿大衛王陣地，結果被忠心的戶篩從中作梗，因此喪失先發制人的契機，導致押沙龍在以法蓮山戰鬥中以慘敗收場（多年精心佈局，最後功虧一簣）。

命中註死　大衛王的反攻號角響起，但下達不得殺害押沙龍的訓令（只能活捉），但押沙龍敗北逃亡時，被樹枝纏住頭髮動彈不得，被趕到且抗命的約押將軍殺死。

大衛失子　當大衛王聽聞兒子死訊後，不禁嚎咷大哭：「兒啊！我能代你而死該有多好。」

★ 可見大衛對押沙龍始終抱有父子之情。

王位之爭 大衛王身體每況愈下，王位繼承問題漸漸浮出檯面，年紀最長的兒子亞多尼雅受到約押將軍及祭司亞比亞他的鼎力支持，擺出一副勢在必得的態勢。

相互角力 另一位國王候選人就是大衛王最寵愛妻子拔示巴所生的所羅門（大衛曾口頭答應立他為王），但在王宮詭異的氣氛下，隨時都有變數發生。

新王誕生 拔示巴怕夜長夢多，於是去懇求先知拿單及祭司撒督去敦促大衛王履行諾言，經首肯後，他們兩人在基訓為所羅門（么子）進行膏立儀式，新國王就此誕生。

大衛王晚期元老	1	亞多尼雅	←	支	約押將軍（被處死）、祭司亞比亞他（被流放）
重臣分為兩派	2	所羅門	←	持	撒督（聖殿首任大祭司）、先知拿單

大衛王家庭成員恩怨表

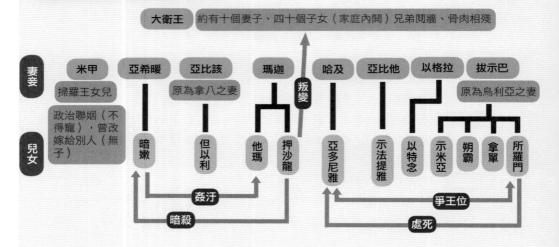

第三節　認識所羅門王　睿智的國王　★ 首都（聖殿）：耶路撒冷

所羅門王簡介 大衛王的么兒，前990年出生，二十歲登基為王，在位四十年，享年六十歲。

★ 前967年（時年二十三歲）開始建造聖殿，前960年完工（歷時七年）又稱「所羅門聖殿」。

1 大衛歸天 年邁的大衛王身虛體寒，連蓋厚毛毯仍覺得冰涼，自知大限將近，

於是家臣找來美麗的處女亞比煞來服侍陪寢讓其暖身（兩人間沒發生性關係），不久大衛王就去世了（葬於耶路撒冷）。

神賜智慧 新王所羅門登基後，夜裡夢見神將賜福給他，讓他許個願望，他只選擇智慧（使神大為讚賞），於是神恩賜給他超人智慧、大量財富及無上權力。

四哥求饒 王位角逐落敗者四哥亞多尼雅，深怕所羅門王秋後算帳降罪於他，便主動向新王（其么弟）求饒賠罪，也獲得王的寬恕，赦免他的罪行。

摒除異己 不久後曾對王位虎視眈眈的四哥亞多尼雅，竟然向太后拔示巴提出想迎娶先王侍女亞比煞（先王的女人）為妻的無理要求，結果被所羅門王知曉後，就命待衛長比拿雅將他處死（因他覬覦王位的念頭還未消散），另處決元老約押將軍、流放祭司亞比亞他（肅清所有威脅王位勢力者）。

② 第一聖殿 所羅門王登基四年後，遵行大衛遺願，耗時七年建造名留青史、宏偉的黃金聖殿，並將約櫃從錫安（大衛城）迎抬來安奉在至聖所，並舉行盛大隆重的入殿儀式（任命撒督為首席御用大祭司）讓神讚賞，虹光充滿整個大殿。

所羅門王造聖殿

名震天下 所羅門王建造完聖殿後，又耗時十三年為自己建造以大理石及高級香柏木蓋成的宮殿，金碧輝煌（極盡奢華）威名遠播。

女王來訪 南方富國（今葉門）示巴女王，因仰慕所羅門王的才華與智慧，帶著黃金、香料、寶石等（以色列沒有的奢侈品）來到聖城參觀訪問，並找些難題試探王的智慧。

女王折服 女王所出的難題，王都能給其滿意的解答，令女王大感佩服。

睿智斷案 某天兩名婦女爭搶一名嬰兒（都說是自己的兒子），轟動到由所羅門王親自來裁決，所羅門王舉刀想把嬰兒劈成兩半均分給她們，其中一位婦女立刻制止，說願意讓給對方，所羅門王立刻把這個嬰兒判給這位婦女（母愛的真諦）。

國家強盛 所羅門王通過經貿往來與通婚、結盟，將以色列發展到空前未有的繁榮景象，成為中東地區最昌盛的國家（並在阿卡巴灣基別港擁有一支強大艦隊）。

所羅門王邂逅示巴女王

③ 好大喜功 所羅門王鼎盛時期，生活奢靡浮華、揮霍無度、大興土木、加強軍備，向人民課徵重稅及強迫勞役，使百姓苦不堪言，最後導致人心背離。

王國隱患 所羅門王為使國家安定，避免和鄰國發生衝突，所以娶了幾位強大外邦公主（通婚和親），並保留他們各自宗教信仰，所以後宮異教偶像林立，建造邱壇（外邦神廟）供奉外邦假神，並親自出席祭典，最終惹怒上帝。

所羅門王斷案

漸失民心 所羅門王晚年漸失民心，當中出身北方以法蓮支派的年輕人耶羅波安（曾被任命建造王宮工程監督官），親眼目睹百姓生活艱辛，背負勞役之苦，而王公貴族卻驕奢淫逸，並行悖逆神之事，令他大感不滿，於是加入反對國王的行列（後來成為領袖）。

神降責罰 先知亞希雅向耶羅波安轉述神的旨意：「所羅門違反膜拜偶像的禁忌，會受到懲罰，他的國必將分裂，我將北方十個支派賜給你。」

遭王追殺 所羅門王得知此事企圖殺他，耶羅波安逃往埃及避難（受示撒法老保護）。

④ 新王登基 所羅門王死後，其子羅波安在示劍登基為王，在北方的以色列百姓因被課重稅和過重勞役而怨聲載道，希望新王能減輕他們的沉重負擔而集體請願。

不得民心 前朝老臣也加入勸導行列，告誡新王放棄高壓統治，博取民心，結果昏庸無能的羅波安卻反其道而行，竟然採納年輕臣子的餿主意「誰不滿加重稅、誰不服增勞役」。

揭竿起義 新王政策徹底激怒北方以色列百姓，揭竿起事，擁立逃亡到埃及避難的耶羅波安為國王（領導十支派），以色列因此分裂成南北兩個國家。

南北分裂 以色列分裂成南北兩個國家後，互相攻訐，因此國勢由盛轉衰，並相繼滅國。

	方位	國名	組成支派	時期	國祚	首任國王	關係	國王評比
南北朝	北	以色列王國	由十支派組成	前 930 年～前 722 年	209 年	耶羅波安	武力奪權	19 位全是惡君
	南	猶大王國	猶大及便雅憫兩支	前 930 年～前 586 年	345 年	羅波安	大衛血脈	8 位良君、12 位惡君

第九章
認識分裂王國時期 前 930 年～前 586 年 共計 345 年

第一節　南北朝綜述

北朝｜以色列王國簡介　北朝十支派地區比較富裕（因此常受到異族的覬覦，屢遭侵患，另外內亂頻繁，常有血腥政變發生）王朝不斷更迭（共計九次），由於長期受到外邦攻擊壓迫，百姓與異族聯姻，朝拜外邦偶像，無形中已被外族同化（完全脫離以色列民族精神與宗教信仰）

南朝｜猶大王國簡介　南朝因有耶路撒冷聖殿（以色列人的精神寄託）及大衛家族血脈傳承，與北朝相對比較穩定，只有一段期間（約六年）被亞他利雅王后篡位為國王，但不久即被推翻，大衛家族血脈順利延續。

★ 由於聖殿裡不斷累積財富，後來也成為異族垂涎的目標（屢遭打劫）。

南北朝同名國王列表　南北朝有多組國王同名現象（很難區別），故要在他們名字前面加上王朝別號，才能清楚表述出來。（如：北國的約蘭王和南國的約蘭王等……）

	任別	國王名	在位	評價			任別	國王名	在位	評價
北朝以色列王國	9	約蘭 （烏西雅）	12 年	惡	同名→	南朝猶大王國	5	約蘭	8 年	惡
	8	亞哈謝	2 年	惡	→		6	亞哈謝	1 年	惡
	12	約阿施	16 年	惡	→		8	約阿施	40 年	良
	9	烏西雅（約蘭）	12 年	惡	→		10	烏西雅	52 年	優
	11	約哈斯	17 年	惡	→		17	約哈斯	3 個月	惡

	任別	國王名	在位	評價
北朝以色列王國同名國王	1	耶羅波安	21 年	惡
	13	耶羅波安二世	41 年	惡
	10	耶戶（與先知耶戶同名）	28 年	極惡

第二節　北朝以色列王國綜述

前930年～前722年 共計209年 分為九個王朝 共計19位王

北朝首都　① 示劍（1～2任王）、② 提撒（3～5任王）、③ 撒瑪利亞（6～19任王）。

北朝宗教聖所　① 但、② 伯特利（朝拜異教偶像，悖逆真神）。

北朝道德淪喪　北朝以色列王國逆叛成性，故王位不停更迭，共歷九個王朝，十九位國王（全為惡王）。

北朝以色列王國的興與衰

❶ 首任國王｜耶羅波安　以法蓮支派尼八的兒子，被北方十支派人民擁立為國王，在位期間做出兩項讓北朝以色列王國百姓陷入罪惡的要命決策。

① 與南朝猶大王國劃分界線（劃地自限），斷絕民族宗親情感（捨棄手足情誼，成為敵人）。

② 私設邱壇朝拜外邦神像，自立節期，用凡人當祭司（摒除利未支派的神職權分）。

★ 因耶羅波安國王為己之私，使北國十支派百姓與神所立的關係徹底破滅（演變成民族分歧、宗教墮落），無形中被異族慢慢同化而滅族（史稱消失的十支派）。

❷ 兩王爭位　北朝第六任國王暗利時期，同期還有一位自立為王的提比尼（雙方爭奪王位四年之久），最後才由暗利勝出，故也有人將提比尼列為北朝國王行列，成為總數二十位國王。

❸ 末代國王　第十九任國王何細亞即位時期，王國大部分領土已被亞述帝國侵佔，只剩下首都撒瑪利亞附近土地，王國為求生存，私下聯合埃及共同抵抗亞述帝國，結果引來滅國之災。

★ 亞述人佔領撒瑪利亞後，故意讓大量外族民眾遷居來此開墾移民通婚，使得以色列人的血統逐漸混雜，最後成為「撒瑪利亞人」（以色列十支派無形中被蒸發消失）。

第三節　認認南北朝的國王列表

南朝　猶大王國　345年　前930～前586年

首都及宗教中心：耶路撒冷（聖城）
⊙ 始終在大衛家族的統治之下

序	評價	君王	時期	在位	先知
1	X	羅波安	前930～前913	18	示瑪雅
2	X	亞比央（亞比雅）	前913～前911	3	
3	○	亞撒	前911～前870	41	哈拿尼／亞撒利亞
4	○	約沙法	前870～前848	25	雅哈悉
5	X	約蘭	前848～前841	8	
6	X	亞哈謝（約亞斯）	前841	1	●俄巴底亞
7	XXX	亞他利雅女王	前841～前835	6	●約珥
8	○	約阿施	前835～前796	40	
9	○	亞瑪謝	前796～前781	16（29）	
10	◎	烏西雅（亞撒利雅）	前781～前740①	42（52）	⊙以賽亞
11	○	約坦	前750～前735	16	●彌迦
12	X	亞哈斯	前735～前715	20	
13	☆	希西家	前715～前686②	29	
14	XX	瑪拿西	前697～前642③	55	●那鴻
15	XX	亞捫	前642～前640	2	●西番雅
16	☆	約西亞	前640～前609	31	⊙耶利米
17	X	約哈斯	前609	3月	戶勒大（女）
18	X	約雅敬（以利亞敬）	前609～前598	11	⊙但以理
19	X	約雅斤	前598	3月	⊙以西結
20	X	西底家	前597～前586	11	●哈該／●撒迦利亞／●瑪拉基

☆西元前586年被新巴倫國滅亡，猶大王國百姓成為「巴比倫之囚」

①烏西雅王得痲瘋共同治國10年
②希西家王神增壽給他15年
③瑪拿西被亞述帝國擄走10年後復位
④比加王在聖經裡在位20年（正式稱王僅6年）

北朝　以色列王國　209年　前930年～前722年

首都：撒瑪利亞 ⊙ 宗教中心：但、伯特利
⊙ 國家不斷發生血腥內戰篡位及宮廷政變

序	朝代	首都	評價	君王	時期	在位	與南朝	先知
1	一	示劍	X	耶羅波安	前930～前910	21	戰爭	亞希雅
2	一	示劍	X	拿答	前910～前909	2	戰爭	
3	二	得撒	XX	巴沙	前909～前886	24	戰爭	耶戶
4	二	得撒	X	以拉	前886～前885	1	戰爭	
5	三		X	心利	前885	7天	戰爭	米該雅
6	四		XXX	暗利	前885～前874	12	和平	
7	四		XX	亞哈	前874～前853	22	聯姻	以利亞
8	四		X	亞哈謝	前853～前852	2	合作	
9	四		X	約蘭	前852～前841	12	合作	以利沙
10	五	撒瑪利亞	XX	耶戶	前841～前814	28	敵對	
11	五		X	約哈斯	前814～前798	17	敵對	●約拿
12	五		X	約阿施	前798～前783	16	戰爭	
13	五		X	耶羅波安二世	前783～前743	41	合作	●阿摩司／●何西阿
14	五		X	撒迦利雅	前743	6月	和平	
15	六		X	沙龍	前743	1個月	和平	
16	七		XX	米拿現	前748～前738	10	和平	
17	七		X	比加轄	前738～前737	2	和平	
18	八		X	比加	前737～前731④	6（20）	戰爭	
19	九		X	何細亞	前731～前722	9	和平	

☆西元前722年被亞述帝國滅亡（消失的十支派）

← 前609年，第一次國王被擄（被埃及人擄走）
← 前606年，第一次百姓被擄（被巴比倫人擄走），含但以理
← 前598年，第二次國王被擄（巴比倫人），含以西結
← 前586年，第三次國王被擄（巴比倫之囚），耶利米獲釋

前536年，第一次回歸，離第一次百姓被擄（前606年）剛好隔70年（耶利米預言成真），此次回歸時期共有三位先知：哈該、撒迦利亞、瑪拉基

先知	⊙代表四大先知　●代表十二小先知

君王評價	X	XX	XXX	○	◎	☆
	差	極差	非常惡	好	良好	非常優

第四節　北朝以色列王國歷代國王簡介

1 第一王朝｜耶羅波安王朝（兩位國王）　首都：示劍

第一任｜耶羅波安｜從英雄變成狗熊的國王｜在位 21 年　★ 與南朝關係：相互戰爭

- 將北方十支派人民從苛政中解救出來的英雄，但他因懼怕國家再度統一而失去權力於是選擇與南朝敵對（相互爭鬥、自相殘殺）。
- 雖然耶羅波安是依照神所指示，才順利成為首任國王，但他患有嚴重被害妄想症，擔心百姓前往耶路撒冷朝拜時，思想意念又回歸到大衛家族（因此禁止百姓前往南國朝聖）。
- 他把境內的但與伯特利兩城定為聖城，分別建造邱壇（外邦神廟）、鑄造金牛犢讓百姓膜拜（背棄真神），自立節期，提拔凡人當祭司（把利未神職者排除在外），使北朝人民陷入罪惡中。

第二任｜拿達｜在位 2 年（被暗殺）　★ 與南朝關係：相互戰爭

- 與其父（耶羅波安）一樣，行神眼中的惡事。
- 在基比頓與非利士人作戰時，被部將巴沙叛變，刺殺而亡（王位被奪）。
- 耶羅波安王室家族成員，全被巴沙肅清（滅族）無一生還。

2 第二王朝｜巴沙王朝（兩位國王）　首都：得撒

第三任｜巴沙｜血腥奪權的國王｜在位 24 年　★ 與南朝關係：相互戰爭

- 巴沙是以薩迦支派人，在得撒登基（將首都從示劍遷移至此）。
- 為鞏固自己的王權免於威脅，竟然將耶羅波安王室族成員趕盡殺絕（不留活口），先知耶戶預言巴沙王朝也將重蹈覆轍（家族被滅門，斷子絕孫）。
- 巴沙率大軍到南朝猶大地的拉瑪修築要塞，做為南侵的基地（橋頭堡）。
- 南朝猶大王國亞撒王與亞蘭國王便哈達結盟，聯合將巴沙擊退，並佔領多處城邑。

第四任｜以拉｜在位 1 年（被暗殺）　★ 與南朝關係：相互戰爭

- 膜拜外邦鬼神，惹怒上帝，最後被專門管理戰車的將領心利背叛。
- 在首府得撒宮廷家宴期間，因喝得酩酊大醉，被叛將心利刺殺而亡。
- 巴沙王室家族成員一樣慘遭滅門之禍（應驗了先知耶戶的預言）。

3 第三王朝｜心利王朝（僅此一代）　首都：得撒

第五任｜心利｜在位僅七天（一週）｜自焚而亡　★ 與南朝關係：相互敵對

- 心利的叛變出於個人的妄動（沒有組織），稱王時得不到軍民的支持。
- 在前線與非利士人作戰的統帥暗利，在營中被士兵擁立為王，率軍返回圍攻得撒城。

- 心利見大勢已去，便縱火焚城同歸於盡（在位僅一星期）。

4 第四王朝｜暗利王朝（四位國王）　**首都：撒瑪利亞**

第六任｜暗利｜信仰墮落的國王｜在位 12 年　★ 與南朝關係：相互和平

兩王爭霸　心利王自焚後，北朝以色列王國又分列成兩個王朝相互廝殺（最後暗利獲勝）。

| 兩個王朝 | 1 | 提比尼 | 基納的兒子，被擁立為王 | ★ 四年的王位之爭，最後由掌軍權的暗利獲得勝利 |
| | 2 | 暗利 | 被將士擁立為王，追隨者較多 | |

- 因首都得撒被焚毀成為廢墟，於是暗利將首都遷往撒瑪利亞（此後持續到以色列王國滅亡為止）。
- 暗利行神眼中的惡事（接納所有外邦鬼神），比以前列王更甚（是宗教信仰的黑暗時期）。
- 暗利致力緩和與南朝猶大王國之間緊張關係（之前諸王均採敵視對抗方式）。

第七任｜亞哈｜懼內背神的暴君｜在位 22 年　★ 與南朝關係：相互聯姻

- 亞哈王娶了外邦西頓王的女兒耶洗別（悍后）為妻，在她的慫恿下，建造了巴力神廟（背棄真神）。
- 神怒降災懲罰三年半未降雨水，直到先知以利亞受神指示，在迦密山擊殺巴力祭司才降甘霖。
- 惡后耶洗別下令追殺先知以利亞，迫使他逃到何烈山避難，但神卻叫他原路折返（途中收留以利沙為門徒）。
- 拿伯有一葡萄園，因拒賣給王室，被惡后耶洗別施計殺害（此惡行讓神大怒）。
- 神差遣以利亞潛行至葡萄園，找到亞哈王傳達神的旨意：「大難將臨頭，有滅門之禍」。
- 亞哈王聽完後，立即認罪開始斷食懺悔，求神原諒（於是神將災禍延到他的子孫）。
- 亞哈王不自量力，竟然聯合南朝猶大王國的約沙法國王（其女婿）去合攻拉末的亞蘭王，先知米該雅預言他會戰死在那裡（王大怒將其囚禁）。
- 亞哈王被流箭射入鎧甲縫隙中，因流血過多而死（應驗先知米該雅的預言），聯軍慘敗而歸。

第八任｜亞哈謝｜冥頑不靈的國王｜在位 2 年　★ 與南朝關係：相互合作

- 亞哈謝王的母親就是悍后耶洗別，事奉敬拜巴力神（背棄真神朝拜偶像）。
- 先知以利亞向其轉達神的曉諭：「心中無真神，必定早死。」王聽後大怒，派遣五十名士兵去追捕他，結果都莫名其妙的被天火燒死（連續兩次）。

- 亞哈謝王第三次派去抓捕先知以利亞的五十名士兵，見到以利亞時，竟然全部跪地求饒（免得死於非命）。
- 神差遣以利亞直搗王宮，當面向亞哈謝王列舉罪狀（王聽完後驚嚇過度，不久後重病而亡）。
- 亞哈謝王死後，先知以利亞帶著門徒以利沙渡過約旦河，乘坐天馬火車升天（將職權交給以利沙繼承）。

第九任｜約蘭（又稱烏西雅）｜餓殍遍野的國王｜在位 12 年　★ 與南朝關係：相互合作

- 雖然他清除掉亞哈王所建造的巴力神像，但仍然讓以色列人膜拜金牛犢（當政期間接踵而來的發生叛亂、戰爭、饑荒、瘟疫而疲於奔命）。
- 約蘭王曾聯合南朝猶大王國的約沙法國王和以東國王，三王一起去合攻摩押的米沙王，但在曠野繞行七天，三王的聯軍和牲畜尋找不到水源補充水份而乾著急。
- 在猶大王國約沙法國王的提議下，他們去求見先知以利沙解惑（因神顧念猶大約沙法國王），曉諭：「在山谷中滿處挖溝」，次日遍地山溝水滿，有了水源補充後，終於一鼓作氣打敗摩押米沙王。
- 亞蘭國便哈達一世國王率大軍包圍首都撒瑪利亞，導致城內嚴重斷糧（甚至還有易子而食的慘況），王不自反省，反而怪罪先知以利沙（曾一度想殺了他）。
- 以利沙預言：「敵會潰退，且可得糧」（神使車馬震耳聲嚇退亞蘭大軍，且留下大批糧草而逃竄）。
- 約蘭王在約旦河東岸與亞蘭人作戰時負傷，將兵權交給耶戶指揮，自己回到耶斯列療傷。
- 先知以利沙派遣門徒去見耶戶，吩咐他自行稱王，且將罪惡滿盈的惡后耶洗別王族屠殺殆盡，肅清所有異教巴力神的祭司。

5 第五王朝｜耶戶王朝（五位國王）　**首都：撒瑪利亞**

第十任｜耶戶｜先知以利沙膏立的國王｜在位 24 年　★ 與南朝關係：相互敵對

- 耶戶原為約蘭王的指揮官，在拉末受先知以利沙奉神諭膏立他為國王（立即展開喋血政變）。
- 悍后耶洗別仍不改頑固個性，從窗台探身破口大罵時被人推下摔死，屍體被狗啃咬。
- 耶戶國王雖然將巴力神廟拆毀改成廁所，但仍離不開金牛犢膜拜惡習（神預言只傳四代）。

第十一任｜約哈斯｜國勢大衰的國王｜在位 17 年　★ 與南朝關係：相互敵對

- 因其父殺死腓尼基西頓王的公主耶洗別（悍后），使雙方關係斷絕，同時又與南朝猶大王國交惡，並和亞蘭人作戰敗北，喪失許多領土，最後成為亞蘭國的附庸國。
- 亞蘭人解除以色列軍隊的武器，只留下五十名衛兵及十輛戰車給約哈斯王（失去獨立王國地位）。
- 約哈斯王不但對國家毫無建樹，還差點讓以色列王國遭到滅國之禍。

第十二任｜約阿施｜中興北朝的國王｜在位 16 年　★ 與南朝關係：相互戰爭

- 約阿施王去探望年邁患病的先知以利沙，以利沙很受感動，叫王取弓箭朝東邊窗戶發射（預言這是戰勝亞蘭敵國的箭），王連發三箭後停了下來。
- 先知以利沙惋惜地表示，「應當要多射五六次」（於是預言只會打敗亞蘭三次，但永遠無法征服亞蘭）。
- 約阿施王得到神的助力，在亞弗擊敗亞蘭便哈達國王，並趁亞述人侵犯亞蘭首府大馬士革時，見機不可失，趁他們兩國交戰無暇顧及之際，收復一些被亞蘭人奪去的失土。
- 自視甚高的南朝猶大王國亞瑪謝王，率大軍前來北朝挑釁，結果被約阿施擊敗（南朝亞瑪謝王被叛將殺死），北朝大軍長驅直入聖城，將王宮財物掠奪一空（並擄走王室貴族成員當奴隸）。
- 約阿施王死後葬在撒瑪利亞的王室墓園裡，與其列祖同眠（是北朝少數能善終的國王）。

第十三任｜耶羅波安二世｜雄才大略的國王｜在位 41 年　★ 與南朝關係：相互合作

- 耶羅波安二世時期，是北朝以色列王國的鼎盛期，最強大的惡鄰亞蘭國解體衰落，而亞述帝國此時也進入內亂期，他趁機發展以色列的經濟，使國家欣欣向榮。
- 在耶羅波安二世的復興政策下不斷收復失土，實現先知約拿所預言：「從哈馬口直到亞拉巴海（死海）」。
- 同期南朝猶大王國烏西雅國王也是個英明君主（雙方締結同盟合約），使南北朝兩國領土恢復到大衛王時代的最大疆域，人民生活富裕、國泰民安。
- 耶羅波安二世在首都撒瑪利亞建造嶄新豪華宮殿（他同時也是北朝十九位國王中，在位最久的國王）。
- 雖然國家富裕，但財富僅限於王室家及特權階級，平民百姓還是貧苦度日（貧富差距拉大）。
- 此階段北朝有先知約拿、阿摩司、何西阿，南朝也有先知以賽亞和彌迦的活躍期。

第十四任｜撒迦利雅｜耶戶王朝的亡國君｜在位 6 個月　★ 與南朝關係：相互和平

- 登基後不久就遭沙龍背叛，在百姓面前將他處死（應驗神對耶戶家族的預

言）。

6 第六王朝｜沙龍王朝（僅一代） 首都：撒瑪利亞

第十五任｜沙龍｜短命的國王｜在位一個月　★與南朝關係：相互和平

- 篡位為王的沙龍，登基後國王寶椅還沒坐熱，就同樣遭到性情兇悍的米拿現從得撒潛伏溜進首都撒瑪利亞王宮內，刺殺沙龍奪位。

7 第七王朝｜米拿現王朝（二位國王） 首都：撒瑪利亞

第十六任｜米拿現｜兇悍的暴君｜在位 10 年　★與南朝關係：相互和平

- 米拿現國王為了維持王權穩固，對外族彎腰曲膝，對國內百姓殘酷暴虐。
- 米拿現王曾鎮壓提斐薩附近城鎮的叛亂，屠城方式令人髮指（孕婦被剖裂肚子慘死）。
- 亞述大軍來犯時，米拿現王火速投降臣服，大量搜括國內富豪錢財，去進貢給亞述王（保住王位）。

第十七任｜比加轄｜遭到親信背叛的國王｜在位 2 年　★與南朝關係：相互和平

- 登基後延續其父米拿現的歸順政策，向亞述王稱臣納貢（成為亞述帝國的附庸國）
- 他的衛隊副官比加（非常鄙視亞述帝國），對他們家族的歸順主義相當不滿，帶領五十名同夥在王宮衛所將國王比加轄殺害（篡位為王）。

？ 小常識

東西方對「龍」的見解歧異

區域	龍名	性	主掌	象徵	代表
東方	聖龍	水	興雲佈雨	正義	皇權
西方	惡龍	火	地獄使者	邪惡	霸道

8 第八王朝｜比加王朝（僅此一代） 首都：撒瑪利亞

第十八任｜比加｜以卵擊石的國王｜在位 6 年　★與南朝關係：相互戰爭

- 比加王是個激進主義份子，篡位為王後立即做出一個亡國決策（對抗亞述帝國）。
- 比加王說服大馬士革的亞蘭王利汛，他們準備聯合共同對抗亞述帝國（強敵）。
- 比加王雖然與亞蘭組成聯軍，但還是覺得實力不足對抗亞述帝國，於是去施壓南朝猶大王國的亞哈斯王加入行列，增加聲勢。
- 南朝猶大亞哈斯王不但拒絕參加聯盟，更是嘲笑他們自不量力。

- 惱羞成怒的比加王於是聯合亞蘭王，向不知好歹的南朝猶大王國發動突襲。
- 猶大亞哈斯王不敵而敗退，遣使去向亞述帝國提革拉毗列色王求援。
- 亞述大軍以迅雷不及掩耳之勢，橫掃大馬士革亞蘭軍隊，國王利汛被活抓處死。
- 北朝以色列王國軍隊不戰自潰（約旦河東岸地區、加利利區以及海岸平原地區）先後全被亞述大軍攻陷併吞，以色列王國喪失三分之二的領土，敲響亡國喪鐘。
- 大批以色列百姓被亞述人擄走當奴隸，何細亞趁亂殺死比加王（篡位為王）
- ★ 比加王正史中在位六年，但在《聖經》裡記載他在位期間長達二十年。

9 第九王朝｜何細亞王朝（僅此一代） **首都：撒瑪利亞**

第十九任｜何細亞｜讓十支派消失的國王｜在位 9 年　★ 與南朝關係：相互和平

- 何細亞篡位為王時，以色列王國已殘敗不堪（大部份領土已被亞述帝國併吞），只剩下擁有首都撒瑪利亞周邊區域的小國家（只好選擇稱臣納貢，屈服於亞述帝國）。
- 亞述帝國國王提革拉毗列色國王去世後，何細亞王趁新君登基之際，馬上轉變態度（要命的決策），與埃及聯手共同反抗亞述帝國的專制。
- 亞述帝國新君撒縵以色五世大為震怒，率軍大破以埃聯軍，何細亞王被擄為奴。
- 首都撒瑪利亞被亞述大軍圍困兩年多才淪陷（百姓頑強抵抗）。
- 亞述新君將所有以色列百姓擄走到東方遷居，而將首都撒瑪利亞轉讓給異族百姓到此開墾定居，經過數代後成為「撒瑪利亞人」。
- 以色列王國被亞述帝國滅亡後，所有領土成為帝國的行政省，被其他民族混血同化後，完全喪失民族獨特傳統習俗，史稱「消失的十個支派」。

？ 小常識

認識大祭司

冠冕前有一面金牌，刻有「歸耶和華為聖」

金鏈繩帶

十二塊寶石胸牌（表十二支派）

金鈴鐺

贖罪日當天只能穿白色素服

大祭司必須是由利未派族人擔任，是宗教界的領袖，聖殿內部的至聖所，只有大祭司才能進入（其他人員，包含國王均禁入）

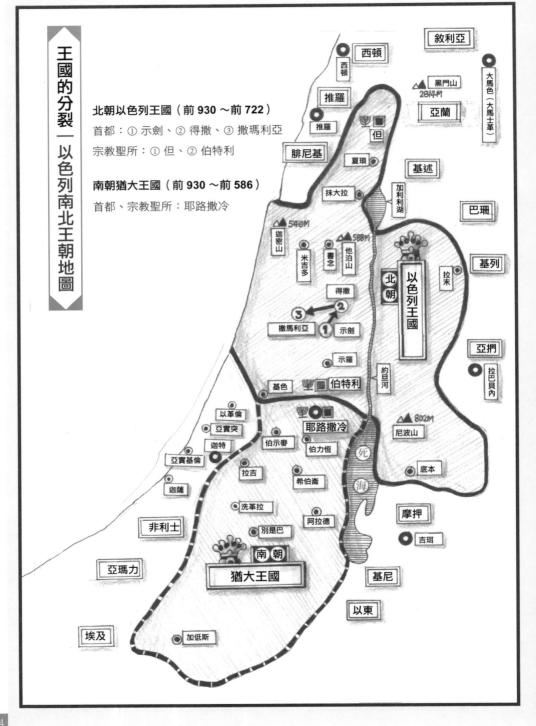

王國的分裂－以色列南北王朝地圖

北朝以色列王國（前 930 ～前 722）
首都：① 示劍、② 得撒、③ 撒瑪利亞
宗教聖所：① 但、② 伯特利

南朝猶大王國（前 930 ～前 586）
首都、宗教聖所：耶路撒冷

敘利亞

西頓

西頓

推羅

推羅

黑門山
2814M

大馬色（大馬士革）

亞蘭

腓尼基

但

夏瑣

基述

抹大拉

加利利湖

巴珊

△546M
迦密山

米吉多

書念

他泊山

△588M

北朝

以色列王國

拉末

基列

得撒

撒瑪利亞 ③

② ① 示劍

示羅

約旦河

亞捫

拉巴貝內

基色

伯特利

以革倫

亞實突

迦特

亞實基倫

迦薩

拉吉

伯示麥

伯力恆

耶路撒冷

希伯崙

尼波山

△802M

底本

洗革拉

阿拉德

死海

摩押

非利士

別是巴

吉珥

亞瑪力

南朝

猶大王國

基尼

以東

埃及

加低斯

第五節　南朝猶大王國歷代國王簡介

◎ 南朝猶大王國歷代國王均為大衛王的血脈（除了第七任亞他利雅女王除外），共計 20 位王。

第一任｜羅波安｜讓國家分裂的國王｜在位 18 年　★ 與北朝關係：相互敵對

- 羅波安王不聽長老諫臣的忠告，採高壓愚蠢政策，導致北方十個支派公開反叛宣布獨立，組成北朝以色列王國（使民族分裂成南北兩國，互相爭鬥）。
- 羅波安準備以武力征服北朝以色列王國時，神差派先知示瑪雅去訓誡他「不可去和你們兄弟爭戰，因為這事出於神的旨意」。
- 羅波安王在位的前三年還能遵行神之道，之後仿照母親（亞捫人）膜拜偶像，其妻建造亞舍拉女神廟供百姓崇拜（敬拜偶像，陷民於罪中）。
- 羅波安王登基的第五年，埃及示撒法老率軍攻擊聖城耶路撒冷，將聖殿及王宮寶物洗劫一空，王只好用銅盾牌代替金盾牌（因羅波安有向神懺悔，才免於滅國之災）。

第二任｜亞比央（亞比雅）｜與北朝戰爭的國王｜在位 3 年　★ 與北朝關係：戰爭

- 亞比央即位後在洗瑪臉山提出鹽約（聲稱是耶和華的國），聲討北朝耶羅波安王（因他是耶和華背叛者），北朝以色列軍隊被視為叛軍。
- 亞比央王自稱是真神耶和華的軍隊，巧妙以四十萬兵力擊垮以色列的八十萬大軍（因很多軍士怕悖逆神而棄戰），伯特利、耶沙拿、以法拉等地被南朝猶大王國佔領。
- 雖然亞比央王打著神的旗號而奪勝，但他繼續行其父之罪（膜拜外邦偶像）。

第三任｜亞撒｜革新信仰的國王｜在位 41 年　★ 與北朝關係：相互戰爭

- 亞撒王是位信仰虔誠的國君，在先知亞撒利亞的帶領下，將異教邱壇拆除殆盡，並將祖母所立的亞舍拉女神柱像砍倒，吩咐百姓專心事神，遵行律法和誡命（蒙神讚賞）。
- 古實王謝拉率軍來犯，亞撒王誠心向神祈禱，神使古實軍隊大敗而逃。
- 北朝以色列巴沙國王率軍強佔猶大領地拉瑪，修築要塞，亞撒王此次沒有祈求神的助力，反而送了很多錢財去求亞蘭國便哈達國王解危，雖然最後成功阻止了巴沙的軍隊侵擾，但被先知哈拿尼斥責為愚昧（並預言以後會爭戰不斷）。
- 先知哈拿尼的指責觸怒了亞撒王，將他囚禁在大牢裡（此舉讓神大怒），使王患腳痛病症，而王又沒向神祈助或懺悔而去找醫生治療，因此晚節不保，不久就去世了。

兩大失策	1	妄自作主，不求神助（用金錢求助敵國國君幫忙，引狼入室）
	2	不聽先知哈拿尼的教誨（還將其關進大牢囚禁，冥頑不靈）

第四任｜約沙法｜與北朝聯姻的國王｜在位 25 年　　★ 與北朝關係：相互聯姻

- 約沙法王登基不久，摩押人、亞捫人和來自西珥山的人，見猶大王國新君上任前來挑釁。
- 約沙法王與百姓聚集在聖殿前向神禱告，神透過利未人雅哈悉轉達神諭：「放心應戰」。
- 眾民相信神的話，在提哥亞曠野與敵人對峙時，開始高歌唱頌讚美神。
- 敵軍被歌頌聲量震懾而自亂陣腳，混亂中開始自相殘殺，因而保住猶大王國危機。
- 約沙法國王熱中敬神，常帶著律法書走遍猶大各地宣教百姓，神使列國恐懼不敢來犯，在位期間全國勇士眾多，並建造大量營寨及積貨城，四境平安，國勢日益壯大。
- 約沙法國王尊榮華貴期間，與北朝以色列惡王亞哈之女聯姻結盟，更不聽先知米該雅的嚴重警告，聯合北朝亞哈王去攻打基列的拉末亞蘭王（結果慘敗而歸，亞哈王戰死）。
- 約沙法又與作惡多端的北朝新王亞哈謝交好，他們在以旬迦別合夥造船組成艦隊（此事惹神不悅，將其破壞，始終無法建成）。
- 因為北朝以色列王國亞哈家族行神眼中的惡事，而虔誠敬神的約沙法王犯了兩個失策。
- ★ 失策：① 與北朝以色列王國結盟、② 與北朝亞哈王家族聯姻（以上兩項為神所不容）。

第五任｜約蘭｜殘忍霸道的國王｜在位 8 年　　★ 與北朝關係：相互聯姻

- 約蘭王登基時年三十二歲，其為長子，獨行霸道，殘殺眾兄弟和幾位長老。
- 約蘭王在父親（約沙法王）的促成下，與北朝以色列惡君亞哈之女亞他利雅（悍后耶洗別所生）結婚（政治聯姻），因而引進巴力神的崇拜，建造邱壇，供百姓膜拜偶像。
- 約蘭王行神眼中的惡事（離棄真神）導致以東人、立拿人都背叛猶大王國自立為王。
- 神差遣先知以利亞向其轉述神諭「必有大禍臨頭」，不久非利士人聯合阿拉伯人圍攻耶路撒冷，大肆掠奪王宮所有財寶和他的兒女，只留下么兒約哈斯（又名亞哈謝，後來繼承王位）。
- 約蘭王雖然逃過被擄走的命運，但神使其腸子患了不治之病（哀痛兩年後去世）。

第六任｜亞哈謝（約哈斯）｜交錯豬隊友的國王｜在位 1 年 ★ 與北朝關係：相互合作

- 亞哈謝王的母親是北朝以色列王國公主亞他利雅（受其母影響很大，膜拜外邦偶像）。
- 亞哈謝王聽從北朝以色列王國約蘭王（其舅父）邀約，聯合前往基列的拉末與亞蘭王哈薛作戰，結果大敗而歸（北國約蘭王負傷時被部將耶戶殺害篡位，王室家族被滅門）。
- 亞哈謝王敗退，來到耶斯列城想探視北國約蘭王（舅父）的傷勢，但他不清楚那裡已發生兵變，自投羅網被北朝篡位新君（叛將）耶戶殺害。

第七任｜亞他利雅女王｜喪心病狂的女暴君｜在位 6 年 ★ 與北朝關係：相互戰爭

- 亞他利雅母后見兒子亞哈謝陣亡，發動政變剿殺猶大家族王室成員（殺掉夫家所有兒子）篡位為王（她是南北朝唯一的女王），並竭力膜拜巴力神，是個異教狂熱信徒。
- 猶大約蘭王的女兒約示巴，將小王子約阿施（時年一歲）偷偷救出藏在聖殿內六年（保住大衛血脈）。
- 女暴君亞他利雅使猶大王國宗教徹底淪喪，祭司耶何耶大結合一股革命勢力將她斬殺。
- 亞他利雅女王與母親（北朝悍后耶洗別）讓南北朝的百姓信仰墮落，陷於罪惡之中（離神背道）。

第八任｜約阿施｜晚節不保的國王｜在位 40 年 ★ 與北朝關係：相互敵對

- 約阿施王是大衛血脈唯一倖存者（其他兄長均被女暴君亞他利雅殺光）。
- 大祭司耶何耶大發動政變，將女暴君剷除後，膏立約阿施為王（時年七歲），拆毀巴力神廟、打碎偶像，並處決巴力祭司瑪坦，但當大祭司耶何耶大去世後，約阿施王又開始行神眼中的惡事。
- 約阿施王晚節不保，崇拜外邦神祇，被大祭司的兒子撒迦利亞嚴厲斥責，指他已離神背道將有大禍臨頭，王大怒命人將其綁在神殿內用石頭將其砸死。
- 神怒藉由亞蘭人來懲罰約阿施，多位官員被殺，耶路撒冷王宮財物被掠奪一空。
- 約阿施王在混亂中身負重傷，被祭司撒迦利亞的同情者趁機將其暗殺。

自毀前程的約阿施 約阿施在位前期，受大祭司耶何耶大輔佐，信仰虔誠，後期親政後開始荒腔走板，膜拜異教偶像，並殺死崇敬真神的大祭司兒子撒迦利亞（為神所不容）。

第九任｜亞瑪謝｜自恃清高的國王｜在位 16 年 ★ 與北朝關係：相互戰爭

- 亞瑪謝雖然是個虔誠敬神的國君，但自視甚高、狂妄自大，最後被神給唾棄。
- 亞瑪謝王登基後，就把殺害他父親（約阿施）的刺客處死（依神的戒律，沒

有究責其家人）。

- 亞瑪謝王在猶大境內招募三十萬精兵，同時也在北朝以色列國募集十萬名勇士，準備去攻打以東人。
- 神差人去勸他不要和北朝以色列王國有任何瓜葛，因神與以法蓮後裔不同在了（只要憑靠自己實力就行）。
- 亞瑪謝王有遵照神的吩咐去做，用銀舍遣散以色列勇士回去，自己帶著軍隊到鹽谷與以東人作戰。
- 如神的所料亞瑪謝王大勝而歸，但他卻將當地西珥神像帶回建壇供奉（觸怒上帝），神再差人轉述神諭：「不知悔改，必有禍災」。
- 亞瑪謝王戰勝以東人後被勝利衝昏了頭，開始狂妄的向北朝以色列王國約阿施王叫囂挑戰，結果這場沒有得到神助的戰役，使他慘敗而歸，耶路撒冷城牆被拆，聖殿及王宮寶物被洗劫一空，王室成員被當人質擄走（歷史重演）。
- 被神遺棄的亞瑪謝王逃往拉吉避難時，被叛將謀殺身亡。

第十任｜烏西雅｜南朝猶大王國最能幹的國王｜在位 42 年　★ 與北朝關係：相互和平

- 烏西雅登基時年僅十六歲，能通曉神的默示，打敗強敵非利士人，並制服周邊，強鄰紛紛前來朝貢，名聲遠播到埃及（握有三十一萬精兵，善於爭戰，並得神的蒙愛予以相助）。
- 烏西雅王在位期間四十二年（聖經記載五十二年），是南朝猶大王國最鼎盛期，與北朝以色列王國的耶羅波安二世共同興盛，將疆域版圖恢復到大衛王時代的盛況。
- 烏西雅王晚年時個性高傲，僭越祭司職權，不聽建言忠告，硬要在聖殿裡燒香獻祭，神怒使其額頭上長出大痲瘋，被隔絕在離宮中直到去世。

第十一任｜約坦｜讓國家富庶的國王｜在位 16 年　★ 與北朝關係：相互和平

- 約坦王與父親烏西雅王共同執政十年，因看到父王驕縱執意要進入聖殿焚香而得了痲瘋，故他記取教訓，專心事神，並建造神殿大門，重修城邑營寨，打敗亞捫人（使他們連續進貢三年）。
- 先知以賽亞警告他：國家富庶但百姓貧困（不平等的社會），要存有憂患意識。

第十二任｜亞哈斯｜憧憬異教的國王｜在位 20 年　★ 與北朝關係：相互戰爭

- 亞哈斯二十歲登基，又開始帶領百姓走向歧路，鑄造巴力神、建邱壇、封閉聖殿大門、砸毀聖物，並在欣嫩子谷燒香，用火焚燒他的兒女獻祭。
- 北朝以色列王國比加國王，聯合亞蘭國利汛王大舉進犯猶大王國，擄走百姓搶奪財物。
- 亞哈斯王差遣使者去請求亞述帝國提拉毗列色王解危，才解除猶大差點被滅

國的危機。但此一政策讓猶大王國付出沉重代價（成為亞述帝國的附庸國），被強迫設立邱壇，祭祀異神。

- 亞哈斯王對亞述帝國非常親善（成為傀儡），但卻受到亞述人不斷的欺壓，甚至被奪走大量財寶。

★ 北朝以色列王國在此階段被強盛的亞述帝國滅亡（消失的十支派）。

第十三任｜希西家｜最虔信神的國王｜在位 29 年　★ 北朝以色列王國已被亞述滅亡

- 希西家王二十五歲登基，馬上廢除其父亞哈斯王的惡行，重新開啟耶和華聖殿大門，廢除邱壇、拆毀柱像、砍倒偶像，並打碎摩西所造的銅蛇（徹底清除異教污物及先人偶像崇拜）。

- 希西家王召集利未派祭司，吩咐他們先要潔淨自己的心靈，才能進入神的聖殿，並帶領城內長老一起為全國百姓贖罪（與百姓平民一起守逾越節）。

- 希西家王雖雄才大略，但當時猶大王國還是隸屬於亞述帝國的附庸國，他想趁亞述帝國新君（西拿基立）剛登基之際脫離其控制，於是聯合埃及與巴比倫，企圖共同反抗亞述暴政。

- 亞述新君西拿基立王派統帥亞伯沙斯率大軍展開鎮壓行動，巴比倫首當其衝傷亡慘重，隨後圍攻主謀的猶大王國，希西家王狂失四十六個要塞和無數村莊（首都耶路撒冷岌岌可危）。

- 對神虔信的希西家王遣使去見先知以賽亞徵詢神諭，結果先知以賽亞預言：「神會將亞述大軍驅逐出境」。

- 希西家王信心倍增，不久後神大顯威力，在亞述營中擊殺十八萬五千人，讓他們倉皇撤退。

- 希西家王在病危時含淚向神祈求禱告，神不但使其痊癒，還增添他十五年歲壽。

- 巴比倫王聽說希西家王病情好轉，遣使者帶著書信與禮物，慰問探視希西家王。

- 希西家王熱忱招待巴比倫王的使者，完全沒有提及蒙神恩顧感念之意，反而愚昧驕矜自負的展現王宮財寶，向來訪的使者炫耀。（此事件釀成百年後成為巴比倫之囚的禍根）。

第十四任｜瑪拿西｜讓異教復活的國王｜在位 55 年

- 瑪拿西王是南北朝歷代國王中在位最久的國王（前期行惡道、後期忙懺悔）。

- 瑪拿西王反對其父（希西家王）的宗教改革，重新恢復迦南本土宗教信仰（使用咒語、靈媒等妖術）。

- 瑪拿西王建造邱壇供奉巴力神及亞舍拉女神，並且恢復其祖父（亞哈斯王）在欣嫩子谷以火燔獻祭嬰兒儀式（被後來的先知耶利米稱為「殺戮之谷」，

基督教及伊斯蘭教認為是「地獄的入口」）。

- 瑪拿西王的離神背道，使猶大百姓陷於罪惡淵源，神藉由亞述以撒哈頓王前來侵犯，將其用銅鉤鎖拿帶回巴比倫囚禁，此時他才洗心革面，虔誠懺悔，求神原諒。
- 瑪拿西王獲神原諒，使他安然無恙返回猶大復位，徹底覺醒後開始重啟聖殿，清除偶像、拆毀邱壇、重修耶和華的祭壇，雖然努力懺悔彌補過錯，但其所犯的罪惡甚大（留下惡王印記）。

第十五任｜亞捫｜惡態復萌的國王｜在位 2 年

- 亞捫王沒有記取父親（瑪拿西王）的教訓，又開始力行偶像崇拜（被看不下去的臣僕殺於宮中）。

第十六任｜約西亞｜宗教信仰最徹底的國王｜在位 31 年

- 約西亞八歲登基，十六歲開始親政。
- 約西亞王處決膜拜偶像的祭司，向百姓解讀律法書，並按戒律規定，全民在耶路撒冷一起守逾越節（自撒母耳以後，首次大規模全民守節儀式典禮活動）。
- 約西亞王的宗教信仰推行不僅在猶大地，甚至推廣到亞述人管轄的境內，拆除撒瑪利亞城內由耶羅波安王建造的邱壇（應驗三百年前的預言）。
- 埃及法老尼哥想攻擊瀕臨滅亡的亞述帝國，向約西亞王借道讓大軍過境，前往迦基米施與亞述軍展開決戰。
- 約西亞王不知為何緣故，堅持不讓埃及軍隊過境，於是雙方在米吉多平原激戰起來，約西亞王意外戰死在沙場（年僅三十九歲）。

第十七任｜約哈斯｜被埃及擄走的國王｜在位 3 個月

- 約西亞王陣亡後，約哈斯繼位為王（時年二十三歲），但不敵埃及軍的進攻，尼哥法老將其俘虜（最後老死在埃及），在位僅三個月。
- 法老王尼哥另擁立約哈斯的哥哥以利亞撒為傀儡國王（將其改名為約雅敬）。

第十八任｜約雅敬（以利亞撒）｜被埃及法老擁立的國王｜在位 11 年

- 約雅敬是由埃及法老尼哥所扶植的傀儡國王（時年二十五歲），他的工作就是加重百姓稅賦、徵收貢品去孝敬法老王。
- 約雅敬王在國家艱苦的時代，卻只圖享樂、修築宮殿（遭到先知耶利米的強烈批判）。
- 此時新巴比倫王國在迦基米施戰役中，打敗埃及軍隊，從中奪取巴勒斯坦地區的統治權。
- 約雅敬王統治的猶大王國成為新巴比倫王國的附庸國（向其稱臣納貢）。
- 新巴比倫國王去世，在猶大地視察中的太子尼布甲尼撒回國登基，順便將少

數猶太菁英少年擄回巴比倫（其中包含先知但以理）。

★ 第一次猶太人被擄。

● 約雅敬王臣服新巴比倫王國四年後，見該國與埃及發生大規模戰爭，雙方死傷慘重，於是趁機背叛新巴比倫王國，停止納貢，爭取國家獨立。

● 先知耶利米提出書卷警告約雅敬王，「新巴比倫尼布甲尼撒王將攻下聖城，猶太人將會再被擄走七十年後才能回來」。結果不聽警告的約雅敬王，將書卷燒毀，並企圖捉拿耶利米。

● 新巴比倫尼布甲尼撒王率大軍將耶路撒冷團團圍住，城還沒攻破，約雅敬王就被嚇死。

第十九任｜約雅斤｜被巴比倫擄走的國王｜在位 3 個月

● 因其父約雅敬背叛新巴比倫，惹惱尼布甲尼撒國王，約雅斤十八歲登基時，耶路撒冷已被圍城三個月，他為了避免聖城在戰火中遭受到摧毀，於是選擇投降。

● 約雅斤及八千名王室貴族，被擄走到巴比倫（第二次國王被擄事件，其中包含先知以西結）。

★ 約雅斤王被擄走後當了三十七年俘虜（巴比倫新王以未米羅達王登基後將其釋放），常常與新巴比倫國王一同用餐（對他相當禮遇），算是一位能夠善終的亡國國君。

第二十任｜西底家｜末代國王｜在位 11 年

● 西底家王是約雅斤王的叔父，被新巴比倫尼布甲尼撒王所擁立的傀儡國王，他只知享樂且行荒謬之事，又目光短視，常做出錯誤判斷，導致最後滅國（成為末代國王）。

● 先知耶利米一直勸告他要順從巴比倫王，否則會有滅國之災，而希底家王聽不進諫言，反而冠以渙亂民心及叛國罪名，將他監禁起來（後來因害怕得罪神又釋放他）。

● 西底家王聽不進先知耶利米的再三警告（臣服巴比倫王），竟然以埃及法老當靠山，聯合周遭鄰國鼓吹共同對抗巴比倫，結果引來巴比倫大軍壓境進犯。

● 巴比倫大軍在耶路撒冷圍城一年六個月，隨後破城而入，尼布甲尼撒王下令，徹底摧毀耶路撒冷城牆，王宮及聖殿（成為廢墟），所有居民被擄往巴比倫為奴（巴比倫之囚）。

● 西底家王見大勢已去，逃出城外在耶利哥被捕，尼布甲尼撒王在他面前殺光他的家族成員，並挖掉他的雙眼，用銅鍊鎖住他的雙腳押回巴比倫（第三次國王被擄）猶大王國滅亡。

● 先知耶利米預言七十年後，猶太人才能返回故里，含淚著有《耶利米哀歌》。

南朝猶大王國歷代被侵犯洗劫記錄表

任別	國王	洗劫元凶	備　　註
第一任	羅波安	埃及示撒法老王	● 被洗劫後羅波安王，將銅盾牌代替金盾牌
第三任	亞撒	北朝以色列巴沙王	● 強佔拉瑪地區建築要塞
第五任	約蘭	非利士人聯合阿拉伯人	● 將其子女擄走為奴，只留下小兒亞哈謝
第八任	約阿施	亞蘭人入侵	● 將王宮、聖殿財物洗劫一空
第九任	亞瑪謝	北朝以色列約阿施王	● 將耶路撒冷城牆拆毀
第十二任	亞哈斯	北朝比加王聯合亞蘭王利汛	● 亞哈斯王向亞述王求援，被索取大量錢財
第十三任	希西家	亞述西拿基立王	● 狂失46個要塞，神顯威助力擊殺18萬5千亞述軍
第十四任	瑪拿西	亞述以撒哈頓王	● 王被亞述人擄走，向神懺悔後被釋回復位
第十六任	約西亞	埃及尼哥法老王	● 約西亞王不肯借道，雙方展開戰鬥，約西亞王陣亡
第十七任	約哈斯	埃及尼哥法老王	● 第一次國王被擄（約哈斯被擄到埃及為奴）
第十八任	約雅敬	新巴比倫尼布甲尼撒王	● 將猶大地區菁英少年擄走（包含先知但以理）
第十九任	約雅斤	新巴比倫尼布甲尼撒王	● 第二次國王被擄（至巴倫，包含先知以西結）
第二十任	西底家	新巴比倫尼布甲尼撒王	● 第三次國王被擄（巴比倫之囚）

南北朝歷代諸王與外邦君王的恩怨情仇

1	埃及示撒法老——庇護耶羅波安（使他成為北朝首任國王）出兵攻打南朝羅波安王。
2	亞蘭王便哈達王——與南朝亞撒王聯合擊敗北朝第三任國王巴沙。
3	摩押米沙王——被南朝第四任王約沙法聯合北朝第九任王約蘭共同擊敗。
4	亞蘭王哈薛——與北朝第十位王耶戶（兩人皆由先知以利沙按神諭膏立為王）。
5	亞蘭王哈薛——被南朝第八任王約阿施擊退，奪回不少領土。
6	亞述提革拉毗列色（普勒王）——南朝第11任王約坦及北朝第16任王米拿現均向他稱臣納貢。
7	亞蘭王利汛——聯合北朝第18任王比加一起攻打南朝第12任王亞哈斯（利汛被亞述普勒王處死）。
8	亞述撒縵以色王——擊敗北朝第19任王何細亞與埃及法老梭的聯軍（其子撒珥根王將北朝滅國）。
9	亞述西拿基立王——攻打南朝第13任王希西家（神顯助希西家王，擊殺18萬5千亞述大軍使其撤退）。
10	埃及法老尼哥——因南朝第16任王約西亞不肯借道，讓其軍隊過境，於是在米吉多平原將約西亞擊殺。
11	埃及法老尼哥——將南朝第17任王約哈斯擄走至埃及，另擁立第18任王約雅敬為傀儡國王。
12	新巴比倫王尼布甲尼撒——將南朝第19任王約雅斤，及第20任王西底家擄走，將聖殿徹底摧毀。

第十章

認識重要的先知

第一節　何謂先知

先知｜上帝的代言人　希伯來文稱為諾維（Novi）意為蒙神召喚啟示的傳達者。

● 他們都擁有赤誠虔信服侍上帝的熱忱，眼現異象、口傳預言，傳達上帝的旨意來警惕世人。

十八位重要先知　從王國分列時期到被擄回歸時期（約四百年間），共有十八位對崇拜異教者做出批判的重要先知，其中又分二位早期先知、四大先知和十二小先知。

大小先知的區別　因聖經裡四大先知書和十二小先知書而得名，其中的大與小是依據篇幅長與短而論，並不是指先知本身重要性的大與小。

一、早期兩位先知（北朝）

❶ 以利亞　**❷** 以利沙（以利亞的門徒）

二、十二小先知

北朝三位　**❶** 約拿　**❷** 阿摩司　**❸** 何西阿
南朝六位　**❹** 俄巴底亞　**❺** 約珥　**❻** 彌迦　**❼** 那鴻　**❽** 西番亞　**❾** 哈巴谷
被擄回歸期三位　**❿** 哈該　**⓫** 撒迦利亞　**⓬** 瑪拉基

三、四大先知（南朝）

❶ 以賽亞　**❷** 耶利米　**❸** 以西結　**❹** 但以理

第二節　認識烈火先知以利亞 意為耶和華是我主

❶ 活躍期間　北朝以色列王國第七任亞哈王、第八任亞哈謝王（二任）。

怒斥國王　北朝以色列王國亞哈王的外邦妻子耶洗別（西頓王的公主）引進異族宗教，在民間大肆宣揚巴力神信仰，並殺害許多耶和華的祭司，先知以利亞怒斥國王，預言神將使全國陷入二年以上的長期乾旱，果不出所料，旱災迅速蔓延大地。

烏鴉供養　先知以利亞遵行神的指示居於基立溪旁，神命烏鴉叨餅及肉來供養他（直到溪水乾涸為止）。

| 寡婦供養 | 神吩咐他到西頓的撒勒法一個寡婦家裡讓其供養（雖然寡婦生活窮困，但自從以利亞來做客後，家裡的麵粉和瓶內的油從來沒有減少過）。 |

| 童死復活 | 某天寡婦兒子病重而死，以利亞趴伏在其身上，三次向神禱告（結果小孩奇蹟般復活）。 |

❷ 真假先知 第三年以利亞向宮廷侍奉巴力神的四百五十名先知挑戰，雙方約在迦密山上展開對決。

| 神降天火 | 以利亞藉由上帝的神蹟天降火球，將巴力神先知全部殲滅，取得大勝。 |

| 王后報復 | 先知以利亞得勝後，引來惡后耶洗別的報復，下令全面追殺以利亞。 |

| 逃往聖山 | 以利亞逃往何烈山（西奈山）避難，逃亡期間，天使與他相隨四十晝夜並供養他。 |

| 收留門徒 | 某天在山洞裡，神命他原路折返，在歸途中遇到他的傳人（繼承人）以利沙隨行服侍。 |

❸ 國王惹禍 亞哈王相中王宮附近拿伯的葡萄園（但拿伯不願讓出），於是惡后耶洗別便使用詭計將拿伯殺害，搶奪該園。以利亞受神指引潛入葡萄園，向亞哈王傳達神諭，預言他的血脈即將斷絕（絕子絕孫），而其妻（惡后）將會被狗啃咬而死。

| 國王懺悔 | 亞哈王聽完非常震驚，及時省悟並以絕食數日表達悔意，而其妻后耶洗別仍不知悔改，最後神原諒亞哈王，將災禍延到他的後代（而惡后則難逃噩運）。 |

❹ 異教盛行 亞哈王死後其子亞哈謝繼承王位，繼續行神眼中的惡事，某日他從樓上欄杆跌下摔傷，他竟然遣使去求助巴力西卜神的祭司。

| 先知訓誡 | 先知以利亞告誡新王：「心中無真神必會遭殃得噩運」。 |

| 展現神蹟 | 亞哈謝王被以利亞咒罵怒火中燒，派遣五十夫長去緝拿他，結果全被天火燒死，王再派五十夫長去，同樣也被燒死。 |

| 跪地求恕 | 王大怒再派第三批五十夫長去，結果這些人竟然向以利亞跪拜求饒，不久後王得了重病猝死。 |

❺ 師徒同行 以利亞帶著門徒以利沙從吉甲（以色列人出埃及後，第一次集體行割禮及第一次在迦南地歡度逾越節的地方）至伯特利（雅各夢到天梯的地方），再到耶利哥（以色列人出埃及後，第一個攻下的城邑），最後到達約旦河（有罪的人受浸之處，表死後重

以利亞升天

84

生）。

先知升天 以利亞脫下衣服用它拍打約旦河水，水就分開（與摩西帶領族人出埃及時的場景雷同）師徒兩人走過乾涸的河床抵達對岸，突然有天馬駕著火焰車，夾帶旋風從天而降，將以利亞接往天上蒙神寵召。

傳承職分 以利亞升天時拋下披風袍，讓以利沙接續他的責任、傳承他的職分。

?

小常識

三大供應 以利亞三次得到神的供應：①烏鴉送食（表世俗昏暗）、②寡婦供養（表百姓無依無靠）、③天使護行（表審判和拯救）。

以馬內利 以利亞是《舊約聖經》中沒有死亡的聖者（凌空而去），並預言他會再度降臨、救恩世人，成為彌賽亞、以馬內利（救世主），基督教認為耶穌是救世主（但被猶太教否認）。

彌賽亞 ★「耶和華大而可畏之日未到以前，我必差遣以利亞到你們那裡去。」（《瑪拉基書》第 4 章第 5 節）

第三節　認識禿頭先知以利沙 意為神是救主

❶ 活躍期間 北朝以色列王國第九任約蘭王至第十二任約阿施王期間（四任）。

傳承天職 以利沙有天趕著十二對牛放牧時，被先知以利亞相中，成為其得力門徒，並在約旦河畔親眼目睹以利亞升天，獲贈一件充滿能量的披風袍，傳承其職分。

觸動底線 他雖然已成為先知，但同時也是位自尊心很強烈的人，有天在路上被一群小孩嘲笑他頭上的禿頭時，竟然怒火中燒，施加詛咒，使譏笑他的四十二名小孩被熊撕裂。

★ 禿頭是當時「假先知」的代名詞，因此踩到以利沙敏感的紅線。

展現奇蹟

● 耶利哥城人民抱怨當地水質惡劣，他將鹽巴放入水中（污水變成淨水）。

● 貧窮寡婦被人要債，他將她家的空瓶施法後盛滿了油（販售還債）。

● 讓一位病逝的小孩，連打七個噴嚏奇蹟般復活。

● 用一根木頭攪動水池，使沉在水底的斧頭浮出水面。

● 以二十塊餅乾餵飽百餘人（還有剩）。

● 用麵粉撒在毒鍋內部，使有毒物質完全消失不見。

❷ 乃縵患瘡 亞蘭國元帥乃縵患了爛瘡，他的婢女告訴他，

先知以利沙

以色列有位神人能治好他的症狀，於是乃縵元帥去詢問以色列的約蘭王（但王以為他是來找碴的），以利沙得悉後遣人去告訴他，只要去約旦河沐浴七次即可痊癒復原。

沐浴復原　乃縵元帥原以為先知以利沙會親自接見他，如今僅託人傳話，有點不爽，但心想已從大老遠至此，不妨一試。於是在約旦河沐浴七次，奇蹟出現，身上毒瘡盡消，恢復健康體態。

僕人貪慾　乃縵元帥帶著大量禮物去酬謝以利沙（但先知不求回報而拒收），乃縵走後，先知的僕人基哈西動了貪慾之念，跑去向元帥索要財物（不久後基哈西全身長滿爛瘡，且無藥可救）。

❸ 三王聯軍　北朝以色列約蘭王聯合南朝猶大約沙法王和以東國王（三王聯合），一起去合攻摩押米沙王，結果在曠野中繞行七天，聯軍戰士及牲畜無水可喝，情況緊急。

先知解惑　猶大約沙法王提議去求見先知以利沙解惑（因神顧念猶大約沙法王），神曉諭：「在山谷滿處挖溝」。聯軍照做挖溝，次日遍地水滿，終於一鼓作氣打敗摩押米沙王。

❹ 首府被圍　亞蘭王便哈達率大軍圍困以色列首都撒瑪利亞，導致城內嚴重缺糧，甚至還有易子而食的慘況發生，北朝約蘭王不自我反省（悖逆真神），反而怪罪以利沙（一度想殺掉他）。

神威助力　以利沙向王預言：「困境會很快解除，且會獲得巨量糧食」（但無人相信），不久後神施法使車馬震耳響聲嚇退亞蘭大軍，在倉皇中丟下大批糧草逃離（預言成真）。

❺ 國王患病　亞蘭國便哈達王被嚇退後不久即患重病，當得知以色列神人以利沙在大馬色城內（大馬士革）做訪客，即派大臣哈薛帶著厚禮去求問先知，了解自己的病況如何。

膏立哈薛　以利沙向哈薛說：「王的病將會好轉，但還是會死，因為神要我膏立你為亞蘭國新王」。

發動政變　哈薛回去後便向便哈達國王說：「你的病會好轉」，隔天就將他殺死篡位為王。

❻ 膏立耶戶　以利沙吩咐年輕門徒，拿著膏油到基列的拉末，將以色列軍長耶戶膏立為國王（秘密行事，怕走漏風聲），王不久就將約蘭王家族趕盡殺絕（滅族）篡位為王。

惡后報應　惡劣的太后耶洗別被人從高樓窗台扔下，屍體支離破碎被狗啃咬（應驗當年先知以利亞所發出的預言）。

❼ 射箭占卜　以利沙病重時，以色列約阿施王去探望慰問他，以利沙叫王拿起弓箭往東窗外射，說：「這是戰勝亞蘭人的神箭」。但他只射三下就停了，

以利沙很惋惜的告訴王：「你不該停啊！（應當多擊五、六次）你只能戰勝亞蘭人三次，而永遠沒辦法將其消滅。」

死屍復活 以利沙死後，有次摩押人侵襲境內，一群送葬隊伍聽聞敵人來襲，就將屍體丟在以利沙的墳墓旁，而各自逃離（結果屍體接觸到以利沙長眠處時，死者竟然奇蹟般的復活）。

? 小常識
- ● 先知以利亞逃到何烈山（又稱西奈山，別名「神之山」）時，神給他三個任務：
  ①膏立以利沙為他的繼承人（門徒）。
  ②膏立以色列王國的軍長耶戶為新的以色列國王（推翻北朝約蘭國王）。
  ③膏立亞蘭國大臣哈薛為新的亞蘭國王（推翻亞蘭國便哈達國王）。
- ★ 但是先知以利亞只完成第一項，其餘兩項則託付給門徒以利沙，幫其完成任務。

第四節　認識四大先知｜以賽亞、耶利米、以西結、但以理

★ 四大先知是依據聖經中先知書裡，篇章較多的四位先知書而命名，並不是指他們的地位或知名度較大（他們唯一共同的特色，就是均為南朝猶大王國的先知）。

1 福音先知｜以賽亞　意為耶和華的救恩

活躍期間 南朝猶大第十任烏西雅王、至第十四任瑪拿西王期間（共五任）。

天使指引以賽亞

1 上帝顯現 亞摩斯的兒子以賽亞，在猶大烏西雅王逝世那年，在聖殿虔誠禱告時目睹異象，上帝顯現於寶座，榮光充滿大地。

天使除穢 當時他內心非常畏懼，便向上帝坦言心內的污穢，這時天使出現，幫他除去身上罪惡（在上帝的蒙召下，他成為先知）。

子民病了 神派遣他傳話給他的子民，因為百姓們已經聽了也不明白，看了也不理解，腦袋糊塗、耳朵重聽、眼睛昏花（聽不懂想不通），除非回心轉意歸向真神，才能得到醫治。

樹倒留根 以賽亞問神這種情況會持續多久，神答直到城市毀滅、人煙絕跡、土地荒蕪、子民被放逐到遠方，就像樹木被砍掉只留下殘根（重啟新的開端）。

先知傳道 以賽亞開始在耶路撒冷向人民宣講上帝的話，並強烈譴責百姓背離和上帝所立的約定，預言耶路撒冷將步上所多瑪和蛾摩拉（墮落及罪惡之城）的後塵，自食惡果必遭毀滅。

罪盈滿城　以賽亞說以前耶路撒冷像純銀、現在分文不值；以前像美酒、現已成淡水；讓人尊敬的長官成為叛徒與盜賊為伍，貪圖不義之財（接受賄賂），從不保護孤兒也不替寡婦申冤，大家都想占人便宜，青年藐視老人，貴婦鼻子朝天（目中無人），一切所為無不違背神的旨意。

葡萄之歌　以賽亞還為此編了一首葡萄之歌來諷刺以色列子民：「一座肥沃山崗上，園主細心開闢一座葡萄園，栽種上等葡萄籽，期待著好收穫，結果事與願違，結出的葡萄顆顆又酸又澀。」

★ 表達神對以色列子民的嘆息，在神的悉心照顧下，盼望收成優等果實，結果換來的是一顆顆惡果。

❷ 聯盟計劃　南朝亞哈斯國王在位期間，亞述帝國逐漸強盛起來，北朝以色列王比加聯合亞蘭國王利汛共同抵抗亞述帝國，並邀請南朝亞哈斯王加入他們的聯盟。

斷然拒絕　結果南朝亞哈斯王嘲笑他們兩人自不量力，**斷然拒絕**。

引狼入室　兩位國王嚥不下被南朝亞哈斯王的回絕與羞辱，於是聯合攻打耶路撒冷，消息傳來全城驚慌失措，亞哈斯王決定向亞述提革拉毗列色王（普勒王）求援（不相信神反而相信敵人）。

先知勸阻　以賽亞勸諫亞哈斯王不要向亞述求援，預言那兩個國王很快就會被消滅（因為他們在神前妄自尊大，必將受神懲罰）無奈亞哈斯王聽不進去（執意而行）。

速奪快搶　神命以賽亞取一塊大板在上面寫「速奪」、「快搶」，不久後以賽亞就得了孩子，就將孩子取了這個名字，神向他說孩子還不會叫爸媽之前，亞蘭王的大馬色（首都）和以色列王的撒瑪利亞（首都），都將會被亞述人洗劫一空（所以才有「擄掠速臨、搶奪快至」的神諭）。

預言成真　就如以賽亞所預言，大馬色城被亞述攻破，亞蘭王利汛被處死，以色列王國喪失三分之二領土（只剩首都撒瑪利亞附近地區），國王比加遭何細亞篡位慘死刀下。

得不償失　亞哈斯王不聽以賽亞的諫言，堅持要向亞述求援的結果（終成惡果），雖然把亞蘭國及以色列國擊退，但卻要向亞述帝國進貢（成為附庸國），而且在聖殿裡還要配合亞述宗教所引進的膜拜儀式（不聽先知預言勸說，多此一舉而得不償失）。

❸ 新王登基　猶大王國新君希西家王登基時，北朝以色列王國已被亞述帝國滅亡，並開始對南朝猶大王國覬覦壓迫（頻繁朝貢），新王不向上帝祈助，反而尋求埃及法老幫忙（想偷偷締結聯盟對抗亞述）。

羞恥失望　神使以賽亞向希西家王傳達神諭：「反對與埃及結盟」（會招來禍患），不要去信賴一個自身難保的敵人（不但沒有任何好處，只會帶來「羞

恥」及「失望」而已）。

赤身光腳　神要以賽亞脫下麻衣和鞋子，赤身光腳行走三年，表示亞述王將從埃及和古實兩地擄走大量百姓，他們無論老少都只能赤身光腳，讓整個埃及人民蒙羞。

王的領悟　在以賽亞的鼓勵下，猶大希西家王最後倚靠上帝，沒有跟埃及結盟而逃過一劫。

④ 兵臨城下　亞述國王過世後，新任國王西拿基立是個蠻狠的暴君，希西家王想趁機脫離其控制，於是聯合埃及和巴比倫一起反抗亞述霸權（結果巴比倫首當其衝，遭到鎮壓），隨後亞述大軍狂奪猶大地區四十六個城寨和無數村莊，兵臨耶路撒冷城下，並派遣三位大臣前來招降。

目中無人　亞述派遣拉伯沙基為首的三位特使，傲慢無禮且囂張恫嚇謾罵猶大臣民，並蔑視耶和華上帝，要求他們立即獻城投降，否則將血流成河。

國王禱告　希西家王和大臣們十分悲憤，在國王的帶領下他們穿上麻衣進入聖殿，齊聲向上帝虔誠禱告，並且派人去詢問先知以賽亞，該如何化解危機，渡過難關。

神來駐守　以賽亞給希西家王回傳神諭：「今明兩年只可以吃野生植物，到後年你們可播種收穫葡萄，猶大境內劫後餘生的人，會像植物一樣紮根，錫安山耶路撒冷城依然安存」（意為上帝不會讓亞述軍隊進入城門之內）」。

亞述退逃　當晚天使於耶路撒冷城外擊殺十八萬五千名亞述軍隊，迫使亞述西拿基立王撤退逃回自己的尼尼微城（不久後被其子所殺）。

西羅亞水道　在這個時期希西家王在耶路撒冷挖了一條西羅亞水道軍事工程（確保城內百姓有充沛足夠的飲用水可使用）迄今仍在，成為觀光景點

⑤ 國王病重　希西家王是南北朝三十九位君王中最虔誠服侍神的國王，有天他得了重病（人將死），以賽亞去探望他，也覺得惋惜，叫他準備後事（希西家王痛哭禱告，求神醫治）。

神賜延壽　神聽了他的禱告，也看到了他的眼淚，於是給以賽亞啟示，讓他去醫治國王的病症，並賜延他十五年歲壽（但希西家王略感疑惑，不敢相信）。

王的讚美　由於王感到存疑，以賽亞就讓王親眼見到日影倒退十級的神蹟（以兆頭為證）。

★ 國王病情痊癒後，給神寫了一篇讚美詩文，頌讚萬軍之神耶和華上帝。

⑥ 得意忘形　古巴倫王子米羅達巴拉旦，聽說希西家王大病痊癒，特派使節團帶著問候信及禮物來探訪國王，希西家王盛情款待他們的范臨，並得意忘形的把全國庫藏寶物及軍備用品全都拿出來向特使團展示炫耀一番。

禍延子孫　使節團離開後，以賽亞去見王詢問給他們看了什麼物品，希西家王說：「他們什麼都看了」，以賽亞搖頭嘆息傳達神諭：「當時候到了時，你

王宮中每件物品都要搬到巴比倫城（一件不留），連你的後代子孫也要被擄去服侍他們」。

荒腔走板　當王身體康復後，開始荒腔走板，變得十分傲慢浮華，且不再禱告，導致一百年後預言成為事實，猶大百姓淪為「巴比倫之囚」。

7 以馬內利　雖然以賽亞預言猶太人罪惡深重，必將受到神的懲罰，但神將來也會從大衛後代中揀選一位理想君王拯救大家，早在亞哈斯王在位時，以賽亞就把神的旨意對國王說：「大衛的子孫啊！你們聽著，必有一個童女（處女）懷孕生子，他的名字叫「以馬內利」（意為上帝與我同在）。

★《以賽亞書》第 7 章第 14 節。

彌賽亞　意為救世主，他能辨別是非（以乳和蜜為食），在他出現之前，北朝以色列王國和南朝猶大王國二個國家早已滅亡，他會重新帶領以色列民擺脫罪惡、永享太平（以賽亞的預言）。

★同期另一位先知彌迦也有這個預言（不謀而合）。

先知殉道　以賽亞歷經烏西雅王、約坦王、亞哈斯王、希西家王四朝，做先知期間長達八十年。新任國王瑪拿西背道而馳（開始膜拜外邦偶像），被以賽亞斥責，心懷恨意，將他鋸死，享年 120 歲。

同期先知　以賽亞同時期的先知：南朝猶大王國彌迦、北朝以色列王國阿摩司、何西阿。

★以賽亞曾用「神鞭」來形容亞述軍隊，同時也預言神不久也會對傲慢自大的亞述進行審判（將其滅亡）。

2　流淚先知｜耶利米　**意為主所設立的**

活躍期間　第十六任王約西亞至第二十任王西底家期間（共五任）。

1 交付使命　在耶利米尚未出生時，神已揀選他為萬國的先知。當他長大後，神要他去宣揚上帝的話，但他自覺年紀太輕不會說話，神就伸手摸摸他的嘴唇說：「今天起授權給你，你要向萬國萬民做根除、拆毀、破壞、推翻、重建和樹立的工作」。

兩個異象　神讓耶利米看到兩個異象，做為他日後宣揚上帝旨意的基礎。

① 一根杏樹枝（希伯來語「杏樹」與「注視」同音），意為神在注視他的子民（隨時降下刑罰）。

★神將懲罰他的子民所犯下的一切罪惡（因他們崇敬偶像、膜拜假神）。

② 北方一個滾燙的鍋水往南方潑來（北方的強敵會向南國發動猛攻）。

★神已將權柄交給巴比倫王尼布甲尼撒（讓他統治猶大地區，屆時聖殿被毀、人民被擄）。

● 神也預言耶利米將受到猶大全國上下的抨擊迫害，但神叫他不用怕（因為神會保護他）。

2 傳達神諭 耶利米受神指示後，就不斷向耶路撒冷百姓宣揚上帝的話，並預言約哈斯王將被擄走（永遠無法回到故里），約雅敬的屍體會被拋到城外，他的兒子（約雅斤）也將被巴比倫王擄走，放逐遠地，他的忠告惹來全國百姓的謾罵和統治階層的憤怒，但後來全部應驗。

★ 第十七任王約哈斯在位三個月，被埃及法老尼哥擄走；第十八任王約雅敬（在位十一年屍體被拋於城外）；第十九任王約雅斤（在位三個月被巴比倫王尼布甲尼撒擄走）。

擊瓶示警 耶利米受神指示買了一個瓦瓶，帶著幾名長老和祭司到欣嫩子谷，當著眾人面前將瓦瓶敲碎，說神要毀滅這個城市如破碎的瓦瓶（已無法修復），此谷將成為「殺戮之谷」。

拘捕先知 耶利米的行為惹惱聖殿總管祭司巴施戶珥強烈不滿，不但用暴力毆打他，還用枷鎖將耶利米拘留在聖殿側門一天（次日才將他釋放）。

★ 耶利米預言他全家將會被擄走到巴比倫，過著暗無天日的悲苦生活（不久後預言成真）。

3 聖殿宣教 約雅敬王在位期間，耶利米時常在聖殿前向來禮拜的群眾傳達神的話「不要崇拜偶像，立即歸向真神，否則聖殿將被毀滅、人民將被擄走等」（不知悔改、大難臨頭）。

引發眾怒 耶利米的忠告卻引發眾怒，被聖殿祭司、長老和百姓群眾圍堵，說他是敵國派來的奸細，專門講些危言聳聽的話來迷惑百姓、攪亂聖城，詛咒聖殿，引發了騷動，最後驚動到宮殿官員趕來處理。

逃過一劫 宮廷大臣在聖殿門口審理此案件，祭司、長老和群眾都要求將耶利米立即處死，關鍵時刻，在沙番的兒子亞希甘挺身而出保護下，才沒把耶利米交給群眾私刑（逃過一劫）。

★ 耶利米把聖殿稱為「強盜的巢穴」（因為此時的聖殿已成為錯誤信仰的地方）。

強烈對比 耶利米按神的指示去找遊牧民族的利甲人，請他們喝酒，結果利甲人堅決婉拒說：「我們的先祖約拿達曾吩咐後代子孫『不能喝酒、不蓋房屋、終生住帳棚為家』故世代遵行傳統教誨，不敢違背」。（此事讓耶利米大為感動，因與墮落的猶大百姓形成強烈對比）。

4 記錄成卷 因耶利米被禁止進入聖殿，所以請尼利亞的兒子巴錄當記錄，將耶和華對耶利米所說的一切預言寫在書卷上（口述筆記成為《耶利米書》的前身）內容還是跟以往一樣，希望百姓改邪歸正，如此神就可赦罪，否則城將被毀、人將被擄。

趁機宣講 翌年的禁食日，百姓在城內參加聚會活動時，巴錄趁此機會將耶利米的書卷內容朗讀給群眾聆聽，結果引來軒然大波，百姓驚愕焦躁的騷動起來。

惹禍上身 一些相信書卷內容的百姓，開始擔心他們已惹來殺身之禍，現場一位有良知的宮廷長官猶底建議耶利米和巴錄立即去隱匿躲藏起來。

向王朗讀 消息很快傳到約雅敬王那裡，王命猶底將巴錄抓來唸給他聽，猶底說現場只留下書卷，人已不知去向了，於是王在火盆旁叫猶底大聲唸出，讓庭內的大臣都能聽到。

燒光書卷 猶底每唸完一段篇章，王就用刀將書卷割下扔進火盆裡燒掉（直到整本書都被割完燒光為止）。

王無悔意 聽完神諭後，王並不畏懼，更不用說會悔改，只下令逮捕耶利米和巴錄，幸好他們早就逃之夭夭了。

重新編輯 神又命耶利米把他的話重新再由巴錄整理記錄下來，這次加上對約雅敬的詛咒：「你的後代不會繼承大衛的王位，你的屍體會被拋到野外，白天受烈日燒灼，夜晚受寒霜侵襲。」

獻地投降 不久後巴比倫王尼布甲尼撒率領大軍包圍耶路撒冷，城門未破，但約雅敬王就被嚇死了。其子約雅斤繼承王位不久（在位三個月）就獻城投降，被擄走到巴比倫，聖殿內的財寶被洗劫一空。

預言成真 新王約雅斤被擄，其父約雅敬的屍體被拋於城外（應驗耶利米的預言）。

❺ 新王沉淪 巴比倫王擁立西底家（約雅斤王的叔父）為猶大新的傀儡國王，他只知享樂，繼續作惡。

耶利米套軛

牛軛啟示 耶利米受神指示，用繩索與牛軛套在自己頸肩上，向王轉達神諭：「神要把周邊國家交給巴比倫王尼布甲尼撒管束，不肯臣服者如他頸肩上的軛（被箝制住無法脫身）降服者可以留在本土安居樂業」。

假先知佈道 假先知哈拿尼雅在聖殿內也向百姓傳達上帝的旨意，但是與耶利米的預言南轅北轍（完全相反），他說：「神要粉碎巴比倫王的轄制，並且會歸還已被掠奪走的聖殿寶物，以及被擄走的子民也會重歸故里」。

★ 假先知的預言不是災難，而是美好的未來，故受到眾民的愛戴。

折斷負軛 兩位先知在聖殿前庭，一位說「災難」、一位說「美好」，兩種差異極端的預言，百姓也不知誰是誰非，於是哈拿尼雅（假先知）將耶利米頸肩上的牛軛取下折斷，大聲預言：「神必將如此為我們敲斷巴比倫王的軛」

（引來一陣歡呼）。

★ 軛是在車衡兩端扼住牛馬等頸背上的曲木。

鐵軛上身 聖殿前庭的預言對決，讓哈拿尼雅以為自己贏得到勝利，但事後神對耶利米說，他會做個鐵軛箝住各國，直到他們臣服於巴比倫王為止。

★ 假先知哈拿尼雅妄稱主名、下達偽預言，二個月後猝死在荒野。

❻ 境外宣言 耶利米寫信託以利亞薩帶去給第一批被擄走到巴比倫的猶太子民，說神指示要他們在那裡生兒育女（繁衍子孫），勤勞工作、蓋房安居生活（因為他們七十年後才能重返故里）。

惡人告狀 此事被在巴比倫的另一位假先知示瑪雅知情，就假藉上帝之名寫信給耶路撒冷的祭司說：耶利米已與巴比倫王室裡應外合（成為賣國賊），要儘速將耶利米扣押處死。

先知被捕 在西底家王統治的最後一年，王終於受不了耶利米聳動言論，將他逮捕入獄（因他一直在唱衰國家）。

立約存證 在獄中神指示他去買下便雅憫境內亞拿突城的一塊地（在見證者的作證下以十七枚銀幣購入）並簽了兩份契約，一張封緘、一張敞開，放在瓦器內長期保存（成為將來猶太人重返故里的契約）。

❼ 國王誤判 不久後巴比倫大軍圍攻猶大國，西底家王向埃及法老求救，敵人聽到有救兵馳援（埃及軍隊），就暫時撤離（西底家王卻以為巴比倫大軍知難而退，心中大喜）。

脫逃未成 耶利米利用巴比倫大軍圍城期間混亂之際，脫逃成功想回到故鄉亞拿突繼承家業，遠離是非之地，但不巧被城門看守官伊利雅，以「投敵叛國」罪名又被扣押起來。

王的矛盾 耶利米此次被關在宮廷文士約拿單家中囚房裡，西底家王的政策搖擺不定，私下派人將耶利米押解到王宮來問話（想瞭解是否有神新的神諭）。

神諭不變 耶利米說神諭未曾改變（要臣服巴比倫），並問王說：那些說巴比倫不會來侵犯的假先知們，現在人在哪裡？更要求王不要送他回約拿單的地牢（免得死在那裡）。

打入大牢 西底家王下令把他關在王室地牢，每天只給他一塊餅乾充饑（但不久後就釋放他了）。

宣揚神旨 重獲自由的耶利米並沒有立即離開耶路撒冷，反而繼續向城內百姓宣揚神的旨意，再次惹惱對耶利米充滿敵意的官員和祭司，向王投訴耶利米又在煽亂民心，應該立即將他處死。

險些喪命 耶利米再次遭到逮捕，這次被丟進太子宮的枯井裡，企圖將他餓死，幸好被非常敬仰耶利米的古實人以伯米勒向王求情，才被救出關在宮廷獄中。

舉棋不定 西底家王又差人把耶利米悄悄押解到聖殿第三門前單獨約見他，耶利米向王下達最後通牒：「只要向巴比倫屈服，一切災難就會嘎然而止」，王說再讓他深思熟慮一下，並希望此次密談不要對外宣揚。

死不悔改 西底家王最終還是沒有聽從耶利米的勸告（不肯投降），當耶路撒冷被攻破城池時，他才急忙帶著衛隊及家眷連夜逃出城外。

王的下場 西底家王在耶利哥平原附近被巴比倫軍隊擄獲，被帶到哈馬地的利比拉，巴比倫王尼布甲尼撒在他面前殺掉他所有親屬，隨後將其雙眼挖掉、用鐵鍊把他鎖住帶回巴比倫為奴。

家破人亡 耶路撒冷被攻佔後城牆被拆、宮殿被毀、聖殿被燒（成為廢墟），全城百姓被擄走到巴比倫為奴（巴比倫之囚），城內只留下老弱貧農及殘障無依者，在此種葡萄渡日。

❽ 保護先知 巴比倫王尼布甲尼撒非常敬仰先知耶利米，特別吩咐待衛長尼布撒拉旦，要善待且照顧他。當俘虜們來到拉瑪時，他就恭敬有禮的將其釋放，並建議他去投靠猶大總督基大利（讓他不用成為巴比倫之囚）。

投靠同胞 耶利米接受侍衛長的提議，來到米斯巴棲身在猶大總督基大利府裡（一些流離失所的猶太人也陸續前來此地避難）。

忽略密告 在曠野中過著顛沛流離生活的約哈難，有天得到情報說：有位猶大王族以實瑪利計劃謀殺總督基大利，因此前去告訴基大利，但基大利卻不相信他的舉報。

大開殺戒 基大利與以實瑪利以前曾在宮廷工作同事過，所以不相信舊識老友會殺害他，但在一次飯席中，以實瑪利果真動手將基大利及在場的猶太人和巴比倫官員全部殺光，並擄走十人往基遍方向逃逸，沿途又將不知情的路過民眾七十餘人殺害

★ 因基大利是個非常親近巴比倫的猶太人（故被任命為總督），以實瑪利認為他是民族敗類，故非殺他不可。

靠山傾覆 基大利的死亡（猶太人保護傘突然消失）約哈難認為巴比倫對此事件絕對不會善罷甘休，於是與已逃亡在埃及的猶大指揮官亞撒利雅取得連繫，希望帶領猶太難民到埃及避難。

勿去埃及 因眾民意見分歧（舉棋不定），於是去請教耶利米共商對策，耶利米傳達神諭：「叫大家留在猶大地，不要去埃及」。（神會救百姓脫離巴比倫的轄制，如執意去埃及就會死於戰爭、飢餓、瘟疫）

落腳埃及 親近埃及的亞撒利雅，對耶利米大感不滿說：「你說謊」（從以前你就一直宣揚要臣服巴比倫王），於是執意強行將耶利米和巴錄帶到到埃及。

★ 蔑視神的後果就是，等到有一天民族重生的時候，這些逃亡到埃及的人民再也沒機會參與了（因已被同化）。

神的權柄 耶利米被帶到埃及答比匿，他在此地預言巴比倫王尼布甲尼撒王會來攻打埃及懲罰法老王（連摩押國、亞捫國、以東國都難逃劫難），但神也會使他們復興，因為神最終也會審判巴比倫。

★ 萬國萬民均無法脫離神的權柄。

耶利米哀歌 耶利米在猶大王國末期階段，苦口婆心勸告人民向善的同時也帶來情感上的沉重負擔，不斷努力奔走規勸，換來的是國家滅亡、人民被擄走為奴的命運，讓他不禁流下眼淚，著有《耶利米哀歌》，最後在埃及結束了波折起伏的人生。

耶利米之泣

③ 異象先知｜以西結　意為神必賜力量

活躍期間 第十九任王約雅斤時被擄到巴比倫定居時期。

❶ 少年被擄 耶路撒冷聖殿祭司布西的兒子以西結，在二十歲時與猶大第十九任國王約雅斤（在位三個月）一起被巴比倫軍隊擄走，他定居在巴比倫的迦巴魯河畔。

★ 同期先知耶利米留在耶路撒冷（國王西底家），先知但以理則也被擄到巴比倫王宮內服侍國王。

天幔打開 以西結被擄走五年後，有天在迦巴魯河畔看到異象，天開了有四活物侍立於神前。

四活物

四活物 ① 前為人臉、② 後為鷹臉、③ 左為牛臉、④ 右為獅臉。周圍有光耀彩虹環繞，中間寶座光芒萬丈是為上帝，他被神召喚為「守望者」。

● 四活物後來成為基督教四大福音書的象徵。

書卷飽腹 神交給以西結一本書卷，內容充滿了許多啟示但全都是哀嚎、嘆息、悲痛的話，神要他吃食此書卷來飽腹。

甘甜如飴 以西結吃完後口中覺得甜如蜜（神尋找可負擔的人）。

啞巴傳道 神讓他開始緘默不語（成為啞巴），因為無知的百姓已悖逆上帝，講也不聽、聽也不懂。

★ 當時猶大王國還沒有滅亡（西底家王在位）百姓始終抱著不久就可以回到故里的心態。

❷ 以畫代言 六年後耶路撒冷傾覆消息傳來，以西結才恢復說話，故以下情節

全是他用筆述或圖畫來曉諭當時百姓的寓言。

畫圍城圖 神命他在磚板上畫出耶路撒冷城，後築牆堆疊圍困此城（表以色列家圍現況寫照）。

側臥抵債 神向以西結說：我已將百姓作孽的年數定為你向左側臥的日數，即為三百九十天（需要承擔以色列王國家族的罪行），期滿後再向右側臥四十天（承擔猶大王國家的罪愆）。

★ 一日抵一年，所以 390 天 +40 天 =430 年。

剃鬚光頭 神命他剃光鬍鬚和頭髮，將鬚髮分成三等份放於城內四方。
第一份：用火焚燒。第二份：用刀切碎。第三份：隨風吹散。 （預示以色列百姓未來的處境）

惡人受懲 因可憎恨的人玷污了神的聖所，故必受到懲罰，三分之一人民遭瘟疫饑荒而死，三分之一人倒在刀下，三分之一人民分散四方飽受追殺，而且殃及四周列國同受其罰。

3 以灰刷牆 神指責聖城內假先知以白灰刷紙牆，粉飾太平、謊報平安，以虛假預言迷惑百姓，當耶路撒冷被拆毀倒塌時，假先知也難逃報應。

焚葡萄樹 葡萄樹不結果實、材又無用，被拋火中焚燒（預言聖城被焚毀成為荒蕪之地）。

棄嬰之諭 耶路撒冷行可憎之事，如初生嬰兒無人剪臍帶、無人洗淨，被棄於田野，厭惡至極（諭指聖城遭受屠城和破壞）。

以西結的鷹與葡萄之歌	
歌文	比喻
有一大鷹飛到黎巴嫩， 飛上香柏樹頂，折下最高一樹枝； 叼到商人買賣之地。 以色列樹枝插進溪水， 蔓延成株矮葡萄樹枝條向鷹生長； 又有一大鷹； 這葡萄樹的根彎向這鷹； 先前大鷹因此憤而連根拔起。	指巴比倫王尼布甲尼撒來到耶路撒冷附近， 指把猶大王約雅斤擄走； 帶到巴比倫境內。 指巴比倫王擁立西底家為猶大的傀儡國王， 指西底家王，臣服在巴比倫王之下； 指埃及法老王合弗拉； 指西底家王背叛巴比倫王轉投向埃及法老王； 指巴比倫國王憤怒將猶大王國滅亡。

★ 以上比喻雖然是以西結象徵性的預言（但後來全都應驗了）。

④ 獅子被捕　獅子是猶大王國的象徵物（比喻以色列在大衛王時期雄壯如獅，如今已成小病貓）。

第一小獅子走　喻指猶大王國第十七任王約哈斯（在位三個月，被埃及法老擄走）。

第二小獅子走　喻指猶大王國第十九任王約雅斤（在位三個月，被巴比倫王擄走）。

天使作記　神派遣七位天使，六位拿著致命武器，一位身穿細麻衣腰間掛墨盒子，走遍全耶路撒冷城在百姓額頭上作記號，義人（受神保護）、惡人（當可擊殺）區分開來。

姐妹妓女　以西結用二位姐妹妓女來指北朝以色列王國和南朝猶大王國只求利益即投懷送抱，對信仰不忠誠而自甘墮落出賣靈魂。

姐姐	阿荷拉	暗喻北朝以色列王國和亞述帝國	之間的曖昧與情傷
妹妹	阿荷利巴	暗喻南朝猶大王國和新巴比倫王國	

熱燒的鍋　以西結把鍋放在爐上，將水盛滿倒入羊肉塊及肩腿骨開始熬煮（喻指聖城將支離破碎完全毀滅，百姓將過著顛沛流離的煎熬生活）。

⑤ 妻死勿哀　耶路撒冷將被毀滅之際，剛好以西結妻子過世，神叫他不得悲傷哀哭，也不可辦理喪事（默哀即可）。

★ 因以西結失去愛妻，同樣神也將失掉聖殿。

以西結枯骨復活

枯骨復生　神帶以西結到一處遍地骸骨的戰場，他對風發出耶和華的預言，這些骸骨就甦活了過來，成為強大的軍隊（喻指死後復生需接受神調度性的審判結果）。

兩杖連根　以西結在被擄同胞面前，將兩根木杖合二為一（使之成為一根棍子），對百姓說：以色列和猶大兩國不會再分開，現在眾民必歸一個牧羊人，和我的軍隊，以及從各國回來的子民，必如暴風和密雲遮遍荒涼的以色列土地。

★ 意為神是牧羊人一樣，會去尋找丟失的羊群，雖然猶大王國淪滅、人民被擄已成定數，但只要心中有神，不久的將來還是有機會重返家園，建立國家。

⑥ 製造鎖鏈　以西結對耶路撒冷城內的百姓發出最後預言：「滿城罪惡橫行、災禍臨近、血流遍地、無處安寧，備好鎖鏈，被擄錮之災逼臨」（成為巴比倫之囚）。

上帝譴責當猶大亡國之後，周遭鄰邦也無寧日將陸續淪滅，連不可一世狂妄驕矜的鱷魚（埃及）也將發出哀號。

★ 凡將上帝的話置若罔聞的列邦國家均會被毀滅。

傳好消息 陸續被新轉來一批又一批的猶大俘虜（百姓個個面色憔悴、精神沮喪）守望者以西結向他們預言：「將來有一天淪落在各地的以色列子民，將在一位好牧人彌賽亞的帶領下，會再聚集在一起，重建一個國家」。

④ 理智先知｜但以理　　意為神是我的審判官

活躍期間 猶大第十八任王約雅敬期間，被擄走到巴比倫王宮當侍者。

❶ 首批俘囚 猶大王約雅敬王在位時期，耶路撒冷被巴比倫軍隊圍城，國王尼布甲尼撒吩咐太監長亞施毗拿去挑選一批猶太貴族的少年（要英俊、無殘疾且學識豐富），帶回巴比倫加以培育調教，成為宮廷侍者（於是但以理及其他三位少年被揀選上）。

虔誠敬神 巴比倫學府非常禮遇他們，每天所吃的膳食和美酒與貴族同等級，可是但以理及其他三位同夥都是虔誠的猶太信徒，絕對不吃那些曾祭祀過異教偶像的不潔佳餚（怕玷污心靈），寧可吃素菜和清水，此事讓太監長非常擔心，怕他們憔悴而被獲罪，但他們始終容光煥發，因而放心。

人中翹楚 三年過後，太監長將這批少年帶到國王面前逐一核試，結果王驚覺這四個少年的才智，是巴比倫境內所有學子無人能及，於是被留在宮廷內當侍從員。

❷ 淫邪長老 巴比倫有位賢淑美女蘇撒納（猶太人約雅金的妻子），有天在沐浴時被社區兩個頑劣猶太長老窺見，於是起了邪淫之心，但被貞潔的蘇撒納嚴詞拒絕，長老們在惱羞成怒下，在眾人面前誣告她在樹蔭下與年輕男人通姦。

先知查案 在權威長老的證詞下，蘇撒納被判死罪且無處申冤，她流淚的向神祈禱，神遣派但以理在處刑之前幫她主持公道，到了會所召來那兩個長老，分開詢問案發時，當事人在什麼樹下發生苟合行為。

真相大白 結果有一長老說在乳香樹下、另一個長老卻說是在櫟樹下，因此但以理確認這兩個長老做了偽證，蘇撒納因此沉冤得雪，並讓惡貫滿盈的長老受到極刑。

❸ 怪夢難解 有天國王做了一個怪夢，心煩意亂，召集全國術士哲人解夢，但無人能解，因為國王忘了怪夢內容，因此大發雷霆之怒。

先知解夢 但以理受到神的啟示，就去向國王闡述他的夢境，「國王夢到一位高大巨人，金頭、銀胸、銅腹、鐵腿，腳趾是鐵和泥的混合物，突然從山岩上

滾落一顆巨石，將巨人砸得粉碎，而巨石繼續膨脹最後覆蓋整個世界。」

金頭（巴比倫）

銀胸（波斯）

銅腹（希臘）

鐵腿（羅馬）

半鐵半泥（未來）

國王讚賞 國王聽完後嘖嘖稱奇，他已經將自己的夢境一絲一毫忠實呈現出來，但以理向王說：「巨人的各部位代表各個帝國的興衰更替，而巨石代表上帝終將建立一個新的國度。」

良機讓友 國王對其敬佩不已，賞賜貴重禮物，並委派他去巴比倫省管理王家事務，而但以理把機會讓給其他三位伙伴，自己仍留在王宮服侍。

④ 金像膜拜 國王在杜拉建造一尊二十七公尺巨大金像，並下令地方臣僕及官員前來膜拜，儀式中唯獨但以理的三個伙伴，堅持自己的信仰沒有跪拜，結果有人跑去向國王告密。

火窯伺候 國王說不膜拜金像會被扔進火窯裡，你們的神都救不了你們，三個伙伴向王說：「我們所敬崇的神，即使他救不了我們，我們也絕不膜拜你們的偶像。」

神顯奇蹟 國王聽完後暴跳如雷，下令將火窯溫度再加七倍，命人這些不知好歹的三人扔進火窯裡，由於火窯內火勢凶猛，冒出的火焰將執行命令的士兵當場燒成灰燼。

國王信服 此時國王驚覺窯內竟然有四人在火焰中來回走動（其中一位是神），讓國王驚顫大喊：「至尊上帝的僕人請出來吧。」於是他們三人毫髮無傷（連衣服都沒毀損）的走出來。

三位伙伴 但以理的三位伙伴 ① 哈拿尼雅、② 米沙利、③ 亞撒利雅。

★ 由於他們三人勇敢無畏的擁護自己的宗教信仰立場，國王下令讓猶太人享有高度的宗教自由，並將他們三人提拔擔任更高職份。

⑤ 惡夢再臨 不久後尼布甲尼撒王又做了第二個異夢，夢見大地中央有顆大樹直達天頂，庇蔭萬物，其果實可供眾民分享，飛鳥築巢、走獸歇息，正值枝繁葉茂時期，忽然有一守望天使大聲吶喊，揚言要砍掉樹木，只留殘根在地，並用鐵圈將其圍栓，樹倒後有人會留在野外與野獸同食雜草，受露水浸濕，不再有人的心智（如此將持續七年之久），直到他相信神的權能大於一切統治者。

先知解夢 國王的異夢無人能懂，於是又去找但以理來解夢，他對王說：「大樹代表國王，權力已高於天，所以你將被人群趕走，去跟野獸生活七年。」（直到你承認上帝是至尊無上的統治者）

★ 雖然國王一直讚美但以理的神，但他仍未完全信從上帝，常用自己的權能

與威勢掌控一切，不肯承認神尊大於他是萬物主宰，所以神要讓他折服。

國王吃草

夢境成真 一年後，傲慢的國王無心悔改，有天在宮廷涼台上散步，看到雄偉壯麗的巴比倫城時，不禁狂妄自誇起來，語音未定，突然有聲音從天而降：「你的國離開你了」，隨後他的政權被推翻，王位也被剝奪。

受到懲罰 自命不凡的國王，只得逃到野外，與走獸為伍，變得如瘋子般模樣，吃草維生，經過七年後才逐漸恢復理智，並開始頌讚耶和華是萬物至尊大的全能（承認自己的渺小），因而復位（正史未載）。

★ 在正史中發瘋吃草的國王並不是新巴倫第二任國王尼布甲尼撒，而是第六任國王拿波尼度。（因染上怪病與兒子第七任王伯沙撒共同執政十四年）

❻ 晚宴傳奇 新巴比倫王國末代國王伯沙撒有天在宮廷晚宴中，一時心血來潮，突然想起先王從耶路撒冷聖殿中掠奪而來的金杯銀碗，於是命人取來讓在場佳賓欣賞使用，並讚美異教神祇。

怪手寫字 突然間在粉牆上出現一隻手，寫了一大串他們不認識的文字（王被嚇到臉色鐵青、雙腿發抖）。

先知解答 國王宣布能破解牆上字義者封官賜袍（但無人能解），太后得知此事後向王說：應該唯有但以理能解開此字謎，於是王去請但以理進宮來為大家解謎。

大難臨頭 但以理看完字謎後說：「王的大難臨頭。」（因為國王不知謙卑、無視上帝，竟敢動用聖殿器皿使用，還稱頌異教偶像，因而觸怒上帝）

索命字跡 但以理說這是上帝派遣一隻手所寫的「數算」（神已數算你國度的年日，使國運終止）、「衡量」（你被置在天秤上秤重）、「分裂」（你的國家將要四分五裂）。

★ 不久後伯沙撒王就被波斯帝國居魯士王殺死（新巴倫王國滅亡）。

❼ 人紅遭嫉 新君波斯帝國居魯士王（聖經稱古列王）非常賞識但以理，想委派他來管理全國事務，結果引來幾位高官嫉妒，想在國事上挑些把柄來詆毀他（但沒成功）。

無計可施 因為但以理辦事認真負責，使想陷害他的大臣無計可施，只好在宗教信仰上設下陷阱（引他跳入）。

詭計橫出 大臣們向居魯士王進言：「要求任何人三十天內，不得向神明禱告（除了國王之外），否則丟入獅穴中。」國王不知這是詭計，蓋了御章向全國發出詔令。

先知遭難 但以理不顧禁令,仍然一日三次在屋頂朝耶路撒冷方向朝拜,結果被人舉告(因違反詔令,必須受到懲罰)。

但以理馴獅

國王懊悔 國王此時才明白這是一場詭計,但王也改變不了眼前事實,只內疚難過的向但以理說:「願你忠心侍奉的上帝救你。」

安然度過 但以理被扔進獅穴後,神派天使封住獅子嘴巴,使牠們無法傷害但以理。

更加得寵 次日惦念著但以理安危的國王,趕到獅穴口遠眺,發現但以理毫髮無傷,驚喜萬分,立即下令將其釋放,並將舉報他的官員扔進獅穴中餵獅,從此但以理萬事順遂,繼續輔佐國王。

四獸異象 但以理曾夢到四隻猙獰的巨獸,他們各據一方(代表王國的沉淪滅亡更替)。

獅子|有鷹翼,兩足直立

熊|旁跨而坐,口銜三根肋骨

豹|四頭有四翼

恐怖龍|頭長十角,鋼牙鐵爪

❶ 新巴比倫帝國 ➡ **❷ 波斯帝國** ➡ **❸ 希臘亞歷山大帝國** ➡ **❹ 羅馬帝國**

預言強敵出現 之後但以理接獲另一異象:西方飛奔而來的公山羊(表希臘亞歷山大帝國)把公綿羊(表波斯帝國)抵倒在地,公山羊角截斷另長四根小角(分裂成四個國家)。

綿羊|波斯帝國

山羊|希臘亞歷山大帝國

預告|彌賽亞將出現
● 世界末日將近時,死者會從沉睡中甦醒接受上帝的末日審判(善者永生,惡者受罰)。

認識重要的先知

101

認識十二小先知

小先知 並不是指他們地位重要性較低，而是指在聖經先知書裡篇章較少而得名。

十二小先知 三位是北朝以色列王國的先知：約拿、阿摩司、何西阿。六位是南朝猶大王國先知：俄巴底亞、約珥、彌迦、那鴻、西番雅、哈巴谷。另外三位是被擄後回歸時期的先知：哈該、撒迦利亞、瑪拉基。

1 北朝｜魚腹先知｜約拿 **意為鴿子** ★第一位到敵國宣達神諭的先知

神的召喚 亞太的兒子約拿受到神的召喚，要他前往尼尼微向當地人傳達滅亡的預言。

★尼尼微城是強敵亞述帝國的首都，約拿認為讓神來滅掉該城，正好能解除對以色列人的威脅，因此抗拒上帝的命令。

躲避召喚 約拿為了躲避神的召喚，跑到約帕港朝反方向往他施地出發，但是船出海不久就遇上狂風巨浪。

神的懲罰 船員向神祈禱後，透過抽籤結果，顯示此風暴是由約拿所招惹（他也坦誠是自己忤逆神的旨意而引起的），於是被憤怒的船員扔進海裡。

鯨吞約拿

神的救贖 神讓一條大鯨魚把他吞噬在腹裡，約拿不斷向神禱告懺悔中度過三天三夜，大魚才把約拿吐回到沙灘上，神再次叫他去尼尼微城向百姓傳達神諭，這次他再也不敢違命。

傳達神諭 約拿在尼尼微向百姓傳達神諭，要他們立即悔改過錯，否則四十天後該城將被神毀滅，此預言造成居民的恐慌，連亞述國王也離開寶座、脫下王袍、披上麻衣，坐在灰燼中自我懺悔。

約拿疑惑 神見亞述王及百姓有悔過之意，就不再降災於他們，但是此舉讓約拿百思不得其解（為何神要他來解救敵國人民及國王），如果當初他在海上溺斃，敵國被毀滅，不是更好嗎。

?
小常識
①約拿是第一個受神派遣到外邦異族傳達神諭的先知，同時也開啟神的權能，強調只要相信耶和華為真神者，不分敵我都能獲得救贖。
②著名童話故事《木偶奇遇記》也有類似的情節（鯨魚吞下爺爺跟小木偶，小木偶從鯨魚肚裡出來後獲得重生）。

蔥麻枯萎 神在約拿住處旁種棵蔥麻讓他遮陽（令他十分感激），但隔天蔥麻就被蛀蟲吃掉枯萎而死，約拿抱怨為什麼一夕之間蔥麻枯死（讓他炎熱難耐）。

神的曉諭 神向他曉諭：「你不花費心思栽種培養的蔥麻枯死，你都會感到惋惜不捨，像尼尼微城裡有十二萬無辜孩子及牲畜，就不需要你去憐憫嗎？」（約拿聽完茅塞頓開）

② 北朝｜公義先知｜阿摩司　**意為負重擔者**　★ 從南朝來到北朝傳達預言的先知

出生貧寒 出身在伯利恆南部提哥亞村的樸拙鄉下人，以牧羊及種植桑樹為主。

蒙神召喚 他受到神的召喚從南國猶大來到北國以色列的伯特利（北朝宗教聖地）傳達神諭，指責北朝百姓的罪愆深重，將受神懲罰，同時也向附近外邦發出責難和警告。

牧羊的阿摩司

惡人告狀 伯特利祭司亞瑪謝是個濫用權威的人，對阿摩司這種流浪先知非常不順眼，向國王告狀，企圖將他驅逐趕回猶大王國，但阿摩司不為所動，繼續傳達神諭。

無人理會 此時北朝以色列王國正值鼎盛時期（第十三任王耶羅波安二世），他的預言成為危言聳聽（唱衰王國），所以成為笑談，無人理會。

求神延禍 神一度想降災於北朝以色列百姓，但經阿摩司哀求下作罷（禍延子孫），就此以色列王國的未來已成定局。

③ 北朝｜愛的先知｜何西阿　**意為救贖**　★ 用他的婚姻狀況傳達神諭的先知

不貞之妻 何西阿妻子歌篾紅杏出牆，最後淪為奴隸，待價而沽。何西阿選擇寬恕妻子，將其贖回重溫懷抱，共同幸福生活。

★ 因不美滿的婚姻，最終讓他成為一名先知。

發出警訊 雖然北朝以色列王國正處於空前未有的繁榮時期（耶羅波安二世），但百姓道德淪喪、宗教墮落（崇拜金牛犢），遭到何西阿嚴厲批判。

?

小常識

認識腓尼基人

● 腓尼基人是閃族的一支，生活在地中海東岸地區（今黎巴嫩附近），他們善於航海技術及經商貿易，全盛時期曾控制地中海全區的經濟，其重要城市西頓及推羅，曾是十二支派西布倫的領地，因當地人崇拜迦南宗教，長久以來與猶太人不合。

航海的腓尼基人

`告誡百姓` 何西阿以他特殊的家庭婚姻遭遇來曉諭
百姓：「以色列就像出軌的蕩婦，背叛丈夫（上
帝），將受懲罰（為奴），若能改邪歸正，洗刷罪
名，必得赦免。」

`用愛傳道` 何西阿用婚姻狀況來傳達神的教誨，譴責
以色列百姓的不義，宣告刑罰來臨，神會審判並用
通姦來比喻百姓對偶像的崇拜，唯有篤信唯一真神
（上帝）才能獲得赦罪。

愛的先知

4 `南朝｜向以東人發出警告的先知｜俄巴底亞` **意為敬畏神的人**

- 以東人是雅各哥哥以掃的後裔民族，本有血緣關係，卻成為以色列民族的心腹
  大患，常常聯合其他國家攻打猶大王國（不顧親族情誼）。
- 兄弟有難時，應當義不容辭的去幫忙，但是以東人卻幸災樂禍，加入趁火打劫
  的行列，積極參與破壞耶路撒冷聖殿的暴行（使上帝憤怒）。
- 俄巴底亞預言以東人將受到神的審判（其他國家亦是如此），國度將歸耶和
  華。

5 `南朝｜盼望先知｜約珥` **意為耶和華是上帝**

- 約珥強調神將藉自然界的改變來刑罰世人，只要信奉上帝的人才會得到神的憐
  憫及救贖。
- 將有蝗蟲的災害侵襲以色列全境（會比其他地區災情更加嚴重），是神所施的
  懲罰災害。
- 只要百姓悔改惡習，順服上帝，神便會除去災害賜予繁榮，改而懲罰敵視以色
  列的鄰近諸國。
- ★ 蝗災也可以說是敵軍侵犯烽煙的寫照，只要趁早
  悔過，求主饒恕（神會幫其驅逐敵人）。
- 約珥也預言：以後耶和華日子的來臨，在那日子
  未到之前，神會應許聖靈降臨，然後神會在沙法
  谷作最後審判列國萬民。

約珥預言蝗災

6 `南朝｜吶喊先知｜彌迦` **意為有誰像神**

- 彌迦是第一個預言北朝以色列王國及南朝猶大王國都將會陸續滅亡的先知，並
  稱撒瑪利亞（北朝首都）和耶路撒冷（南朝首都），不久後將成為荒草廢墟。
- 彌迦痛責北朝以色列王國各族首領接受賄賂（不誠實的族長），祭司被金錢收

城市將成廢墟

買（不虔誠的祭司），先知為錢財去占卜算命（假先知），卻都說自己恭順上帝，凡做惡事者，終必受神的刑罰。

- 彌迦的吶喊已喚不回以色列眾民的良知，仍舊無知的繼續作惡，不走正道（開啟將成為亡國為奴的宿命）。

- 他除了傳達要遵守與神的約定和戒律之外，最後預言大衛家族後裔裡將出現一位偉大的掌權者（他的根源從亙古、太初就有）會降生在伯利恆以法他地，成為救世主（與以賽亞預言不謀而合）。

---

7 南朝｜向亞述人發出警告的先知｜那鴻　**意為神的安慰**

那鴻

- 那鴻在南朝活躍期間，北朝以色列王國已被亞述帝國滅亡了。

- 亞述帝王強悍好戰，又不敬畏神，常攻擊猶大王國，神以前曾派遣先知約拿去亞述宣揚神的公義，傳達尼尼微城將受到神的審判與毀滅（結果上自國王、下至百姓均有及時悔改免於受災）如今又忘記教訓，開始張牙舞爪，兇相畢露起來。

- 那鴻預言尼尼微城必被毀滅（因它已成為神子民的仇敵），百姓邪惡殘暴，將被洪水沖毀城牆，後來預言成真。（被新巴倫大軍，攻陷該城遭到焚毀）

---

8 南朝｜預言千禧年來臨的先知｜西番雅　**意為神隱藏**

- 西番雅是猶大王國末期的貴族子弟，常警惕百姓謹記與上帝立約的本份（要嚴守戒律）。

- 西番雅所傳達的訊息，深刻影響當時的約西亞國王，使他展開一場規模盛大的廢除偶像拆毀邱壇的運動（使約西亞王成為南北朝三十九位君王中，最虔誠敬奉神的國王）。

- 西番雅特別強調「耶和華的日子」（指上帝要行一件特別事情的時間），猶太人將面臨受懲罰的大苦難（毀滅與被擄）日子來臨，上帝也會擴及對外邦仇敵的審判。

- 西番雅指出上帝做最後審判後，將給予他的子民一個美好的應許，即千禧年的來臨（一千年的時間循環），屆時大能的主會使萬民歡欣喜樂，在稱讚中而歡呼（有悔改的萬民皆獲得拯救）。

哈巴谷

9 南朝｜與神對話的先知｜哈巴谷　**意為擁抱**

- 哈巴谷問神：「為何猶大百姓犯下罪惡始終沒有遭受神的懲罰？」神回答他：「巴比倫人將會來懲罰猶大百姓。」
- 哈巴谷又問神：「巴比倫人不比猶太民族正直，為何神要派一個殘暴的民族來施行刑罰？」神回答：「祂會獎賞忠於祂的巴比倫子民，也會按祂的時間來懲罰背道的巴比倫掌權者。」
- 哈巴谷終於了解，只要不離開上帝的公義，人人都能因信得生（已打破神只揀選以色列子民的立約），哈巴谷最後說：「我要因救我的上帝而喜樂。」

10 被擄回歸期｜哈該　**意為神的節期**　**11** 撒迦利亞　**意為耶和華記念**

- 哈該與撒迦利亞兩位先知是猶大王國覆滅被擄到巴比倫、七十年後重返耶路撒冷的猶太人（又稱第一次回歸）。
- 哈該與年輕的撒迦利亞共同傳講預言、說服百姓支持所羅巴伯去完成重建聖殿工作（後來稱所羅巴伯聖殿或第二聖殿），並傳達了彌賽亞（救世主）將再次降臨的消息。

12 被擄回歸期｜《聖經》最後一卷書的作者｜瑪拉基　**意為神的使者**

- 瑪拉基是猶太人第二、三次回歸時期的先知（聖經提及的最後一位先知）。
- 斥責猶大百姓從巴比倫返回故里後，又再度沉溺於罪惡中，與迦南人通婚、膜拜偶像。
- 祭司們不務正業、不守戒命、偏離正道，以殘疾低劣牲品獻祭，藐視上帝（將受神詛咒）。
- 瑪拉基預告上帝將差遣彌賽亞（救世主）復臨，帶給所有百姓希望與喜悅。

? 小常識

認識安息日的兩根蠟燭

- 猶太人會在安息日日落之前，點燃兩支蠟燭，代表「記住」及「遵守」誡命，象徵「光明」與「幸福」，其緣由是紀念神創造天地萬物時的第一句話「要有光」（讓心靈與神的榮耀結合為一）。

第十一章
認識猶太人的三次回歸

第一節　猶太人從被擄走到三次回歸的大事件年表

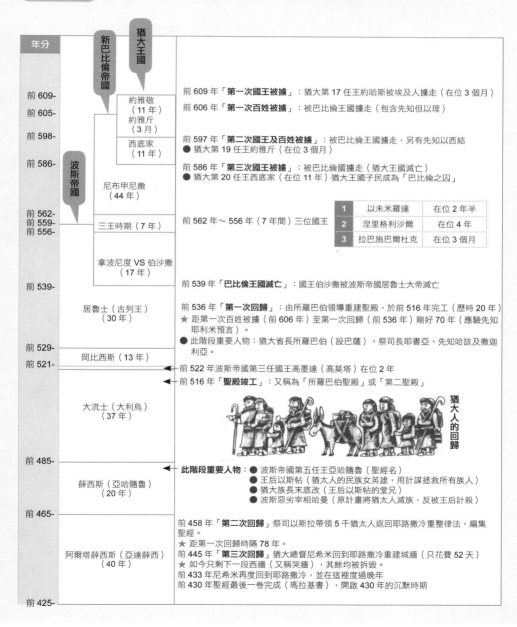

年分	新巴比倫帝國	猶大王國	

| | | 約雅敬（11 年）約雅斤（3 月） | 前 609 年「**第一次國王被擄**」：猶大第 17 任王約哈斯被埃及人擄走（在位 3 個月） |

年分：前 609-、前 605-、前 598-、前 586-、前 562-、前 559-、前 556-、前 539-、前 529-、前 521-、前 485-、前 465-、前 425-

新巴比倫帝國 / 波斯帝國

約雅敬（11 年）
約雅斤（3 月）
西底家（11 年）

尼布甲尼撒（44 年）

三王時期（7 年）

拿波尼度 VS 伯沙撒（17 年）

居魯士（古列王）（30 年）

岡比西斯（13 年）

大流士（大利烏）（37 年）

薛西斯（亞哈隨魯）（20 年）

阿爾塔薛西斯（亞達薛西）（40 年）

前 609 年「**第一次國王被擄**」：猶大第 17 任王約哈斯被埃及人擄走（在位 3 個月）

前 606 年「**第一次百姓被擄**」：被巴比倫王國擄走（包含先知但以理）

前 597 年「**第二次國王及百姓被擄**」：被巴比倫王國擄走，另有先知以西結
● 猶大第 19 任王約雅斤（在位 3 個月）

前 586 年「**第三次國王被擄**」：被巴比倫國擄走（猶大王國滅亡）
● 猶大第 20 任王西底家（在位 11 年）猶大王國子民成為「巴比倫之囚」

前 562 年～ 556 年（7 年間）三位國王

1	以未米羅達	在位 2 年半
2	涅里格利沙爾	在位 4 年
3	拉巴施巴爾杜克	在位 3 個月

前 539 年「**巴比倫王國滅亡**」：國王伯沙撒被波斯帝國居魯士大帝滅亡

前 536 年「**第一次回歸**」：由所羅巴伯領導重建聖殿，於前 516 年完工（歷時 20 年）
★ 距第一次百姓被擄（前 606 年）至第一次回歸（前 536 年）剛好 70 年（應驗先知耶利米預言）。
● 此階段重要人物：猶大省長所羅巴伯（設巴薩）、祭司長耶書亞、先知哈該及撒迦利亞。

前 522 年波斯帝國第三任國王高墨達（高莫塔）在位 2 年
前 516 年「**聖殿竣工**」：又稱為「所羅巴伯聖殿」或「第二聖殿」

此階段重要人物：● 波斯帝國第五任王亞哈隨魯（聖經名）
● 王后以斯帖（猶太人的民族女英雄，用計謀拯救所有族人）
● 猶大族長末底改（王后以斯帖的堂兄）
● 波斯惡劣宰相哈曼（原計畫將猶太人滅族，反被王后計殺）

前 458 年「**第二次回歸**」祭司以斯拉帶領 5 千猶太人返回耶路撒冷重整律法，編集聖經
★ 距第一次回歸時隔 78 年。
前 445 年「**第三次回歸**」猶大總督尼希米回到耶路撒冷重建城牆（只花費 52 天）
★ 如今只剩下一段西牆（又稱哭牆），其餘均被拆毀。
前 433 年尼希米再度回到耶路撒冷，並在這裡度過晚年
前 430 年聖經最後一卷完成（瑪拉基書），開啟 430 年的沉默時期

重要人物　猶大省長：所羅巴伯（巴比倫名：設巴薩）

　　　　　　祭司長：耶書亞

　　　　　　先知：哈該及撒迦利亞

1　猶大人三次回歸時間圖表

名稱	第一次百姓被擄	第一次回歸	第二次回歸	第三次回歸
年分	前 606 年	前 536 年	前 458 年	前 445 年
重要人物	但以理（先知）	所羅巴伯（省長）	以斯拉（祭司）	尼希米（總督）
重要事件	巴比倫之囚 （70 年後才能回歸）	重修聖殿 （建造 20 年才完工）	解讀律法 （重新編輯聖經）	修城牆 （僅用 52 天完成）
回歸間距		70 年 ➡	78 年 ➡	13 年 ➡

2　認識所羅巴伯　（巴比倫名字：設巴薩）撒拉鐵的兒子

波斯慈王　波斯王居魯士（又稱：古列王或塞魯士王）消滅新巴比倫王國後，對猶太人採取懷柔政策，並歸還由巴比倫王尼布甲尼撒從聖殿中掠奪而來的五千四百件金銀器皿，交由猶大新任省長所羅巴伯（設巴薩）點收，更允許猶太人回到耶路撒冷重建聖殿。

回歸聖城　所羅巴伯帶領祭司長耶書亞及族人後裔共四萬二千三百六十人，一行浩浩蕩蕩朝向久違的殘破故里耶路撒冷前進。

預言成真　西元前 536 年，首批猶太人終於平安返抵聖城耶路撒冷，距第一次百姓被擄（前 606 年）剛好七十年，應驗當初先知耶利米的預言。

所羅巴伯重建聖殿

重建聖殿　所羅巴伯率所有回歸族人，在聖殿山上依照摩西律法書所寫的規範，誓言重建祭壇聖殿。

外邦阻擾　所羅巴伯重建聖殿過程，遭到附近外邦強烈阻擾，使得進度嚴重落後，甚至一段很長時間被迫停工（工程中斷約十六年之久）。

先知訓勉　先知哈該責備回歸者，用各種理由為藉口放任聖殿荒蕪而不顧，另一位先知撒迦利亞也告知族人，他得到神的吩咐，勸勉大家追隨所羅巴伯，儘速去完成民族的榮耀、聖殿的榮光。

工程延宕　前 520 年，聖殿已修復了十六年，但工程只完成極少部分，波斯河西總督達乃趁著新王上任之際，前來找麻煩，並向新王大流士（大利烏王）誣

告他們私自建造祭壇來擾亂當地民心。

全面復工　波斯新君大流士王重新查閱庫裡檔案文卷，證明當年有先王御旨批准的記錄，於是下令讓猶太人繼續建造聖殿（且各方人士不得阻礙工程進行）。

同心協力　受到波斯王的敕令與認可，猶太子民充滿信心與熱忱地投入參與聖殿的重建工作，但此時所羅巴伯就此失蹤，其餘工程是在祭司長耶書亞的指導下完成的。

★ 先知撒迦利亞在異象預言中對所羅巴伯大加讚揚，將他與彌賽亞（救世主）相提並論，後來的《新約聖經》福音書裡，耶穌的族譜中也記載所羅巴伯的名字。

聖殿竣工　前 516 年，聖殿終於竣工完成（歷時二十年），因為所羅巴伯對聖殿重建貢獻重大，所以第二聖殿也被稱為「所羅巴伯聖殿」，他在猶太人心目中享有很崇高的地位與榮譽。

第三節　　何謂第二次回歸　振興猶太民族的祭司（西元前458年）

認識以斯拉　以斯拉是利未支派大祭司亞倫的第十七代直系子孫，在波斯帝國宮廷裡擔任書記官。

重審律法　當時的波斯國王亞達薛西，要他依據律法調查猶太人的現狀，並准許他回去聖城教導百姓遵守律法及執行公正的審判。

回歸聖城　前 458 年，以斯拉帶領一萬多名散居在各地的猶太子民重返故里耶路撒冷。

人心大變　以斯拉是個學問淵博、通曉摩西律法的文士，很多第一批回歸者（約八十年前）的長老告訴他說：「在此地生根的猶太子民，仍舊不改以前的惡習，盲目崇拜異教偶像，甚至連母語（希伯來語）都不會說了。」

信仰不堅　以斯拉聽完不禁驚懼憂悶起來，迅速帶領百姓禁食禱告，認為猶太人與異族通婚情況日漸增多（信仰不堅定）不久後都會被異族同化。

嚴禁通婚　以斯拉為了導正族人觀念，在聖殿水門廣場召集百姓宣讀禁止與異族通婚的律法（已婚者必須離婚，並妥善將妻子送回原籍），立即得到示迦尼率先響應，他說妻子帶來異教信仰已冒犯了我們神聖的上帝，為避免重蹈覆轍，不是毀掉偶像就是斷絕婚姻。

以斯拉宣讀律法

遵行聖約　以斯拉每天在聖殿前朗讀長久以來被族人所遺忘的律法書（《妥拉》），每每唸到悲傷處就流下眼淚，這一幕讓猶太子民不禁對自己的行為感到羞愧，並願意發自內心的去遵行聖約。

重啟祭儀　以斯拉除了在婚姻與信仰上的宗教改革外，並訂定禮拜儀式與安息日的規制，也陸續恢復各項失傳的猶太節慶祭儀，（如住棚節時人民要在自家門前搭帳棚起居生活等）。

攜手合作　前 445 年，波斯王派遣尼希米接任省長，重建殘破不堪的城垣時，就與以斯拉祭司相互密切合作。

精萃信仰　在以斯拉大力呼籲引導下，猶太百姓逐漸恢復虔誠且純正精萃的宗教信仰，直至今日始終不變，以斯拉成為猶太教復興時期最重要的人物（居功厥偉）。

重整聖經　因《舊約聖經》（《塔納赫》）早在「巴比倫之囚」期間支離四散（沒有統一版本），在以斯拉號召下重新整理，寫出一本還原當初的聖經書，讓猶太信仰思想重新綻放異彩。

？

小常識

迦南七族
上帝賜給以色列人的「應許之地」（原名迦南地），原始在此生活的民族為挪亞次子含的後裔共有七族：①赫人、②革迦撒人、③亞摩利人、④迦南人、⑤比利洗人、⑥希未人、⑦耶布斯人，以上又稱為七國，最後均被約書亞征服。但是他們所信奉的宗教（巴力神膜拜）長久以來污穢著信仰不堅定的猶太子民，使他們心靈沉溺於墮落之中。

那地的民
猶太人第一次回歸重返耶路撒冷後，長住於此的外邦異族對他們充滿敵意，所羅巴伯重建聖殿期間，他們更多方阻撓破壞，使工程延宕，一度停工，最後依靠耶和華的權能，聖殿終於順利建成，猶太人對這些外邦異教的原住民，鄙稱他們是「那地的民」。

那地的民　迦南地七族

| 赫人 | 革迦撒人 | 亞摩利人 | 迦南人 | 比利洗人 | 希未人 | 耶布斯人 |

第四節　何謂第三次回歸 重建耶路撒冷城垣的人（西元前445年）

認識尼希米　他是猶太人哈迦利亞的兒子，在波斯首都蘇薩（書珊）的王宮裡擔任亞達薛西王的酒政（親信大臣）。

故里殘破　有天兄長哈拿尼從耶路撒冷回來，告訴尼希米故鄉的慘況，回歸到故里的猶太人民，又再度陷入罪惡墮落的深淵中，百姓膜拜偶像，任憑城牆傾圮不顧，昔日壯麗的聖城如今只剩斷垣殘壁。

向王訴苦　尼希米聽完後感慨萬千，持續斷食多日向神禱告，某天國王見他愁眉苦臉，問其緣由，他便向王傾訴苦衷。

仁慈國王　心胸寬大的亞達薛西王體諒他的心情，欣然允諾尼希米回到故里重建城牆（並資助修牆經費及材料）。

尼希米修築城牆

國王厚愛　尼希米受到國王厚愛感動不已，並被授命為猶大省長一職，回到耶路撒冷後立即召集猶太族人，共同進行城牆修復工程。

眾人擾亂　修築城牆期間，屢遭鄰近異族反對，更有當地自私狡獪的猶太地主多比雅聯合惡人參巴拉，進行蠻橫的阻擾與破壞。

瞬間完成　尼希米為了防止惡意滋事者的挑釁與搗亂，安排一半人員從事修建工事，另一半人員負責警戒守衛工作，並加緊修復進度（最後僅花五十二天時間完成修築工程）。

懲處惡人　擁有猶大貴族血統的富豪大地主多比雅，只顧及自身利益，不屑同胞安危，阻礙城牆重建，欺凌同胞，並把聖殿祭司室據為私用，最後被尼希米放逐，將其剝奪得來的不義之財歸還給百姓。

盡心盡力　尼希米擔任猶大省長十二年期間，以身作則，完全沒有收取任何報酬，堪稱當世楷模典範。

共同努力　尼希米與以斯拉祭司合作無間，共同致力於振興猶太民族大業而努力，兩人訂下「恢復對上帝的信仰」為共同目標，將已經沉淪墮落的猶太子民導向正道。

安享晚年　尼希米卸任省長一職後回到蘇薩（波斯首都），讓兄長哈拿尼和族長哈拿尼雅共同管理耶路撒冷（因他們兩人個性忠信又敬畏上帝），讓尼希米及百姓特別信賴放心。

★尼希米經過多年後，再次被徵召回到耶路撒冷（並在此度過晚年）。

認識美麗王后——以斯帖 原名：哈大沙

❶ 波斯第五任王亞哈隨魯 正史名為薛西斯一世（前 485 年～前 465 年）在位二十年，他統治的領域範圍從印度到古實（非洲衣索比亞），共 127 個省份，是個國土遼闊的大帝國。

后耍大牌 有次國王在首都蘇薩（書珊）王宮花園裡舉行為期七天的盛大宴會，邀請全城百姓參加，最後一天國王心血來潮，要讓臣民仰慕一下華麗王后瓦實提的風采，結果遭到自認清高的王后拒絕。

國王震怒 因為王后沒有做好尊重國王的本質義務（會給全國婦女帶來藐視丈夫的不良示範），在律法顧問米母干的建議下，把此事項增列於律法條文中（御令），因此瓦實提就依詔書所擬被廢黜后位。

國王選妃 過了一段時間，國王怒氣漸消，有意讓王后復位，但親信建議王應重新選后（王立即採納）。

❷ 新后誕生 蘇薩城（書珊城）有位猶太人末底改，他收養堂妹哈大沙（自幼父母皆亡，長得聰慧美麗），她被負責選后的官員希該相中，把她帶到王宮中讓國王召選（由於她端莊亮麗，馬上脫穎而出），國王對她一見傾心迅速立她為王后，並為她取了一個新名字「以斯帖」（意為星星）。

謀殺國王 以斯帖當上王后後，有謹記堂哥的叮嚀，要隱瞞自己是猶太人的身世，末底改為了關注王后生活狀況，取得王宮御門工作（就近照料），有天無意間發現兩名守衛員想要謀殺國王（即向王后回報）。

王后立功 以斯帖及時向國王轉告情報，經過調查後證實此事（將兩位陰謀者吊死），國王把末底改這次舉報功績記在王宮史冊上（並且更加寵愛以斯帖王后）。

❸ 哈曼惡相 國王任命哈曼為宰相（他是亞瑪力人，和猶太人有世仇關係），王下令宮殿所有人員見到哈曼要向他行跪拜禮（以示尊重），但是末底改從不向他行禮致敬，有人問他為何要違背王的命令，他解釋因為自己是猶太人，依照祖訓不能向亞甲人（亞瑪力人）低頭。

滅族計劃 此話傳到哈曼耳裡怒火中燒，計劃將境內所有猶太人滅絕，並用抽籤方式抽出亞達月十三日（約公曆二～三月間），將此日定為將猶太人種族滅絕的執行日（並開始散播猶太人是低賤惡劣民族）。

國王授權 哈曼捐出三萬四千枚銀幣給國庫，向國王稟報開始誣衊猶太民族是天生惡種必須根除，國王聽信讒言後，摘下手中一枚印戒，授權讓他去執行（並吩咐他把沒收來的財產歸他所有）。

寄託王后 哈曼就用王的印戒發出詔書，張貼在全國各地，公告發佈後，各省猶

太人震懾到悲痛欲絕，末底改此時認為所有猶太人的命運將全部寄託在以斯帖王后身上了。

不請自來 以斯帖在王宮內禁食禱告三天後，決定不顧生命安危強行去覲見國王（王宮規定若不蒙召喚，擅見王者死罪，除非國王伸出金杖以示赦免），王見后突然出現相當驚訝，心生愛憐便伸出金杖。

后邀宴會 王問后有何大事請求，以斯帖只是想邀請國王和宰相哈曼，明天出席她準備的筵席（王立即答應，並派人去通知哈曼出席）。

★ 當哈曼得知王后要親自宴請招待他時，不禁欣喜若狂，得意的向眾人炫耀一番。

王后再邀 隔日宴會時，王問她有何要求（即使她要半個王國，王也會答應），但以斯帖什麼都不要，只提出希望明天國王和宰相能再次出席她的宴會。

4 惡相捉狂 當哈曼得意著要離開王宮大門時，又見到末底改坐著，不向他行跪拜禮致敬，不禁火冒三丈，回去後向其他人說道：「連王后都對我隆重禮遇，而這猶太小子竟屢次對我無禮。」

惡妻獻計 哈曼妻子細利斯聽完後，建議打造一座十二公尺高的絞刑台，明天早上你就可以請求國王先將那個不知好歹的猶太人吊死（哈曼認為好主意，命人趕工打造）。

想起恩人 當晚國王徹夜難眠，便命人將王宮史冊拿來唸給他聽，當唸到末底改揭發門衛暗殺國王陰謀一事時，王問：「此事我們有賜予末底改什麼『榮譽』或『獎賞』嗎？」僕人回答：「沒有。」

哈曼出糗 隔天哈曼進宮要求國王立即處死末底改時，王對哈曼說：「我想賜榮譽給一個人該怎麼辦才好？」哈曼以為要賞賜的對象肯定是他，於是說：「要命王最尊貴的大臣替他穿上錦袍，扶他騎馬，引領他在城內遊行，而且邊走邊宣布：『看啊！王這樣報償自己要賞賜榮譽的人』。」

灰頭土臉 國王聽完後，馬上命哈曼把錦袍帶去給末底改穿上，扶他上馬，牽著馬走，且要連續高喊：「看啊！王這樣報償自己要賞賜榮譽的人。」

惡相赴宴 遊行完畢後，垂頭喪氣的哈曼回到家裡正想休息一下時，王宮太監前來催促他進宮赴宴，席間國王又問王后：「有何要求？即使要半個王國，王也會賜予。」

王后請求 以斯帖請求國王饒恕她和她的宗族百姓性命，如果被劊子手出賣為奴，他們還是會保持緘默，但如今要遭到滅族之禍，不得不站出來，代表所有猶太人向國王請願。

5 惡相被押 國王因已下詔全國，處於兩難局面，於是走到花園旁沉思，此時哈曼驚惶失措伏在王后褥前求饒，剛好被從花園回來的國王看到這幕，大為光火，以凌辱王后罪名將他扣押。

惡相報應 國王侍監哈波拿告訴國王說：「哈曼家裡有座巨型絞刑台」，王就下令用這台他自製的刑具把他吊死，沒收他所有財產賜予以斯帖，並將之前國王給惡相哈曼的印戒授給末底改，准許他爾後隨時進宮見王。

猶太重生 國王下令撤銷針對猶太人苛刻殺戮奪產的詔書，使各地猶太子民如劫後餘生，興高采烈的慶祝起來，並大肆讚揚以斯帖王后（成為拯救猶太人的民族女英雄）。

哈曼向以斯帖求饒

普珥節緣由 到了亞達月十三日，各地猶太人組織起來消滅想殺害他們的仇敵，因有末底改在宮中的權勢做後盾，一舉將反猶太人勢力全部清除殆盡，直至十五日才停止殺戮，並把這天定為普珥節，一直到現在每年都會舉行盛大慶祝儀式（象徵猶太人的重生）。

？

小常識

普珥
意為抽籤，因惡相哈曼用抽籤方式來決定滅絕猶太人的日期。
普珥節
每年亞達月（陽曆二～三月間）十四、十五日兩天定為普珥節
★ 節日期間猶太人會舉行宴會來慶祝，小孩會戴面具參加舞會，朋友互贈禮物，救濟窮人，還會烤三角型餅乾（據說源於哈曼耳朵造型）。

第六節　認識堅持真理的義人——約伯

❶ 敬神的義人 約伯世居於烏斯地區，他是一位品德高尚、虔誠敬畏上帝且從不做惡的義人，育有七子三女，婢僕成群，並擁有多到數不清的牲畜，富甲四方（是個無憂無慮的有錢人）。

★ 因為他的完美無瑕，後來成為上帝與撒旦（惡魔）試煉的對象，被捲入痛苦的深淵中。

受到試煉 有天眾天使在上帝前面侍立，撒旦隱藏在其中，上帝讚譽約伯是世上最虔誠敬畏上帝的人，此時撒旦卻不以為然的說：「如果他有天失去財富和幸福，就不會再敬畏神了，而且肯定會詛罵神。」上帝便以不加害約伯為條件，允許撒旦去試煉約伯。

噩耗連臨 撒旦開始得意的去執行他的試煉，於是約伯的僕人被殺、牲畜被人奪走、子女接連遭到意外事故而亡。

忍痛接受 噩耗接連傳來，約伯聞訊後伏地痛哭，遭受如此重大打擊，他沒有埋怨上帝，只說：「上帝賦予給我的東西，當然有權利收回」。

再受磨練 約伯失去一切重要事物後，仍堅持虔信上帝，撒旦又說：「人最重視自己的身體，若被病痛折磨，他一定會拋棄信仰。」上帝答應撒旦再去考驗他（但不能加害他）。

❷身心難受 可憐的約伯全身長滿惡臭膿包，生不如死、痛癢無比，其妻見狀勸他不要再固執的祈禱了，放棄信仰或許會痊癒，約伯說：「我們從神那裡得福，就不能受禍嗎？」

約伯自責 約伯的三位好友來探望他時，幾乎已認不出是約伯，約伯也痛苦到無力開口，朋友只好默默陪在他身邊七天七夜，第八天約伯終於開口詛咒自己（寧願一死，免受折磨）。

約伯忍痛

各有看法 三位友人各有自己的看法和建議，於是分別向約伯提出。

三種想法	1	以法利（提縵人）	你一定是犯了罪孽受到上帝懲罰	● 他的三位朋友以傳統宗教觀念來詮釋約伯災難（認為神不會無故懲罰義人，希望他趕緊認罪，才不會受盡折磨）。
	2	比勒達（書亞人）	一定是你家人得罪上帝你受處罰	
	3	瑣法（拿瑪人）	你內心已受到污染才會災禍臨身	

牢騷抱怨 三位好友出於善意的安慰，最後演變成爭辯與斥責，約伯極力反駁，否認他有犯下任何罪孽而抗辯，出於煩愁不禁對上帝發出牢騷（認為善良者走正道卻得不到善終，就好像鼓勵行惡者偏離正道，彰顯邪惡本質），希望上帝能給他一個答案。

妄議上帝 一位年輕人以利戶聽到他們的對話而出面糾正，認為約伯堅持自己是無辜的、沒有過錯，就是在與神爭辯，難道你認為神錯了嗎？為了突顯你的

？ 小常識

認識撒旦

● 撒旦意為「仇敵」後來和魔鬼同義，它是被上帝逐出天堂的惡靈（又稱墮落天使）常與上帝作對，曾三次用誘惑來試煉耶穌失敗。

【特徵】據記載它是長角、面部猙獰，鳥爪、手臂印有 666 惡魔標誌，常被畫成為蝙蝠或惡龍形象。

公義，難道要將神定罪嗎？

❸ 全能上帝 突然間上帝在旋風中出現，對約伯說，「我創造天地時，你在哪裡？是誰為大地定界？各種飛禽走獸又是誰為他們定性？你向全能者抗辯、責備神，你來回答這些問題。」

悟出真理 約伯終於體認到上帝的偉大及自身的渺小，向上帝請求寬恕，上帝認為約伯雖然欠缺常理判斷，但言行正直，並始終堅定自己的信仰，道德無瑕，甚感欣慰。

賜福約伯 然而約伯的三個友人因為所說的話與事實不符（因為約伯沒有犯錯）而觸怒上帝，約伯代替友人請求赦免其錯，最終上帝賜福予約伯，讓他財產和牲畜比以前多出兩倍，又賜給他更多的兒女，最後家庭興旺幸福地活到 140 歲。

第七節　認識愛國勇敢的寡婦──猶滴（友弟德）
★ 次經中的內容

猶滴簡介 猶滴是次經中友弟德傳的主角，她是一位寡婦，當年亞述大軍來犯時，大家束手無策準備投降，而她自告奮勇單槍匹馬深入敵營，取下敵將首級，因此反敗為勝。

❶ 不可一世 當年亞述打敗瑪代人（米底亞）後，大將軍赫羅弗尼斯（荷羅斐納）乘勝追擊，使地中海沿岸各地均恭順臣服於他（開始狂妄自大，把自己比擬到超越萬能的神）。

大軍圍城 亞述十二萬大軍四處征戰，兵力告急，遂向以色列強行徵兵結果遭拒，憤而率軍包圍伯夙利亞城（拜突里雅）三十四天，並將城中水源截斷。

已無鬥志 城中因嚴重缺水，百姓已無鬥志，長老們討論後做出最後決議，再堅持五天，若神不憐憫我們，就獻城投降吧。

❷ 挺身而出 寡婦猶滴三年前喪夫足不出戶，虔誠信奉上帝，當見到人民準備投降，而對長老們試探上帝的行為深感不妥，於是挺身而出。

深入敵營 猶滴向上帝祈禱後，濃妝豔抹帶著美酒一路暢行無阻的來到敵營大將軍帳前，對敵將施展美人計，並說可以幫亞述軍隊帶路攻進城內。

美人計出 敵將赫羅弗尼斯被猶滴美色誘惑，將她安置在營帳內，為了與猶滴同床共寢，就在帳內飲酒作樂，直到深夜猶滴拔出短刀，將爛醉

猶滴剿敵

如泥的將軍頭顱割下，逃離現場。

巾幗英雄 　猶滴成功回到城內後，將亞述元帥赫羅弗尼斯的首級掛在城牆上示眾，以色列軍民士氣大振，而亞述軍隊因主帥被殺，士氣重挫，未戰自潰，伯夙利亞城解危，猶滴成為巾幗英雄。

❸ 聽天由命 　耶路撒冷大祭司約雅金深獲百姓的敬愛與信賴，但當亞述大軍入侵包圍伯夙利亞城時，他因為缺乏軍事經驗而束手無策（只能向神祈禱，完全幫不上忙）。

舉國狂歡 　當猶滴單身勇闖敵營、擊殺敵將大獲全勝的消息傳到聖城後，舉國狂歡，並興高采烈的將猶滴迎接到耶路撒冷，接受百姓的歡呼讚頌（慶典持續三個月）。

第八節　認識旅程中被天使守護的人——多比（多俾亞）
★ 次經中的內容

❶ 樂善好施 　托彼特是個信仰虔誠的人，和妻兒一起被亞述人擄到尼尼微城（亞述首都），仍嚴守律法，時常大方救濟窮人，對橫死街頭同胞加以妥善處理（幫其安葬）。

自暴自棄 　有天托彼特不小心眼中掉進鳥糞而失明，因此對人生思維發生變化，常與妻子吵架，諸事不順每天心情低落，常向神祈禱希望能早日歸天（不想活）。

父給任務 　他讓兒子多比（多俾亞）去瑪代地區的拉格斯城找尋失聯多年的甘比爾，取回當年寄放在他家中的三袋銀錢。

多比的旅行

天使伴旅 　多比按照父親吩咐起程前往瑪代，但是對拉格斯城的路程完全不熟，幸好遇到自稱阿納尼雅的青年（天使拉斐爾的化身）因順道願意幫他帶路同行前往。
★ 因此天使拉斐爾和多比加上一隻狗成為此行程的旅伴。

❷ 魚成藥材 　在經過底格里斯河畔，多比在洗腳時差點被一隻大魚咬傷，阿納尼雅（天使化身）叫他把魚拖上岸來，教他把魚膽、魚心、魚肝保存好（可做成良藥）。

色魔橫行 　當來到拉格斯城時，阿納尼雅鼓勵他去追求該城溫柔賢淑的處女撒拉（她已嫁人七次，但每當新婚之夜丈夫就被惡魔殺害）。

★ 惡魔阿斯摩太心儀撒拉美貌，不想讓其他男人接近她。

多比隱痛 多比雖然對撒拉產生憐憫愛慕之意，但還是怕被惡魔殺害而無法完成父親交付給他的使命（取回寄放該地的三袋錢財）。

指點迷津 阿納尼雅說：「你父親不是有吩咐你，一定要娶宗族的女孩為妻嗎？她就是符合你條件的完美女人。」於是教他拿出之前在魚身上取出的魚心及魚肝，放在香爐火炭中燻烤，惡魔聞到氣味必會竄逃。

3 制服色魔 多比就依他的指示，用魚的腥味果真把惡魔燻跑（後來被天使拉斐爾制服），撒拉的父母並不知道惡魔已被驅離，連夜悲傷的幫新郎挖掘墳墓。

女婿無恙 次日一早見到女婿平安無事，不禁全家喜極而泣，一起讚美耶和華上帝。

信任旅伴 多比因結婚耽擱要去甘比爾家取回寄放的錢財任務，於是將契據託交給阿納尼雅幫他去執行。

如數歸還 當甘比爾得知多比已和撒拉結為夫妻而歡天喜地，也將二十年前封存的三袋錢銀交給阿納尼雅，讓其轉交給多比（並奉上滿滿的祝福）。

★ 此事突顯多比對旅伴的百般信任。

幸福人生 多比帶著新婚妻子及三袋錢銀回家，又依照阿納尼雅的指示，將魚膽敷在父親的眼睛上，使其立即復明，當他們要把財產一半分給大恩人阿納尼雅時，他這才表明自己是天使拉斐爾，出於上帝的旨意而行事（成為多比這趟旅程的守護天使），全家下跪感謝上帝的賜福，從此全家過著幸福美滿的人生。

第十二章
認識沉默時期的猶太曙光 西元前 168 年～前 37 年 共計 131 年

第一節　　塞琉古王朝的崛起 猶太人的新主人

① 沿革　北朝以色列王國被亞述帝國滅亡後不久，南朝猶大王國也被新巴比倫王國併吞，隨後波斯帝國崛起管轄整個以色列地區，直到希臘馬其頓帝國的亞歷山大大帝建立一個跨越歐亞非三洲的龐大帝國。

英雄氣短　亞歷山大大帝在位僅十二年，突然於前 323 年在巴比倫驟逝（享年三十二歲），死後其諸將領各自為政，據霸一方（相繼自我加冕為王），較有實力的有三大王朝。

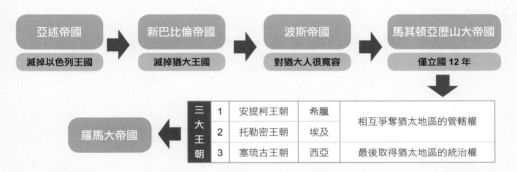

② 軍閥混戰　塞琉古（西流基）在亞歷山大大帝猝死後，被任命為巴比倫城總督，但是不久後被安提柯（亞歷山大最優秀的將領）驅逐出境，迫使他投奔埃及總督托勒密（亞歷山大的遠親，後來建立托勒密王朝），托勒密將亞歷山大遺體奪走安葬在他的首都，改名為「亞歷山卓」。

日益壯大　塞琉古在埃及受到托勒密的協助下，於前 311 年重返巴比倫，並於前 305 年在敘利亞建立「塞琉古王朝」（聖經稱西流基王朝），又稱敘利亞王朝，中國人稱其為條支。

入主耶城　塞琉古王第六任君王安條克三世，十八歲即位，雄才大略，於前 200 年從托勒密王朝手中取得耶路撒冷的控制權（成為猶太人新主人，百姓享有高度宗教自主權）。

奪權成功　安條克三世的三子米特里達梯曾被送往羅馬擔任人質十五年，其兄長塞琉古四世即位後，他才離開羅馬前往希臘求學，不久後其兄被刺身亡，他冒險潛回國內發動兵變奪權成功。

惡王登基　米特里達梯成為塞琉古王朝第八任國王，名號安條克四世（聖經記為

安提約古四世）。

★ 他差點征服埃及的托勒密王朝，最後在羅馬共和的干
涉下不得已才撤軍。

黑暗時期 前 170 年，安條克四世開始實行希臘化政策（因
他曾在希臘求學），引進希臘宗教宙斯信仰，強迫耶路
撒冷停止猶太教禮儀，廢止聖殿燔祭（禁止守安息日和
任何節慶），燒毀律法書和殺害猶太祭司，也不准給小
孩行割禮（違者一律處死）。

安條克四世

財富暴露 安條克四世聽聞從巴比倫到亞歷山卓的猶太人，每年都會向聖殿繳交
什一稅，使得聖所的財富堆得滿山滿室，聖職人員家裡寶物盆滿缽滿。

強行沒收 安條克四世派遣阿波羅尼奧斯將軍前往耶路撒冷，將聖殿內的財產全
部沒收，並對反抗的猶太人採取強烈鎮壓行動。

第二節　瑪他提亞的起義 號召猶太人拒絕敬奉異教神祇的大反抗運動

虔誠家族 前 168 年，耶路撒冷附近摩迪因（摩丁）小鎮，有位叫瑪他提亞的猶
太老祭司，他有五個兒子，都是虔誠堅守自己宗教信仰的猶太人。

強迫改教 有天塞琉古朝廷官吏上門要老祭司以身作則，領導百姓向宙斯大神獻
祭，證明他們已經不是猶太教徒，但遭到嚴詞拒絕。

族人叛教 此時竟然有同胞背棄猶太信仰改向異教偶像獻祭，令瑪他提亞怒火中
燒，拔刀殺死那些叛教徒，並將在場官吏全部殺光。

點燃戰火 瑪他提亞拆毀異教神壇
後高喊：「凡願意守約的人就
跟隨我」，接著帶領一群虔誠
的信徒及五個兒子逃往山區藏
匿（這些人被稱為義人，成為
以後法利賽派的先驅）。

瑪他提亞五個兒子	長子	約翰・迦迪（若望・加狄）
	次子	西門・太西（息孟・塔息）
	三子	猶大・馬加比（猶達・瑪加伯）
	四子	以利亞撒・阿瓦蘭（厄肋阿匝爾・奧郎）
	五子	約拿單・亞斐斯（約納堂・阿弗斯）

對抗異教 有眾多不願崇拜異教的子民（虔信者）陸續到山區加入他們，佔山為
王，形成一個獨立的小猶太國度。

安息日之擊 安條克四世利用猶太人安息日當天進行圍剿（因猶太人極為虔信教
義，遵守安息日不能動武的戒律），在毫無抵抗的情況下，犧牲了千餘人性
命。

痛定思痛 瑪他提亞因同胞慘遭殺戮十分悲痛，在眾民商議下決定以後縱使是在
安息日當天被襲擊也要反擊抵抗。

組織擴大 這次屠殺事件消息傳遍整個猶太各地，加速更多猶太子民前來組成游擊隊。

臨終遺命 瑪他提亞臨終前對兒子訓勉繼續完成復興民族、遵行聖約的使命，在施予祝福後就安然辭世（遺命由三子猶大作為領袖，次子西門為參謀，繼續為反抗暴政而奮戰）。

第三節　馬加比革命　意為猶太人的鐵槌　前166年～前143年，共計23年

❶ 猶大‧馬加比領導期間

繼承父業 三子猶大是個驍勇善戰的奇葩，有「馬加比」的稱號（意為鐵槌），所以後來都稱他為馬加比。

奪回聖城 他率領義軍揭竿起事奮戰各地，數度將強敵擊退，經過多年的游擊戰，最後終於如願以償，欣喜奪回耶路撒冷聖城（將異教祭壇拆除、神像毀壞）。

獻殿節緣由　前164年，馬加比在聖殿裡（已被異教祭壇玷污三年之久），舉行隆重猶太教淨化儀式，當時燭台的燈油只剩一小份，但在連續八天的獻祭儀式中，燭火卻奇蹟般未曾熄滅過。

馬加比點燃燈台

★ 這一天成為猶太教的光明節（又稱哈奴卡節或獻殿節）的緣由，傳承至今。

每戰皆捷 猶大‧馬加比在聖城（耶路撒冷）開始恢復猶太教傳統信仰，因此激怒周遭推行希臘化政策的外邦異族，聯合圍攻聖城，但馬加比每戰皆捷，猶太勢力迅速擴充到附近地區。

擴大領地 安條克四世在東征期間，癲癇發作墜馬而亡，王國呈現分裂局面（內戰），馬加比聽聞國王死訊後，更加放膽攻擊被完全希臘化的亞革拉城。

大軍壓境 敵將呂西亞（里息雅）率領一支十萬步兵、二萬騎兵和受過軍訓的三十二頭大象，浩浩蕩蕩的前來討伐。

★ 呂西亞將軍是新繼位幼君（安條克五世）的攝政王。

四弟陣亡 呂西亞軍以大象作為主力，聲勢凌人，使人不戰而慄，義軍潰敗逃逸，混亂中以利亞撒（馬加比四弟）誤以為披著豪華飾品的戰象是敵軍主帥坐

大象軍隊

騎，奮不顧身英勇殺去，結果慘死（成為馬加比五虎兄弟中第一個壯烈犧牲者）。

固守聖城 在敵眾我寡、且有戰象為主力的強悍軍團進逼下，馬加比被迫撤回耶路撒冷固守與敵軍對峙。

雙方議和 此時塞琉古首都傳來宮廷政變消息，呂西亞將軍急於回去處理，只好與馬加比議和停戰。

議和條約 條約中載明猶太人需要接受塞琉古王朝的管轄，但可享有高度的自治權（包括宗教信仰及恪守自己的律法和傳統生活習俗）。

改朝換代 趕回宮廷的呂西亞和他所擁立的安條克五世（時年九歲）在政變中慘遭殺害。

撕約討伐 前 162 年，新任國王德米特里一世（底米丟一世）立即撕毀呂西亞與馬加比共同簽訂的合約，再度施行高壓統治手段，捕殺猶太義軍。

八百壯士 馬加比原有三千士兵，因見敵眾且裝備精良，未戰先潰，最後只剩下八百名士兵。

聖城陷落 猶大・馬加比明知這是一場以卵擊石的戰役，但還是執意奮戰到底，最後被殲滅殉國，耶路撒冷再度落入異族手中。

❷ 約拿單領導期間

長期對抗 馬加比死後，其弟約拿單（約納堂）接續領導義軍，他們退守到約旦河畔駐守，與塞琉古軍展開長達十年的游擊戰。

兩面政策 約拿單等到了塞琉古王朝宮廷的內亂期（王位爭奪戰）契機中，從中取得重大利益（起死回生），玩起兩面外交手法，成為兩派王位競爭者的拉攏對象（使他擁有猶太外交官稱號）。

兩王對立

第 10 任國王｜德米特里一世	←→ 爭奪王位	第 11 任國王｜亞歷山大・巴拉斯	最後勝出

締結同盟 塞琉古王朝宮廷內鬥激烈從未停歇，王位更迭頻繁，野心家特里豐（特利弗）扶植才二歲的安條克六世繼任為第十三任國王（自己成為攝政王而總攬大權），同時與猶太領袖約拿單締結同盟關係（共同對抗德米特里王室家族）。

誘殺成功 不久後特里豐發覺約拿單聲望極高，同時也是一位見風轉舵的高手，對其產生戒心，因此誘騙約拿單到托勒邁斯港口（謊稱要把該城託他管理），將其殺害。

第四節　　哈斯蒙尼王朝　猶太獨立王國　前143年～前37年，共計106年

① 西門‧太西領導期間

尋求獨立　約拿單遇難後，其二哥西門‧太西接續領導猶太人，並排除萬難，成功奪回耶路撒冷，建立「哈斯蒙尼王國」（猶太人獨立國家）。

★ 哈斯蒙尼是他們先祖的名字。

獲得承認　獨立後的哈斯蒙尼猶太王國與當時強盛的羅馬、埃及、斯巴達等國訂有同盟關係，鞏固了自己被承認的政治地位。

西門元年　前 143 年，西門‧太西成為國王，領袖、統帥（軍事）、祭司（宗教）頭銜集於一身，相當威風，但是他因為不是大衛的子孫及利未派祭司後裔（在猶太人心目中不能算是完美的領袖），僅被視為士師。

西門‧太西

敵國內亂　塞琉古王朝宮廷內鬥加劇，攝政王特里豐竟然毒殺傀儡小國王（安條克六世），自己篡位為王（成為第十四任國王），但不久後又被從洛多島潛行回國的安條克七世推翻政權（自殺身亡）。

來者不善　安條克七世（第十五任國王）派遣使者去見西門‧太西國王，敦促他立即歸還土地及繳納稅金（否則將以兵刃相見）。

使者被辱　西門‧太西對使者說：「我們不過是取回我們祖先的產業罷了」，使者回報後，塞琉古國王立即任命耕德巴為司令，率軍討伐猶太人。

首場勝戰　耕德巴率軍隊與西門‧太西的兩個兒子在克德龍溪畔展開決戰，結果大敗而歸（哈斯蒙尼王朝贏得獨立以來首場勝戰）。

政變被殺　前 134 年，西門‧太西帶著兩個兒子（瑪塔提亞和猶大）到耶利哥城視察，卻被覬覦王位的女婿以晚宴接待為由將他們謀殺。

保住血脈　西門‧太西唯一存留的兒子約翰‧許爾堪迅速展開反擊，將姐夫擊殺（延續王朝血脈）。

② 哈斯蒙尼王朝歷代國王領導期間

新時代來臨　西門‧太西死後，代表馬加比五虎時代的結束（全部殉死），新的世代時期來臨。

黃金時代　第二任國王約翰‧許爾堪統治下的哈斯蒙尼王朝欣欣向榮，處於和平強盛的黃金時代（共計三十年）。此階段期間的塞琉古王朝處於宮廷內亂（王位爭奪），軍閥割據而一發不可收拾的混亂局勢（自顧不暇，已無能力管轄猶太人）。

`第三任王` 亞里斯多布殺害很得民心的幼弟安提哥納斯，不久後發瘋而死（在位僅一年）。

`第四任王` 亞歷山大・楊紐是個狂傲凶殘的暴君，有「色雷斯」封號（意為野蠻人），敵視宗教法利賽派成員，屠殺百姓，最後因酒精中毒而死（臨終前將王位讓給妻子繼承）。

`第五任王` 撒羅米・亞歷珊德與法利賽派取得和解共同合作，人民生活安逸（十年和平期）。

`第六任王` 約翰・許爾堪二世是長子，卻缺乏活力，而其弟亞里斯多布二世則精力過剩，最後亞里斯多布二世在耶利哥附近擊敗其兄，成功篡登王位。

`第七任王` 亞里斯多布二世雖然登上王位，但先王（其兄約翰・許爾堪二世）受到以土買人（以東人）的總督安提帕特二世支持和操縱下，開始與其弟再度展開王位爭奪戰。

`強國壓境` 前 64 年，羅馬龐培（龐貝）將軍滅掉塞琉古王朝、併吞敘利亞地區，開始向猶太地區的哈斯蒙尼王朝發出停戰制約令（在該地區的任何衝突均需由他來做裁決）。

`飛蛾撲火` 愚蠢又魯莽的亞里斯多布二世，竟然低估羅馬軍團的實力，違背停火制約令，公然興兵向其兄約翰・許爾堪二世發動突擊（無視龐培將軍的禁令）。

第五節　羅馬人入主耶路撒冷

❶ 聖城淪陷　前 63 年，羅馬統帥龐培率軍圍困耶路撒冷長達三個月後破城而入（一萬二千多名猶太人被殺），城牆被毀、君王被罷黜（亞里斯多布二世被處死）。

`國王變祭司` 馬加比王室家族被廢除國王封號，前任國王約翰・許爾堪二世被任命為大祭司（僅掌宗教權），而他的參謀安提帕特二世被任命為行政官（掌政治），成為羅馬的從屬國。

`前三頭政治` 羅馬龐培東征勝利後凱旋歸國，與凱撒及克拉蘇組成三人秘密同盟，一起對抗羅馬元老院的勢力，史稱「前三頭同盟」。

`反目成仇` 凱撒當選前三頭同盟的執政官，克拉蘇為了贏得功績，在與帕提亞王朝（安息王國）在卡萊戰役中不幸陣亡，使得局勢發生變化，龐培開始拉攏元老院，與凱撒爭奪最高權力。

`羅馬內戰` 前 49 年，羅馬爆發內戰（凱撒與龐培針鋒相對），龐培不敵逃往埃及避難，但遭到托勒密十三世出賣，為了討好凱撒將其殺害（凱撒成為羅馬終

身執政官）。

埃及豔后

埃及豔后 凱撒平息龐培勢力後，在埃及發現國王托勒密十三世與妻子（其姐）克麗奧佩脫拉為了王位繼承，雙方正在劍拔弩張中，凱撒被克麗奧佩脫拉（時年二十一歲）的美貌魅力吸引，拜倒石榴裙下，於是罷黜托勒密十三世，改立她為國王（史稱埃及豔后，她是托勒密王朝的末代女王）。

身陷泥沼 凱撒與情婦（埃及女王）生下一子凱撒里昂，不久後埃及人起事兵變，反抗羅馬人及女王，凱撒身陷埃及無法脫身，情況危急。

擁戴有功 此時具有敏銳政治眼光的猶太行政官安提帕特二世（以前是龐培的支持者）率三千名猶太軍隊，幫凱撒解危，安渡難關。

獲得重賞 凱撒返回羅馬途中，順道參訪耶路撒冷，並出資重修聖殿工程，更賦予安提帕特二世擁有羅馬公民權，擔任羅馬駐猶太地區總督一職（成為猶太人的最高領導者）。

❷ 分封兩子 新任猶太總督安提帕特二世，將耶路撒冷附近交給長子法賽爾管理，加利利地區給次子希律（後來的大希律王）管理。

少年暴君 十五歲的次子希律年輕時就顯露出獨裁霸道的本性，時常未經猶太公會授權就自行審判，讓猶太人對他非常厭惡與排斥（但他卻受到其父的誇讚欣賞）。

後三頭政治 前43年，羅馬凱撒大帝遇刺身亡，他的養子屋大維掌握政權，與安東尼（凱撒部將）及雷必達（騎兵司令）結成同盟，史稱「後三頭同盟」。

猶太政變 同年猶太總督安提帕特二世被政敵毒死，其兩個兒子（法賽爾及希律）被羅馬安東尼賦予管理統治猶太地區。

政治聯姻 希律為鞏固自己在猶太地區的權力與聲望，與馬加比王室家族的公主米利暗尼結婚（希望用政治聯姻來改善猶太人對他的偏見）。

希律逃亡 前40年，猶太人的馬加比王室家族聯合帕提亞王朝（安息王國），奪回耶路撒冷的統治權，法賽爾被殺身亡，希律突圍逃往埃及尋求羅馬庇護與解危。

第六節　大希律王朝時代的來臨

1 希律因禍得福 希律受到埃及女王克麗奧佩脫拉的保護下平安抵達羅馬，在元老會議中獲得屋大維及安東尼的支持成為猶太國王（以前只是總督而已，可說是因禍得福）。

希律王

馬加比家族的末日 希律逃難期間，在聖城的馬加比家族王子安提哥納斯（安蒂岡努斯），在帕提亞王朝（安息王國）的擁立下，再度被任命為哈斯蒙尼王朝的國王（末代國王）。

奪回聖城 希律夥同羅馬主帥安東尼聯合擊退安息王國，隨後奪回耶路撒冷，將安提哥納斯斬首示眾（馬加比家族建立的哈斯蒙尼王朝徹底覆滅）。

希律掌權 前 37 年，希律正式成為猶太人的君王（史稱希律王），此時羅馬安東尼將軍在東征期間損兵折將，在羅馬的聲望一落千丈，幸好在埃及女王的接濟下得以重振起來（最後女王成為其情婦）。

隱忍待機 希律王入主耶路撒冷後，在聖殿北方興建一座方型城堡，以安東尼的名字命名（即安東尼亞堡）。雖然希律王已經是猶太地區的國王，但是馬加比王室家族還是深具影響力（受到猶太人民擁戴），使希律王不得不隱忍待機，繼續禮遇尊崇前馬加比王室成員。

羅馬內戰 前 32 年，元老院解除安東尼的「最高統帥權」，隨後屋大維向埃及女王宣戰（安東尼叛變加入埃及行列），雙方展開一場決定世界霸權的戰爭（亞克興海戰役）。

見風轉舵 猶太希律王擁有敏銳的政治遠見（與其父一樣精幹狡猾），馬上見風轉舵，將前途押注在羅馬屋大維這方（背棄安東尼）。

羅馬大帝 前 30 年屋大維奪下埃及，托勒密王朝滅亡（安東尼拔刀自盡，埃及女王克麗奧佩脫拉放毒蛇咬死自己），屋大維成為首任羅馬皇帝，並獲得「奧古斯都」封號（意為至尊），時年 33 歲。

2 大希律王期間 希律王因對屋大維擁立有功，其領地被擴大到約旦、敘利亞及黎巴嫩間（成為名副其實的大希律王）。

本性顯露 大希律王掌控巴勒斯坦全境後，不再特意討好猶太人，認為當初的政治聯姻（娶馬加比家族的公主）如今成為政治毒瘤，威脅到其王權。

清洗血脈 大希律王於是展開血腥清洗行動，將有馬加比家族血統的王后米利暗尼及兩個親生兒子全數處死。

人不如豬 大希律王將具有馬加比家族血緣關係的成員趕盡殺絕，連自己親生的兒子也不放過，羅馬奧古斯都大帝曾笑說：「做希律的豬比做他兒子好。」（因猶太人不吃豬肉）

| 希律聖殿 | 大希律王雙手血腥，深怕幽魂在宮中徘徊，為了撫平猶太人的仇恨以及自己內心的恐懼，於是在西元前 19 年重修第二聖殿（史稱希律聖殿）。 |

屠嬰事件 大希律王晚年得了爛瘡，全身散發出惡臭，使他精神異常、殺戮成性，當他聽聞「天有異象，顯示有聖主降臨」時，竟然下達屠嬰令（將附近城市兩歲以下的男嬰全部處死）。

★ 馬利亞與約瑟夫聽聞屠嬰令後，迅速帶著聖嬰逃往埃及避難。

❸ 分封王期間 前 4 年，大希律王全身糜爛發癢（在生不如死的掙扎下結束生命），享年 78 歲，在位 37 年。

希律分地 希律王遺囑將其領地分封給他其中三個兒子繼承。

三分封王	希律·亞基老	統治	耶路撒冷、以東、猶大及撒瑪利亞地區
	希律·安提帕		加利利、比利亞地區
	希律·腓力二世		以土利亞到特拉可尼的戈蘭、巴珊等地區

長子被黜 大希律王之子亞基老統治猶大期間，聲譽極差，生活淫亂，被猶太民眾集體投訴，最後被羅馬皇帝罷黜（將他流放到高盧地區）。

★ 猶大地區正式成為羅馬的行政省。

奮銳黨成立 西元 6 年，分封王亞基老被廢黜後，改由羅馬科坡紐接任猶大地區總督，他下令向猶太人徵收人頭稅（凡拒交者成為奴隸），於是在該區域誕生一個秘密組織團體「卡納因」，史稱奮銳黨（意為狂熱者），與羅馬當局進行強烈抗爭，他們手持短刀伺機刺殺羅馬官僚（又被稱為短刀黨）。

第七節　基督教的建立 基督教初創時期的大事件

約翰斥王 施洗者約翰曾幫耶穌洗禮（他是耶穌的表哥，同時也是第一位見證耶穌是神之子的人）他多次指責分封王希律·安提帕王與其兄弟腓力一世之妻希羅底通姦不倫，讓王對他恨之入骨，將其逮捕入獄。

賞賜願望 西元 29 年，希律·安提帕在生日當天，請來女兒莎樂美跳舞助興，歡欣之餘要賞賜給她自選的任何禮物。

蛇蠍女人 莎樂美在母親希羅底慫恿下說要「約翰的頭顱」，於是希律·安提帕王將約翰的首級割下賞賜給女兒做禮物。

施洗者約翰殉難

西頓

推羅

腓尼基

西律王朝時代的巴勒斯坦地區圖

以土利亞

黑門山

腓力二世分封王的領地

敘利亞

高拉尼提斯

迦百農　伯賽大

加利利

他泊山

拿撒勒

迦密山

巴坦尼亞

特拉可尼

奧蘭尼提斯

低加波利

安提帕分封王的領地

凱撒利亞

大　海

（地中海）

西貝提（撒馬利亞）

示劍

撒馬利亞

比利亞

非利斯提亞

猶大地

伯特利

耶利哥

耶路撒冷

希律堡

尼波山

亞拉巴海

以土買

希伯崙

別是巴

馬薩他

亞基老分封王的領地

拿巴提（納巴泰）

【希律王朝時期三位分封王】

A 亞基老

管治撒瑪利亞、猶大、以土買

B 安提帕

管治加利利及比利亞（算是耶穌的領主）

C 腓力二世

管治以土利亞到特拉可尼等五個區域

希律王朝時代的巴勒斯坦地區圖

約翰遇難 施洗者約翰在加利利地區威望頗高，使希律・安提帕王對他略有顧忌，但也不敢無故殺他，如今藉由女兒的願望，順勢拔掉眼中釘。

最後晚餐 西元 30 年，逾越節當晚（最後晚餐），耶穌被門徒之一的猶大出賣（為了三十枚銀幣），最後被以妄稱猶太人的王罪名遭到磔刑（釘十字架處死）。

保羅皈依 西元 35 年，專門虐殺基督徒的法利賽派狂熱份子掃羅，突然受到耶穌聖靈感召成為一位虔信忠誠的信徒，並改名為保羅。

基督教奠基者 保羅三次傳道之旅，將基督教教義傳播到歐洲地區，最後演變成世界三大宗教之首，也因此他成為基督教的奠基者。

暴君尼祿 西元 64 年，羅馬發生大火（尼祿皇帝自導自演），基督教徒被指控為縱火元兇，開始遭到鎮壓逮捕迫害（包括十二使徒之首彼得及保羅，兩人同時於西元 67 年被殺害殉教）。

第八節　第一次猶太戰爭　西元66年～73年，共計8年
➡ 導致聖殿徹底被毀

同受迫害 西元 64 年，羅馬暴君尼祿在羅馬城殘害基督教徒的同時，遠在猶太地區的羅馬總督弗洛魯斯，也在耶路撒冷肆無忌憚的施暴猶太人。

大起義事件 羅馬總督某日竟然強闖聖殿奪取財物，準備上貢給暴君尼祿（巴結皇帝），猶太人在奮銳黨西卡里的帶領下，引爆大規模動亂事件，鮮血染紅了整座聖殿（史稱第一次猶太戰爭）。

暴君尼祿

協調失敗 猶太王希律・亞基帕二世緊急趕到耶路撒冷召開商議，希望和平解決爭端，但他處事偏袒倒向羅馬一方，終遭猶太狂熱份子敵視，揚言推翻他的政權（協調破局），亞基帕二世決定向羅馬求援。

全面開戰 西元 66 年，羅馬尼祿皇帝派老將維斯帕先（他的綽號是「騾夫」，後來成為羅馬皇帝）率領大軍前來掃蕩巴勒斯坦地區猶太反叛份子。

頑強抵抗 羅馬統帥原先以為能迅速平息動亂，但萬萬沒想到遭到猶太人頑強抵抗而損兵折將。

羅馬內訌 西元 68 年，羅馬統帥維斯帕先費了九牛二虎之力，終於攻陷耶利哥城，此時羅馬宮廷傳來政變消息，因暴君尼祿被暗殺身亡而內戰爆發，一年內連續更換三位皇帝。

爭得王位 遠在西亞地區作戰的羅馬統帥維斯帕先，被將士擁立為皇帝，他讓兒

子提圖斯（提多）接續自己的指揮權，駐守在巴勒斯坦一帶，自己返回羅馬登基取得皇帝寶位。

第九節　第二次聖殿徹底被毀

全面進攻　西元 70 年耶路撒冷已被羅馬大軍圍城三年，仍不投降，於是羅馬提圖斯將軍發動總攻擊，一鼓作氣將耶路撒冷攻陷，展開瘋狂殺戮行動，起義軍堆屍如山、血流成河。

瘋狂破壞　提圖斯下令將耶路撒冷徹底剷平，隨後一把火將宏偉壯麗的聖殿燒成灰燼成為廢墟。

★ 距上一次第一次聖殿徹底被毀後相隔 656 年。

聖殿被毀

凱旋歸國　提圖斯將軍攻佔整個猶太地區後，凱旋回到羅馬與父皇（維斯帕先）一起頭戴桂冠、身著紫袍接受羅馬市民的歡呼，並建有一座凱旋門以茲紀念。

★ 這座凱旋門迄今仍矗立於羅馬市中心，被猶太人視為屈辱的象徵，絕不會造訪或通過此門。

死守要塞　耶路撒冷陷落後，一些猶太人繼續在各地與羅馬人對抗，其中以死海之濱的馬薩達要塞抵抗時間最長久（頑強抵抗三年，結局也最為悲壯）。

壯烈犧牲　西元 73 年，羅馬錫爾瓦將軍率部攻陷馬薩達要塞時，只有整齊排列 967 具男女老少的屍體（因拒絕投降，採集體殉死）。

★ 因猶太教教義禁止自殺，於是用抽籤方式殺死同胞，最後一人再行自殺。

永不再陷　馬薩達要塞（歷史古蹟）現已成為當代以色列新兵訓練時期，必定到訪之處（在此宣誓馬薩達要塞將永不再陷落的誓言）。

第十節　第二次猶太戰爭（巴柯巴起義）

西元132年～136年，共計5年 ➡ **導致猶太人大流散**

❶ 引爆爭端　西元 130 年，羅馬皇帝哈德良禁止猶太人守安息日、行割禮、閱讀律法書，並要在耶路撒冷建造羅馬神廟，把猶太人趕出聖城，再度引爆猶太人的怒火。

揭竿起義　西元 132 年，大衛家族後裔西門・巴柯巴，他自稱是以色列王（星辰

之子），揭竿起義，史稱「第二次猶太戰爭」（巴柯巴起義）。

全軍覆沒 猶太起義軍一度收復耶路撒冷，但三年後被羅馬大軍壓境，死傷慘重，58 萬名猶太人被屠殺（領袖巴柯巴戰死，首級被獻給羅馬皇帝哈德良）。

② 大流散時代的來臨｜西元 135 年～ 1948 年，共 1813 年（成為國際難民）

全面羅馬化 西元 135 年，羅馬哈德良皇帝想將耶路撒冷名字從地圖中徹底抹除，改名為「愛利亞加比多納」，改造成一座古典風格的羅馬城市，嚴禁猶太人進入該城（違者處死）。

★ 猶太地區被改名為「巴勒斯坦」，成為羅馬敘利亞省的一個行政區。

驅逐出境 羅馬哈德良皇帝認為猶太人一再興兵起義，其根基點源於猶太教的信仰，於是下令將巴勒斯坦境內所有猶太人驅逐出境，被稱為「加路特」（意為流放他處）。

國際難民 猶太人大流散時代的來臨（流浪散居四處），無依無靠，成為一個沒有祖國、沒有土地、沒有人權及尊嚴的國際難民（他們唯一共通點就是對猶太教的虔信），這種狀況一直到西元 1948 年以色列建國為止。

痛定思痛 當猶太人被迫流難到世界各地後，才突然覺醒意識到他們是上帝特別揀選的子民，負有與上帝之約的特殊使命，開始自發性的嚴守戒律、虔信反省，世代子民牢記在心，最終得到神的寬恕，使他們回歸到祖先的地業。

? **小常識**

認識聖經裡的人瑞

亞當家族的十代子孫
● **（1）亞當**—930 歲 ● **（2）賽特**—912 歲 ● **（3）以挪士**—905 歲
● **（4）該南**—910 歲 ● **（5）瑪勒列**—895 歲 ● **（6）雅列**—962 歲
● **（7）以諾**—365 歲（與神同行 300 年） ● **（8）瑪土撒拉**—969 歲（全世界活最久的人） ● **（9）拉麥**—777 歲 ● **（10）挪亞**—950 歲

● 閃—600 歲 ● 他拉—205 歲 ● 亞伯拉罕—175 歲 ● 撒拉—127 歲
● 以撒—180 歲 ● 以實瑪利—137 歲 ● 雅各—147 歲
● 利未—137 歲 ● 約瑟—110 歲 ● 摩西—120 歲 ● 亞倫—123 歲
● 約伯—140 歲 ● 約書亞—110 歲 ● 以賽亞—120 歲

第十三章

認識聖經裡猶太人的惡鄰居（強敵）

第一節　古埃及法老王朝　前3100年～前332年（約計2768年）

時代名稱		王朝別名	期　　間	埃及大事記	《聖經》裡重要事件
古埃及法老王朝時代	早王朝	1～2王朝	前3100～前2700	美尼斯統一上下埃及	
	古王朝時期	3～6王朝	前2700～前2200	金字塔的黃金時期	
	第一中間期	7～10王朝	前2200～前2033	戰亂分裂的時期	前2090，亞伯拉罕前往應許之地
	中王國時期	11～13王朝	前2033～前1710	廢除省長制度	前1875，雅各家族遷居到埃及 前1730，以色列人在埃及成為奴隸
	第二中間期	14～17王朝	前1710～前1550	移權至尼羅河三角洲	
	新王國時期	18～20王朝	前1550～前1069	皇家陵寢移到帝王谷	前1445，摩西帶領以色列人出埃及
	第三中間期	21～25王朝	前1069～前664	新意與傳統共存	前1050，掃羅建立以色列獨立王國
	後王國時期	26～31王朝	前664～前332	被亞歷山大大帝滅亡	前586，聖殿被毀（巴比倫之囚）

★ 托勒密王朝是由亞歷山大大帝的親戚托勒密建立。

托勒密王朝	前305～前44（共計261年）	開啟希臘化時代來臨，最著名的君王為克麗奧佩脫拉（又被稱為「埃及豔后」），是托勒密王朝末代女王，最後被羅馬帝國吞併成為行政省。

第二節　認識亞述帝國　前912年～前613年（約計300年）首都：尼尼微

★ 史上第一個世界級的軍事帝國（領土廣大、民族眾多）。

軍事說
① 亞述人是崇尚暴力美學的國家（猶太人稱其首都為「血腥的獅穴」）。
② 領先全世界的兵器（從西臺人那裡引進鐵器煉製技術）。
③ 擅長閃電突襲戰術（來無影去無蹤）。
④ 對不投降的戰敗國家，實行三光政策（殺光、燒光、搶光）。

亞述軍

?

小常識

古埃及法老王朝小常識

①埃及歷經 31 個王朝（國祚 2768 年）

期間共有 370 位法老王治世（其中有三個王朝是被外族征服統治）。

②埃及第 25 王朝

是由庫什人（聖經稱「古實人」）征服統治。

統治期間：前 716 ～前 656（共計 60 年），計 6 位法老更替。

★ 25 王朝約是在聖經裡南朝猶大王國後期時候。

③埃及第 27 王朝

是由波斯帝國所建立（埃及成為一個行政省），波斯帝國國王兼任埃及法老王。

統治期間：前 525 ～前 404（共計 121 年），計有 5 位國王更替。

★ 第 27 王朝約是在聖經中，第一次至第三次猶太人回歸時期。

④埃及第 31 王朝

再度由波斯帝國建立（最後一位法老是波斯帝國大流士三世），被亞歷山大帝國滅亡。

統治期間：前 343 ～前 332（共計 11 年），計有 3 位國王更替。

★ 31 王朝被馬其頓王國的亞歷山大征服，結束長達 2000 多年的法老王朝。

⑤托勒密王朝

是由亞歷山大的親戚托勒密建立（曾任埃及總督），亞歷山大大帝猝死後，他就自立為王。

統治期間：前 305 ～前 44（共計 261 年），計有 15 位國王更替，最後一位女王克麗奧佩脫拉（又稱埃及豔后），聯合羅馬叛將安東尼，與屋大維作戰失利，雙雙自殺（托勒密王朝被羅馬帝國滅亡）。

埃及法老王

埃及女王殉死

政治說　① 堅決排斥異族宗教。

　　　　② 逼迫所有被征服的民族進行大規模遷徙移居。

　　　　③ 課徵重稅與政治打壓。

　　　　④ 政策暴虐常引發異族的群起反抗事變。

神學說　① 亞述人生性殘忍、生活糜爛，神曾派遣先知約拿到首都尼尼微向居民傳達神諭，因國王與居民都有立即悔改思過，而逃過一次神的刑罰。

　　　　② 亞述人是神所用的「憤怒之杖」及「刑罰之棍」（曾藉由其處罰北朝以色列王國及中東其他國家和民族），但後來亞述人卻自大高傲，終被神所處罰（一夕間全被燒盡）。

滅亡與分裂　亞述帝國於前 612 年被新巴比倫王國滅亡，領域被四個國家瓜分。

亞述帝國	被瓜分 ➡	新巴倫帝國	米底王國（瑪代）
		呂底亞王國	古埃及王國（第 26 王朝）

王朝	序	歷史名字	《聖經》名字	在位期間	在位	備　　註
阿西爾帕王朝	1	阿達德尼拉里二世	亞達尼拿里二世	前 911～前 891	20	結束亞述長期被孤立局面
	2	尼努爾塔二世	尼努爾塔二世	前 891～前 883	8	積極擴張領域
	3	亞述納西爾帕二世	亞述拿西帕二世	前 883～前 859	24	征服鄰國、大宴賓客
	4	薩爾瑪那塞爾三世	撒縵以色三世	前 858～前 824	34	征服巴比倫，以色列國王耶戶向其進貢
	5	沙姆希阿達德五世	善西亞達五世	前 823～前 811	12	即位不久後國內發生動亂
	6	阿達德尼拉里三世	亞達尼拿里三世	前 811～前 783	28	用武力使以色列國王約哈斯向其進貢
	7	薩爾瑪那塞爾四世	撒縵以色四世	前 783～前 773	10	先知約拿到尼尼微傳道時的君王
	8	亞述丹三世	亞述但三世	前 773～前 755	18	昏庸無能、國家大亂
	9	亞述尼拉里	亞述尼拉利	前 755～前 745	10	君權旁落、起義爆發、被殺身亡
中興期	10	提革拉毗列色三世	普勒王	前 745～前 727	18	大力改革使國家強盛，戰勝猶大王國烏西雅王及以色列王國的米拿現王（均向其臣服並納貢）
	11	薩爾瑪那塞爾五世	撒縵以色五世	前 727～前 722	5	鎮壓以色列王國何細亞王的叛變
薩爾貢王朝	12	薩爾貢二世	撒珥根二世	前 722～前 705	17	滅掉以色列王國，打敗埃及法老王國
	13	辛那赫里布	西拿基立	前 705～前 681	24	包圍耶路撒冷數月，猶大王國希西家王向神祈禱，在天使助陣下擊殺 18 萬 5 千名亞述軍，迫使其狼狽撤離（正史記為遇到鼠疫元氣大傷）
	14	伊薩爾哈東	以撒哈頓	前 681～前 668	13	曾征服埃及後又復叛再出征途中猝死
	15	亞述巴尼拔	亞斯那巴（亞述巴利波）	前 668～前 627	41	建造豪華宮殿及圖書館，其死後亞述大規模內亂，外族趁機而起義
	16	辛沙里施昆	新散立司根	前 627～前 612	15	從內亂中篡位為王，被新巴比倫王國聯合米底人攻陷尼尼微，自焚身亡，亞述帝國滅亡

第三節　認識新巴比倫王國

前626年～前539年（約計88年）首都：巴比倫

源起　古巴比倫王國由阿摩利人建立（世界四大古文明國之首），又被稱「美索不達米亞文明」（意為兩河流域的文明），著名君王漢摩拉比制訂出人類史上第一部法典《漢摩拉比法典》，將政治、立法、司法、行政及軍事大權緊握手裡，勵精圖治，國家強盛。

逐漸沒落　古巴比倫王國在蘇美地區獨領風騷近一千年，但後來被陸續崛起的西臺人及亞述人所征服，而消失在歷史舞台。

巴比倫人

新巴比倫王國　迦勒底人那波帕拉沙爾趁亞述帝國內亂之際，取得對巴比倫城的控制權，隨後聯合米底人共同起義，推翻實施高壓政策的亞述帝國。

序	\multicolumn{1}{c}{國王名}	在位期	備　註

新巴比倫王國歷代國王簡介　　★ **新巴比倫王國又被稱為「迦勒底王朝」**

序	國王名	在位期	備　註
1	那波帕拉沙爾（尼布普拉薩）	前 626～前 605（在位 21 年）	● 透過聯姻與米底王國相互結盟（迎娶米底王國公主），一起反抗亞述帝國 ● 與亞述進行 7 年戰爭，前 612 年攻陷尼尼微城（亞述滅國） ● 曾舉兵入侵埃及，但以失敗告終，返國不久即病逝
2	尼布甲尼撒（拿步高）	前 605～前 562（在位 43 年）	● 聖經裡重要的君王，將南朝猶大王國滅亡，挖掉末代國王西底家雙眼，將猶太人擄走（史稱巴比倫之囚） ● 摧毀所羅門聖殿（史稱第一次聖殿徹底被毀） ● 先知耶利米稱他是上帝派來懲罰猶太人的「神鞭」，先知但以理曾數度幫他解夢（受到重用） ● 在巴比倫城建造「空中花園」（世界七大奇觀之一）
3	以未米羅達	前 562～前 560（在位 2 年）	六年換了三個國王	尼布甲尼撒之子，被暗殺身亡
4	涅里格利沙爾（尼力里沙）	前 560～前 556（在位 4 年）		● 殺害以未米羅達王，篡位登基為王（他是尼布甲尼撒的女婿）
5	拉巴施瑪爾杜克	在位 3 個月		年幼被扶持為王，政變中被殺（在位僅 3 個月）
6	那波尼德（拿波尼度）	前 556～前 539（在位 17 年）	兩王共同執政十四年	● 因染上怪病與兒子伯沙撒共同執政 ● 聖經中所提及發瘋吃草的君王是他（但以理書中所說的吃草君王則是尼布甲尼撒）
7	伯沙撒（貝爾沙匝）	前 553～前 539（執政 14 年）		● 聖經裡描述他在宮廷晚宴中，拿從聖殿掠奪而來的杯盤供來賓使用，並以言語褻瀆上帝 ● 宮殿粉牆上浮現一隻怪手寫著看不懂的文字 ● 先知但以理前來解讀，表示字字皆為奪命詞句 ● 不久後被波斯帝國居魯士王所殺（巴比倫滅亡）

?

小常識

「聖殿」兩次被徹底摧毀的主因

● 新巴比倫國王尼布甲尼撒以及後來的羅馬統帥提圖斯（提多），他們兩人均不計任何代價，硬是要將聖殿徹底摧毀，主要原因：他們都知道聖殿是猶太人的精神堡壘，只要它存在的一天，紛亂就不會終止，於是只好放火燒滅它，永遠抹除掉猶太人的心靈寄託。

第四節　認識波斯帝國 前550年～前330年（共計220年）首都：蘇薩（書珊）

源起　米底人（瑪代人）聯合新巴倫王國於前 612 年共同滅亡強大的亞述帝國後，波斯人部落處於米底王國的統治（後來這兩個民族矛盾加劇）。

起兵叛變　前 553 年波斯人在居魯士的帶領下起兵叛變，僅用三年時間打敗米底王國（前 550 年），隨後滅掉呂底亞王國（前 547 年），最終將新巴比倫王國併吞（前 539年）。

波斯人

版圖遼闊 第二任國王岡比西斯征服埃及（於前525年），在埃及成立第二十七王朝，至此父子兩人建立了世界第一個跨越歐、亞、非三洲的強盛大帝國，史稱「波斯帝國」。

政策執行 採寬容政策，各異族享有自己的風俗習慣與宗教信仰自由（擁有高度自治權）。

波斯帝國歷代皇帝簡介　　★ 波斯帝國，又被稱為「阿契美尼德王朝」

序	歷史名字	《聖經》名字	在位期間	任年	備　　　註
1	大居魯士	古列王（塞魯士）	前559～前530	29	●猶太人第一次回歸（允許猶太人返回耶路撒冷重建聖殿），並歸還由巴比倫人掠奪所得的聖物 ●他被尊為「四方之王」，是位仁慈的強君
2	岡比西斯	甘拜西斯	前530～前522	8	●征服埃及（建立埃及第27王朝，兼任埃及法老） ●國內宮廷變亂，返回途中癲癇發作猝死
3	高墨達	士馬特斯	篡位7個月後被殺		●曾被居魯士王砍下耳朵的妖僧，假扮太子篡位登基，後因事蹟敗露，被軍長大流士所殺
4	大流士	大利烏	前522～前485	37	●平息宮廷變亂後被擁立為王 ●大力支持猶太人重建聖殿（下令勿阻礙或干擾） ●發動希波戰爭，但在馬拉松之役敗北（未能攻下希臘）
5	薛西斯一世	亞哈隨魯	前485～前465	20	●聖經中記載皇后以斯帖智鬥惡相哈曼時的皇帝（正史記載他被宰相阿爾達班謀殺身亡） ●曾進攻希臘，但被雅典海軍及斯巴達陸軍擊退
6	阿爾塔薛西斯	亞達薛西	前465～前424	41	●猶太人第二次回歸（由以斯拉領導） ●猶太人第三次回歸（由尼希米領導）
7	薛西斯二世	亞哈隨魯二世	在位45天被暗殺		●宮廷嚴重內訌（一年內兩位皇帝被殺）
8	塞基狄西努斯	蘇底亞	在位6個半月被殺		
9	大流士二世	大利烏二世	前423～前404	19	●篡位為王，收復小亞細亞沿海地區 ●其死後埃及叛變（脫離波斯統治，成立第28王朝）
10	阿爾塔薛西斯二世	亞達薛西二世	前404～前358	46	●兩次遠征埃及均以失敗告終
11	阿爾塔薛西斯三世	亞達薛西三世	前358～前338	20	●擊敗埃及第30王朝，重新建立由波斯人統治的第31王朝，他為防止內亂殺光所有王族成員，但最後被宦官所殺
12	阿爾塞斯	亞達塞斯	前338～前336	2	●馬其頓腓力二世進軍波斯時，他被謀殺身亡
13	大流士三世	大利烏三世	前336～前330	6	●被馬其頓亞歷山大大帝征服殺害（波斯滅國）

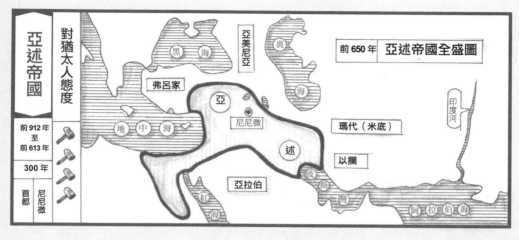

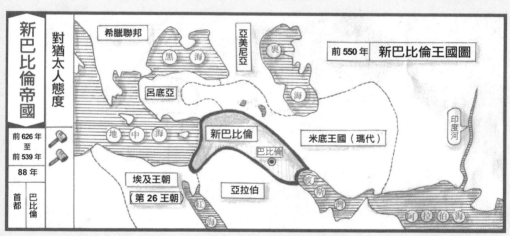

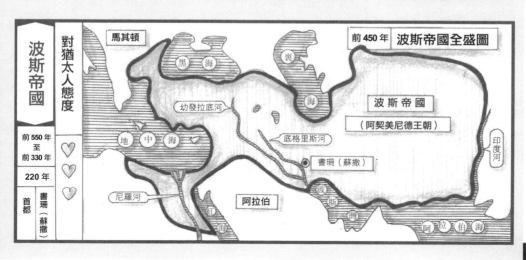

第五節　認識馬其頓亞歷山大帝國

前334年～前323年（共計12年）首都：巴比倫

馬其頓帝國

源起　希臘文明繁盛時期，北部偏遠的馬其頓王國被人們視為文化水準低落的蠻荒國家。

國力猛進　馬其頓國王腓力二世勵精圖治，大刀闊斧施行改革政策，使國力大增，先後打敗底比斯、雅典和科林斯等希臘城邦聯盟。

理想破滅　馬其頓王國原本被鄰國瞧不起，如今開始讓人感到畏懼，腓力二世決定征服強敵（波斯帝國），但還未付出行動就遭到不測（在女兒婚宴上遇刺身亡）。

青出於藍　英明的腓力二世突然去世，帶給馬其頓王國空前政治危機，然而當王冠落在年僅二十歲的兒子亞歷山大頭上後，更讓馬其頓王國如虎添翼、大放異彩。

戰神附體　亞歷山大的老師是希臘著名學者亞里斯多德，他深受希臘文化薰陶影響，博學多聞、才華橫溢，又長期跟隨父親四處征戰，鍛鍊出豐富的軍事才幹。

橫掃天下　亞歷山大以二十歲英年開始去完成其父未竟的事業，前 332 年征服埃及（結束第三十一末代王朝），前 330 年擊滅波斯帝國，襲捲歐亞非三洲（只有遠征印度時受挫）。

英才早逝　前 323 年亞歷山大在預定首都的巴比倫患上惡性瘧疾，僅十天，一代豪雄隕落（年僅三十二歲，在位十二年），因他的猝死太過於突然，致使偉大的帝國不攻自潰（嚴重分裂）。

各自為政　亞歷山大大帝突然驟逝（沒有指定接班人），致使其部將各個擁兵自重，不久後相繼自我加冕稱王，形成軍閥混戰局面，最後較有實力的三位將領建立三大王朝（均為實施希臘化的國家）。

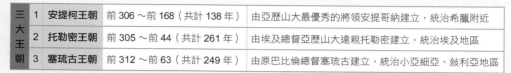

三大王朝	1	安提柯王朝	前306～前168（共計138年）	由亞歷山大最優秀的將領安提哥納建立，統治希臘附近
	2	托勒密王朝	前305～前44（共計261年）	由埃及總督亞歷山大遠親托勒密建立，統治埃及地區
	3	塞琉古王朝	前312～前63（共計249年）	由原巴比倫總督塞琉古建立，統治小亞細亞、敘利亞地區

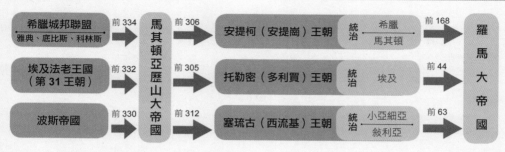

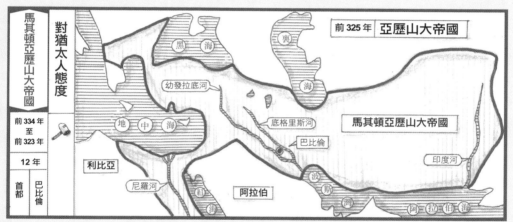

第六節　認識塞琉古王國

前312年～前63年（共計250年）　**首都：塞流西亞→安條克**

別號｜敘利亞王國　中國稱「條支」，首都為塞流西亞（前305～前240）、安條克（前240～前64）。

源起　前323年亞歷山大大帝猝死於巴比倫城，他的軍官塞琉古原為巴比倫總督，被亞歷山大的猛將安提哥納（後來建立安提柯王朝）威懾下被驅離而逃難到埃及，投靠總督托勒密（不久後兩人聯合將安提哥納擊退），前312年塞琉古在敘利亞建立王朝，並於前305年正式稱王。

塞琉古士兵

反目成仇　塞琉古王朝第四任國王（塞琉古二世）為了與埃及托勒密王朝爭奪巴勒斯坦地區猶太人統治權而兵刃相向，同時在東北的帕提亞（安息王國）和

中亞巴克特里亞王朝相繼脫離塞琉古王朝，而宣
布成為獨立國家。

塞琉古王朝

踢到鐵板 第六任國王（安條克三世）十八歲即位，雄
才大略，用二十年時間陸續收復失土，並從托勒密
王朝手中取得耶路撒冷猶太人的管轄統治權，但與
羅馬人在馬格尼西亞戰役中慘敗（元氣大傷）。

奪取王位 第八任國王（安條克四世）曾被送往羅馬擔
任人質，其兄繼位後（第七任國王塞琉古四世），他就前往希臘雅典留學，
但不久後其兄被宰相刺殺身亡，他潛返回國奪取王位。

錯估局勢 安條克四世即位不久後，做出兩項嚴重錯誤的政策，將王朝推向動亂
頻繁的深淵：

① 出兵攻打埃及托勒密王朝（差點將其滅國），後來在羅馬的干涉下不得不
退出其境內（致使遭托勒密王朝仇視）。

② 在猶太人的地區實行強制希臘化政策，引發猶太人集體反抗暴動（馬加比
革命）。

由盛轉衰 安條克四世在東征時癲癇發作墜馬而死，王國呈現分裂局面（混亂動
蕩約 100 年），並在帕提亞（安息王國）及羅馬帝國的左右夾擊下，於前 63
年被羅馬滅亡。

？

小常識

猶太人從天堂墜入地獄

● 亞歷山大大帝猝死後，以色列地區由埃及托勒密王朝統治約一百多年，他們善待猶太人，甚
至獎勵學術，為興建圖書館曾將希伯來聖經翻譯成希臘文（史稱七十士譯本）。

● 塞琉古王朝統治後，安條克四世強迫猶太人希臘化，燒毀聖經、禁守安息日及割禮，並興建
宙斯神廟，強迫猶太人獻祭膜拜，引發猶太人集體抗暴行動（史稱馬加比革命）。

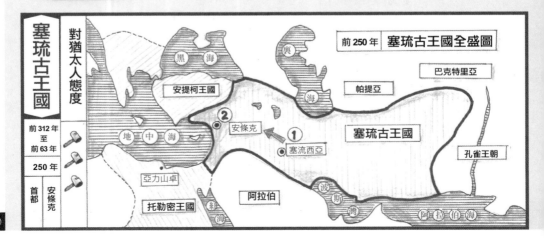

	塞琉古王國（西流基王國）歴代國王簡介		★ 從第九任國王起百年間宮廷內鬥從未停歇			
序	歷史名字	《聖經》名	在位期	任年	備　　　　註	
1	塞琉古	西流基	前 305 ～前 281	24	原為亞歷山大的軍官，前 312 年建立塞琉古王朝，前 305 年稱王	
2	安條克	安提阿古	前 294 ～前 261	33	與父共同治理國家，前 281 年父親去世後才開始親政	
3	安條克二世	安提阿古二世	前 261 ～前 246	15	對異族宗教信仰持自由開放政策	
4	塞琉古二世	西流基二世	前 246 ～前 226	20	●與埃及托勒密三世交戰中失利 ●帕提亞（安息王國）脫離其而獨立	墜馬而死
5	塞琉古三世	西流基三世	前 225 ～前 223	2	被暗殺身亡（年僅 20 歲）	
6	安條克三世	安提阿古三世	前 223 ～前 187	36	●18 歲即位，打敗托勒密王朝，取得耶路撒冷及猶太人的統治權，但與羅馬戰役中慘敗（元氣大傷）	
7	塞琉古四世	西流基四世	前 187 ～前 175	12	政變中被宰相刺殺身亡	
8	安條克四世	安提阿古四世	前 175 ～前 164	11	●原名米特里達梯，從希臘潛返回國奪取王位 ●對猶太地區實行希臘化政策引爆暴亂（馬加比革命） ●他差點滅掉埃及的托勒密王朝，但在羅馬干涉下退兵	
9	安提克五世	安提阿古五世	前 164 ～前 162	2	●9 歲即位，由呂西亞將軍攝政，在政變中兩者皆被殺	
10	德米特里一世	底米丟一世	前 162 ～前 150	12	●向猶太人再度行高壓統治，並派精兵鎮壓猶太革命義軍（領袖馬加比戰死），後在宮廷內戰中被殺	
11	亞歷山大巴拉斯	亞歷山大巴勒斯	前 150 ～前 146	5	●與埃及托勒密王朝作戰中兵敗被殺	
12	德米特里二世	底米丟二世	前 146 ～前 145	1	●與安條克六世爭王位內戰，被帕提亞（安息王國）俘虜	
13	安條克六世（傀儡）	安提阿古六世	前 145 ～前 142	3	●他是特里豐將軍扶持的傀儡，與德米特里二世爭權成功	
14	狄奧多特·特里豐（篡位為王）	特利弗	前 142 ～前 138	4	●誘殺猶太領袖約拿單，迫使新領袖西門·太西建立「哈斯蒙尼王國」（猶太人獨立國家） ●特里豐毒殺國王而篡位，但最後被王室貴族擊敗後自殺	
15	安條克七世	安提阿古七世	前 138 ～前 129	9	●派大軍討伐「哈斯蒙尼猶太王國」大敗而歸 ●與帕提亞（安息王國）戰爭中陣亡	
16	德米特里二世（復位）	底米丟二世（復位）	前 129 ～前 126	3	●被帕提亞（安息王國）釋放回國復位 ●但他卻介入埃及托勒密王朝內戰而被殺	
17	塞琉古五世	西流基五世	前 126 ～前 125	1	●與母親共治（因不想受其母擺佈，政變中被殺）	
18	安條克八世	安提阿古八世	前 125 ～前 96	29	●兩兄弟共同治理國家（安條克八世被侍衛所殺），安條克九世與八世之子塞琉古六世在爭王位中被殺	
19	安條克九世	安提阿古九世	前 114 ～前 96	18		
20	塞琉古六世	西流基六世	前 96 ～前 93	3	擊敗叔父（安條克九世），但在競技場內被政敵燒死	
21	安條克十世、安條克十一世、安條克十二世、腓力一世、德米特里三世（宮廷大亂鬥）		前 93 ～前 83	10	●塞琉古六世的兄弟與安條克九世之子（安條克十世）爆發大規模內戰（大亂鬥）	
22	亞美尼亞的提格蘭二世		前 83 ～前 69	14	趁塞琉古王國內亂時侵入，被羅馬干涉下退出	
23	安條克十三世	安提阿古十三世	前 69 ～前 64	5	被羅馬龐培將軍征服滅亡，成為羅馬一個行政省	

第七節　認識哈斯蒙尼王朝

前143年～前37年（共計106年）**首都：耶路撒冷**

源起　前 170 年塞琉古王國第八任安條克四世，實行希臘化政策，禁止猶太教、迫害猶太人，迫使猶太祭司瑪他提亞帶領五個兒子及族人群起反抗。

馬加比革命　前 165 年三子猶大・馬加比遵循父親遺訓揭竿起義，發動「馬加比革命」（意為鐵槌），眾多虔誠的猶太人加入其行列。馬加比死後由五弟約拿單領導反抗軍。

猶大・馬加比

		馬加比革命時期三大領袖		
1	大家長	瑪他提亞	前 190 ～前 167（3 年）	領導族人反抗塞琉古王國安條克四世的希臘化政策
2	三子	猶大・馬加比	前 167 ～前 160（7 年）	前 164 年曾奪回耶路撒冷，淨化聖殿（獻殿節緣由）
3	五子	約拿單	前 160 ～前 143（17 年）	在塞琉古王國宮廷內戰之際中求生存

哈斯蒙尼王朝　約拿單死後，於前 143 年，西門・太西（瑪他提亞次子）利用塞琉古王國宮廷內訌之際（王位爭奪戰）趁機在耶路撒冷建立哈斯蒙尼王朝（聖經記為哈斯摩尼王朝）。

★ 猶太人的獨立王。

		哈斯蒙尼王國四大階段	
A	第一階段	前 143 年～前 110 年（計 33 年）	西門・太西建立，為塞琉古王國的附庸國
B	第二階段	前 110 年～前 63 年（計 47 年）	真正獨立的猶太王國
C	第三階段	前 63 年～前 40 年（計 23 年）	羅馬共和的從屬國（行政省）
D	第四階段	前 40 年～前 37 年（計 3 年）	獨立的猶太王國

?

小常識

①猶太人認為君王必須出於大衛王家族血緣，若要擔任大祭司職位，更需要是利未派亞倫家族撒督的後裔，所以猶太人廣泛不承認哈斯蒙尼王朝擁有以上兩項要件的合法性（只當其為士師而已）

②哈斯蒙尼王朝統治者，集政治君王、宗教祭司、軍事領袖三種頭銜集於一身，王室貴族及朝廷政要生活奢華，又常鎮壓批判者（與法利賽派及愛色尼派虔誠教徒常起衝突）。

③前 63 年，羅馬統帥龐培（龐貝）率大軍圍困耶路撒冷三個月後破城而入（一萬五千名猶太人被殺），國王亞里斯多布二世被俘虜淪為奴隸，整個猶太地區（巴勒斯坦）成為羅馬帝國的領地（羅馬的行政省）

④前 40 年，馬加比王室家族聯合帕提亞（安息王國）奪回耶路撒冷統治權，法賽爾被殺、其弟希律逃到埃及尋求羅馬的政治庇護（不久後羅馬由安東尼率軍奪回聖城），安提哥納斯二世成為末代君王，被斬首示眾，哈斯蒙尼王朝滅亡。

			哈斯蒙尼王國（猶太王國）歷代國王簡介			
階段	任別	歷史名字	《聖經》名	期間	任年	備註
A	1	西門・太西	西門・塔西	前143～前134	9	● 被女婿出賣遭殺害
B	2	約翰・海卡努斯	約翰・許爾堪	前134～前104	30	● 王朝的黃金時代，曾征服以東地區，任命安提帕特為總督（大希律王的祖父）
	3	阿里斯托布魯斯	亞里斯多布	前104～前103	1	● 殺害得民心的么弟（不久後發瘋而死）
	4	亞歷山大詹納烏斯	亞歷山大・楊紐	前103～前76	27	● 敵視法利賽派的長老，狂暴兇悍，無故屠殺百姓（最後因酒精中毒而死）
	5	莎樂美亞歷山德拉	撒羅米・亞歷珊德	前76～前67	9	● 依先王遺訓擁立妻子為王，與法利賽派取得和解，雙方融洽，其死後兩個兒子開始爭奪王位
	6	約翰・海卡努斯（二世）	約翰・許爾堪（二世）	前67～前66	1	● 其性情軟弱（缺乏活力），被其弟打敗剝奪王權（但他有一位老狐狸謀士安提帕特二世）
	7	阿里斯托布魯斯（二世）	亞里斯多布（二世）	前66～前63	3	● 其性情暴躁（精力過剩），奪權成功後與羅馬龐培將軍作對（兵敗被俘走為奴）
C	8	約翰・海卡努斯二世（復位成大祭司）	約翰・許爾堪二世（大祭司）	前63～前40	23	● 羅馬任命他為猶太大祭司（被去除王位），成為羅馬的行政省，而政治實際領導人為安提帕特二世（大希律王的父親）
D	9	安蒂岡努斯	安提哥納斯	前40～前37	3	● 在帕提亞（安息王國）的支持下，再度宣布猶太王國獨立，但不久被羅馬安東尼擊滅（哈斯蒙尼王國滅亡），羅馬任命希律為猶太王

第八節　認識希律王朝

前37年～西元66年（共計103年）**首都：耶路撒冷**

源起　希律家族大家長安提帕特一世是以士買人（以東人），血統上算是半個猶太人，哈斯蒙尼王朝第二任國王約翰・許爾堪征服以士買地區後任命他為該地總督。

嶄露野心　哈斯蒙王朝第六任王約翰・許爾堪二世個性軟弱，遂被老奸巨滑的安提帕特二世操縱國事，成為首席謀臣（曾因解救過羅馬統帥凱撒而獲得世襲羅馬公民權），地位超越國王，成為猶太人地區的實際領導人。

猶太省長　前47年，安提帕特二世被羅馬任命為猶太地區總督後，將耶路撒冷和加利利地區交給大兒子法賽爾及次子希律，分別管理該兩地行政權。

兒子繼承　前43年，安提帕特二世被毒死，兩個兒子在羅馬安東尼將軍的支持提拔下成為分封王。

聖城內亂　前40年，帕提亞（安息王國）入侵猶太地區，扶持馬加比家族的安提哥納斯為猶太王（恢復哈斯蒙尼王朝），兄長法賽爾被殺害，其弟希律逃往

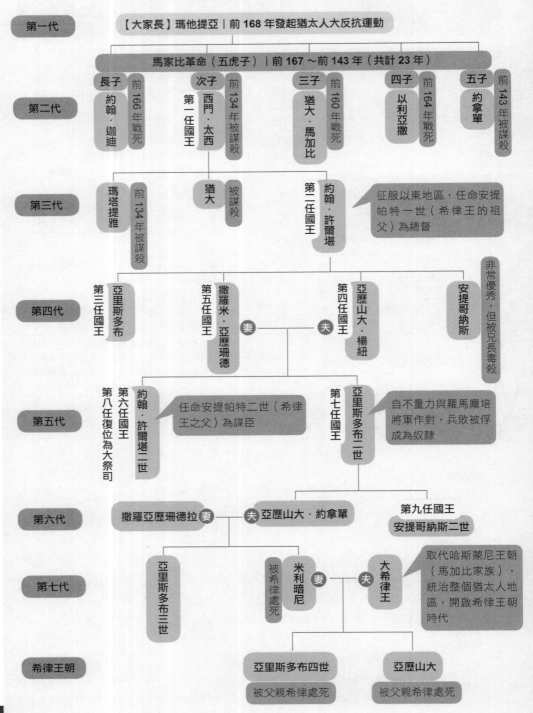

哈斯蒙尼王朝歷代君王家譜世系圖

第一代
【大家長】瑪他提亞｜前168年發起猶太人大反抗運動

馬家比革命（五虎子）｜前167～前143年（共計23年）

第二代
長子 約翰‧迦迪｜前166年戰死
次子 西門‧太西 第一任國王｜前134年被謀殺
三子 猶大‧馬加比｜前160年戰死
四子 以利亞撒｜前164年戰死
五子 約拿單｜前143年被謀殺

第三代
瑪塔提雅｜前134年被謀殺
猶大｜被謀殺
約翰‧許爾堪 第二任國王
征服以東地區，任命安提帕特一世（希律王的祖父）為總督

第四代
亞里斯多布 第三任國王
撒羅米‧亞歷珊德 第五任國王（妻）
（夫）亞歷山大‧楊紐 第四任國王
安提哥納斯
非常優秀，但被兄長毒殺

第五代
約翰‧許爾堪二世 第六任國王 第八任復位為大祭司
任命安提帕特二世（希律王之父）為謀臣
亞里斯多布二世 第七任國王
自不量力與羅馬龐培將軍作對，兵敗被俘成為奴隸

第六代
撒羅亞歷珊德拉（妻）（夫）亞歷山大‧約拿單
第九任國王 安提哥納斯二世

第七代
亞里斯多布三世
米利暗尼（妻）被希律處死
（夫）大希律王
取代哈斯蒙尼王朝（馬加比家族），統治整個猶太人地區，開啟希律王朝時代

希律王朝
亞里斯多布四世 被父親希律處死
亞歷山大 被父親希律處死

埃及，最後抵達羅馬尋求政治庇護。

希律王朝 前 37 年，希律在羅馬的奧援下，與安東尼將軍聯合將哈斯蒙尼王朝徹底消滅，並被羅馬封為猶太地區的國王（史稱大希律王），開啟在聖經中惡名昭彰的「希律王朝」。

★ 在聖經中希律王朝是羅馬帝國的鷹犬，凌虐猶太人、迫害基督徒，是「惡魔」的代名詞（對其恨之入骨）。

暴虐被黜 大希律王死後，其領地由三名兒子亞基老、安提帕、腓力二世繼承（成為分封王），亞基老因不得民心，被猶太人集體向羅馬投訴，最終被罷黜遭到放逐，其領地改由羅馬總督直接管理（成為羅馬的行政省）。

聖殿被毀 因羅馬歷任猶太地區的總督個個貪婪殘暴，西元 64 年，在猶太奮銳黨的領導下，爆發第一次猶太戰爭，西元 70 年，羅馬提圖斯（提多）將軍徹底將聖殿摧毀，希律王朝成為羅馬人的傀儡政權，直到西元 100 年亞基帕二世去世，其分封王地位被羅馬廢除，希律王朝便走入歷史。

希律王朝歷代國王簡介					
任別封號		名字	期間	任年	備註
總督	大家長	安提帕特二世	前 47～前 43	5	●原為哈斯蒙尼王朝第六任國王約許爾堪二世的謀臣，運用高超政治權謀取得羅馬統帥凱撒的信任，成為猶太地區總督
省長	長子	法賽爾（法撒勒）	前 43～前 40	3	●管理耶路撒冷地區，猶太人叛變時被殺害
	次子	希律（黑落德）			●管理加利利地區，猶太人叛變時逃到羅馬尋求庇護，後成為猶太王
猶太王	1	大希律	前 37～前 4	33	●羅馬元老院任命他為猶太王，在任內重建聖殿（希律聖殿） ●聽聞聖嬰降臨（耶穌）而展開全國屠嬰事件
分封王		希律·亞基老	前 4～6	10	●以東、猶大、撒馬利亞地區分封王，因冷血殘暴羅馬皇帝允許猶太人的請求，將其罷免流放，改由羅馬總督直接管理（羅馬行政省）
分封王		希律·安提帕	前 4～40	44	●加利利及比拉利亞地區的分封王 ●為答應給女兒的生日許願將施洗者約翰斬首 ●耶穌被釘十字架上處死時的國王
分封王		希律·腓力二世	前 4～34	38	●以土利亞到巴珊地的分封王（三位分封王中風評較佳者）
猶太王	2	希律·亞基帕一世	41～44	3	●因他在羅馬求學，與羅馬皇室關係密切，被封為猶太王 ●殺害門徒雅各，囚禁過彼得（大肆抓捕基督教徒，被蟲叮咬而死）
猶太王	3	希律·亞基帕二世	44～66	22	●17 歲登上王位（由羅馬巡撫攝政），曾親自審問過聖保羅 ●第一次猶太戰爭時支持羅馬而被猶太人厭惡與唾棄
分封王			66～100	34	●因他的姐姐是羅馬皇帝提圖斯（提多）的情婦，於是成為黎巴嫩地區的分封王直到他去世，希律王朝也告終結

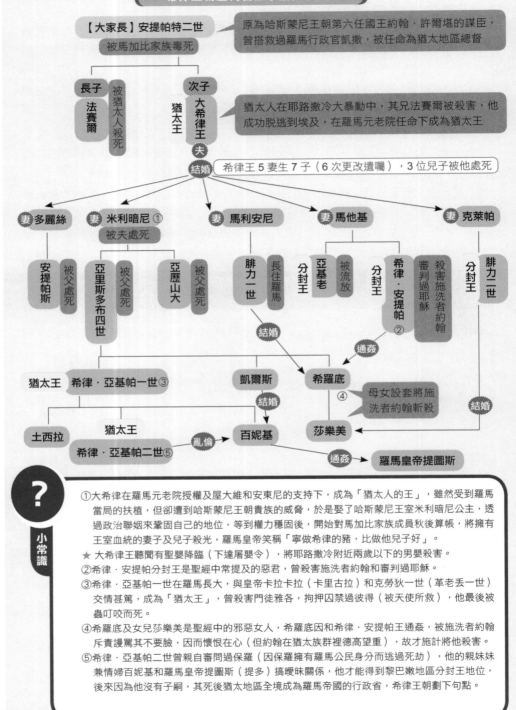

希律王朝歷代君王家譜世系圖

【大家長】安提帕特二世

被馬加比家族毒死

原為哈斯蒙尼王朝第六任國王約翰‧許爾堪的謀臣，曾搭救過羅馬行政官凱撒，被任命為猶太地區總督

長子 法賽爾 被猶太人殺死

次子 大希律王 猶太王

猶太人在耶路撒冷大暴動中，其兄法賽爾被殺害，他成功脫逃到埃及，在羅馬元老院任命下成為猶太王

夫 結婚

希律王5妻生7子（6次更改遺囑），3位兒子被他處死

妻 多麗絲 妻 米利暗尼① 被夫處死 妻 馬利安尼 妻 馬他基 妻 克萊帕

安提帕斯 被父處死

亞里斯多布四世 被父處死

亞歷山大 被父處死

腓力一世 長住羅馬

亞基老 被流放 分封王

希律‧安提帕② 分封王 殺害施洗者約翰 審判過耶穌

腓力二世 分封王

結婚

通姦

猶太王 希律‧亞基帕一世③

凱爾斯

希羅底④

母女設套將施洗者約翰斬殺

結婚

結婚

土西拉

猶太王 希律‧亞基帕二世⑤

亂倫

百妮基

莎樂美

通姦

羅馬皇帝提圖斯

?

小常識

①大希律在羅馬元老院授權及屋大維和安東尼的支持下，成為「猶太人的王」，雖然受到羅馬當局的扶植，但卻遭到哈斯蒙尼王朝貴族的威脅，於是娶了哈斯蒙尼王室米利暗尼公主，透過政治聯姻來鞏固自己的地位，等到權力穩固後，開始對馬加比家族成員秋後算帳，將擁有王室血統的妻子及兒子殺光，羅馬皇帝笑稱「寧做希律的豬，比做他兒子好」。

★ 大希律王聽聞有聖嬰降臨（下達屠嬰令），將耶路撒冷附近兩歲以下的男嬰殺害。

②希律‧安提帕分封王是聖經中常提及的惡君，曾殺害施洗者約翰和審判過耶穌。

③希律‧亞基帕一世在羅馬長大，與皇帝卡拉卡拉（卡里古拉）和克勞狄一世（革老丟一世）交情甚篤，成為「猶太王」，曾殺害門徒雅各，拘押囚禁過彼得（被天使所救），他最後被蟲叮咬而死。

④希羅底及女兒莎樂美是聖經中的邪惡女人，希羅底因和希律‧安提帕王通姦，被施洗者約翰斥責罵其不要臉，因而懷恨在心（但約翰在猶太族群裡德高望重），故才施計將他殺害。

⑤希律‧亞基帕二世曾親自審問過保羅（因保羅擁有羅馬公民身分而逃過死劫），他的親妹妹兼情婦百妮基和羅馬皇帝提圖斯（提多）搞曖昧關係，他才能得到黎巴嫩地區分封王地位，後來因為他沒有子嗣，其死後猶太地區全境成為羅馬帝國的行政省，希律王朝劃下句點。

第九節　認識羅馬大帝國

前27年～西元395年（共計422年）**首都：羅馬**

1 羅馬行政時期五大階段簡介

1 第一階段｜**羅馬王政時期**｜前 753 年～前 510 年（共計 243 年）

● 由羅慕路斯和雷穆斯兄弟建立一個以拉丁民族為主的城邦（部落聯盟）。

★ 據神話傳說他們兩兄弟是被母狼哺養長大，「羅馬」一詞源於兄長羅慕路斯。

2 第二階段｜**羅馬共和時期**｜前 509 年～前 27 年（共計 482 年）

何謂共和制　國家政策由「元老院」（代表貴族政治）、「公民會」（代表民主政治）提案審查，決議通過後由「執政官」（由元老院及公民會選出，代表王權）開始執行政策（三者相互制衡）。

期間重大事件

羅馬人祖先

①三次布匿戰爭｜前 264 年～前 146 年（共計 118 年）

源起　為了爭奪地中海的制海權，羅馬與希臘組成聯軍，與北非的迦太基王國（腓尼基人建立）展開戰爭，三次戰役迦太基均被打敗，其中以第二次布匿戰爭最為驚險，迦太基猛將漢尼拔竟然翻越阿爾卑斯山，打得讓羅馬措手不及（但最後因補給不足而敗退）。

②斯巴達克斯起義｜前 73 年～前 71 年（共計 3 年）

● 斯巴達克斯帶領角鬥士、奴隸及貧民一起反抗草菅人命的羅馬貴族（最後被將領克拉蘇平定）。

③前三頭政治｜龐培、克拉蘇、凱撒（三人組成同盟）一起反對元老院

● 前 60 年龐培東征有功（滅掉塞琉古王朝及征服猶太地區）威望直升，引來克拉蘇的猜忌，龐培藉機拉攏新貴凱撒來牽制克拉蘇，後來經凱撒的從中調和，三人共同組成一個秘密同盟組織（史稱前三頭政治）。

● 前 53 年，克拉蘇東征帕提亞（安息王國）不幸陣亡，前 49 年龐培勾結元老院罷黜凱撒軍權而引發羅馬內戰，龐培敗亡，凱撒成為終身獨裁官。

● 前 44 年，凱撒赴元老院參加會議時遇刺身亡（享年 56 歲）。

④後三頭政治｜屋大維、安東尼、雷必達結成三人同盟

● 前 36 年，屋大維（凱撒養子）剝奪雷必達（騎兵首長）軍權（退出政界安享天年），前 33 年，安東尼（凱撒部將）聯合埃及女王共同對抗屋大維，前 31 年，安東尼兵敗自刎而死，埃及女王克麗奧佩脫拉用毒蛇咬死自己（托勒密王朝滅亡）。

3 第三階段｜**羅馬大帝國**｜前 27 年～ 395 年（共計 422 年）

羅馬大帝國二百年和平時期皇帝簡介　○：代表迫害基督教的皇帝						
王朝	序	皇帝名稱	在位期	任年	享年	大事記備註
朱利亞克勞狄王朝	1	奧古斯都（亞古士督）	前 27～14 年	41	77 歲	全能皇帝開創羅馬大帝國 ★ 耶穌誕生（西元前 5 年）
	2	提比略（提庇留）	14～37 年	23	78 歲	有才能的皇帝 ★ 耶穌被釘於十字架（西元 30 年） ● 被謀殺
	3	卡利古拉（卡里古拉）	37～41 年	4	29 歲	瘋狂的皇帝（皇帝自封為神的開始 ● 被殺死
	4	克勞狄（革老丟）	41～54 年	13	63 歲	無能的皇帝（被皇后小阿格里皮娜毒死） ● 被毒死
	○5	尼祿（尼羅）	54～68 年	14	32 歲	暴虐的皇帝（迫害基督徒） ★ 第一次猶太戰爭 ● 自殺
四帝內亂期	6	加爾巴（蓋爾巴）	68～69 年	7 個月	72 歲	內亂　遠在以色列地區與猶太人作戰的統帥維斯帕先，聽聞尼祿自殺，被弗拉維軍團擁立為皇帝，返回羅馬平定亂事，成為新皇帝。　● 謀殺
	7	奧扎（鄂圖）	69 年	3 個月	37 歲	● 自殺
	8	維特里烏斯（威特留）	69 年	8 個月	54 歲	● 被處死
弗拉維王朝	9	維斯帕先（韋斯巴薌）	69～79 年	10	69 歲	在位時，其子提圖斯於 70 年攻陷耶路撒冷（第二次聖殿徹底被毀）
	10	提圖斯（提多）	79～81 年	2	43 歲	攻陷耶路撒冷（聖城）、燒毀聖殿（猶太人心目中的惡魔）
	○11	圖密善（多米田）	81～96 年	15	45 歲	用恐怖手段統治羅馬 15 年（被稱為尼祿的化身） ● 被殺死
五賢帝時期	12	涅爾瓦（尼法王）	96～98 年	2	67 歲	第一位非羅馬公民出任皇帝的人（開啟五賢帝時期）
	○13	圖拉真（他雅努）	98～117 年	20	63 歲	將羅馬帝國版圖擴展到空前遼闊
	14	哈德良（外號勇帝）	117～138 年	21	62 歲	★ 第二次猶太戰爭（將猶太人驅逐出以色列地區成為國際難民）
	15	安敦尼（安東尼庇護）	138～161 年	23	74 歲	五賢帝中在位最久的皇帝
	○16	馬可奧里略（奧熱流）	161～180 年	19	58 歲	與弟弟維魯斯共同治理國家（有哲學家皇帝的美譽）

● 前 27 年，屋大維（時年 36 歲）被元老院授予「終身保民官」，獲得「奧古斯都」（意為至尊）稱號，成為羅馬首任皇帝。

● 西元 395 年，第 67 任羅馬皇帝狄奧多西（將基督教立為羅馬國教），其遺囑將皇位傳給兩個兒子繼承羅馬皇帝，開啟東、西羅馬兩個帝國時代的來臨（再也沒有統一合併過）。

④ 第四階段｜西羅馬帝國｜ 395 年～ 476 年（共計 81 年）　首都：羅馬

- 476 年，日爾曼的傭兵隊長奧多雅克，廢黜西羅馬帝國的兩歲皇帝羅慕洛斯（西羅馬帝國滅亡）。
- 滅亡後國家分裂成東、西哥德王國、法蘭克王國、勃艮第王國及汪達爾王國。

⑤ 第五階段｜東羅馬帝國（拜占庭帝國）｜ 395 年～ 1453 年（共計 1058 年）
　　　　　　　　　　　　　　　　　　　　　　　　　　　首都：君士坦丁堡

- 1453 年被鄂圖曼土耳其帝國滅亡，首都君士坦丁堡被改成伊斯坦堡。

2 二百年羅馬和平時期

- ★ 前 27 年～西元 180 年（計 207 年），16 位皇帝治世。（見左頁表）
- 羅馬大帝國 200 年和平時期（除西元 69 年發生內部動盪外），富強興盛，與中國東漢帝國並列世界超級強國。

迫害基督教教徒的皇帝

- 第 5 任尼祿：羅馬市區大火嫁禍於基督徒（聖彼得及聖保羅西元 67 年殉教）。
- 第 11 任圖密善：大規模搜捕基督徒（約翰被放逐於拔摩島）。
- 第 13 任圖拉真：將耶路撒冷的基督教領袖殺害。
- 第 16 任馬可奧里略：發生里昂殉道事件（將基督教徒丟進競技場內餵獅子）。

3 羅馬百年混亂時期｜（從繁榮到混亂）

- ★ 西元 180 年～ 285 年（共計 105 年），33 位皇帝更替。（見 150 頁表）
- 從第 17 任皇帝康茂德開始內亂，直至第 50 任皇帝卡里努斯止（百年間有 33 位皇帝密集更替，平均三年一任）。

4 基督教從迫害到受盡尊崇時期

- ★ 西元 284 年～ 392 年（共計 108 年），17 位皇帝治世。（見 151 頁表）
- 第 51 任皇帝戴克里先是羅馬帝國，最後一位迫害基督教徒的皇帝（其去世兩年後基督教開始大放異彩）。

Ⓐ 要命的決策　第 51 任戴克里先是羅馬帝國最後一位殘酷迫害基督徒的皇帝，他認為羅馬三世紀危機（百年內亂期）是世襲制度的缺點，以及國家幅員廣闊的因素，於是廢除帝位世襲及君王獨裁制度，創新一個由四帝共治制度的理想模式（搬石頭砸自己腳的思維）。

四帝共治制度　將帝國分為東西二部，各有一位正皇帝（稱奧古斯都）及分別有一位副皇帝（稱凱撒），美好的想法卻埋下國家再度分裂的亂源（內戰的禍根）。

四帝內戰　西羅馬的副皇帝君士坦丁，聯合東羅馬的副皇帝李錫尼（妹婿）共同

王朝	序	皇帝名稱	在位期	任年	享年	大事記備註
羅馬三世紀危機（百年混亂期）	17	康茂德（科莫多）	180～192 年	12	31 歲	● 開啟百年混亂期（其死後出現三位皇帝同時繼位的鬧劇）
	○ 20	塞維魯（瑟弗倫）	193～211 年	17	64 歲	放逐無數基督教徒，處決基督教神職人員（屍體餵狗）
	21	卡拉卡拉	211～217 年	6	29 歲	在羅馬城外興建公共大浴池（卡拉卡拉浴池，迄今仍保存）
	○ 26	馬克里努斯（馬克西姆）	235～238 年	3	65 歲	將基督徒丟進競技場與囚徒互相砍殺取樂
	○ 34	德西烏斯（戴修斯）	249～251 年	2	50 歲	將基督徒處火刑，叫市民前來圍觀喝采
	○ 40	瓦萊里安（瓦勒尼安）	253～260 年	7	60 歲	逼迫基督徒膜拜偶像（違者斬首）
	○ 44	奧勒良（奧理良）	270～275 年	5	60 歲	迫害基督徒重建羅馬牆（今保留有奧勒良城門）
	50	卡里努斯	283～285 年	2	不明	奢華淫亂被戴克里先（第 51 任皇帝）擊殺

對抗正皇帝馬克森提烏斯和馬克西米努斯（內戰再度爆發）。

B 聖靈感應 君士坦丁在作戰時深刻感受到宗教體驗（在異象中看到耶穌基督）於是用 XP（代表基督）作為盾牌標誌（取得重大勝利）。

米蘭敕令 勝戰後，君士坦丁與東方的李錫尼共同瓜分帝國，相互稱帝，並於 313 年在義大利米蘭（當時的首都）共同頒發一個對基督教寬容的敕令（米蘭敕令）宣布基督徒擁有信仰及傳教的自由。

統一全國 君士坦丁與李錫尼兩位皇帝和睦僅一年時間，雙方再度兵戎相見（重啟戰火），最後君士坦丁以基督軍團自居，打敗李錫尼皇帝，再度統一全羅馬帝國。

君士坦丁大帝

?

● 西羅馬帝國於 476 年滅亡，國家分裂成法蘭克王國、東、西哥德王國等……
● 東羅馬帝國（拜占庭帝國）於 1453 年被鄂圖曼土耳其帝國滅亡。

小常識

基督教從被迫害到受尊崇　　○：代表迫害基督教徒的皇帝

序	任別	皇帝名稱	在位期	任年	享年	大事記備註
A	○51	戴克里先	284～305年	20	68歲	殘害基督徒，縱火燒教堂（男女老少均不放過），結束羅馬三世紀危機，創立四帝共治制度。
B	57	君士坦丁	307～337年	31	65歲	● 再度統一羅馬帝國，西元313年頒發「米蘭敕令」承認基督教，西元325年接受洗禮（成為第一位基督徒皇帝）。
C	67	狄奧多西	378～395年	17	48歲	392年頒「薩洛尼卡敕令」，基督教正式成為羅馬帝國國教。 395年其遺囑傳位給兩個兒子繼承羅馬皇帝（開啟東、西羅馬帝國時代來臨）。

基督徒皇帝　西元325年君士坦丁大帝正式接受洗禮，成為第一個基督徒皇帝，並召開尼西亞會議（第一次大公會議）奠定基督教基本教義。

移駐新都　西元330年，君士坦丁大帝移駐拜占庭，命名為「新羅馬」（後稱為君士坦丁堡，如今的伊斯坦堡），他去世60年後成為東羅馬（拜占庭）帝國的首都。

ⓒ 羅馬國教　西元380年，第67任羅馬皇帝狄奧多西在「薩洛尼卡」頒佈敕令，正式將基督教確立為羅馬帝國國教（其他異教都被禁止，包含羅馬傳統宗教）。

永久分裂　西元395年，狄奧多西皇帝去世，其遺囑將廣闊帝國交給兩個兒子各自管理（開啟東、西羅馬帝國時代的來臨）。

● 阿卡狄奧斯繼承帝國東部（成為東羅馬帝國首任皇帝），霍諾留繼承帝國西部（成為西羅馬帝國首位皇帝），從此分道揚鑣，再也沒有合併統一過。

? 小常識

羅馬行政五大階段

階段	朝代名	期間	共計（年）
一	羅馬王政期	前753年～前510年	243年
二	羅馬共和期	前509年～前27年	482年
三	羅馬大帝國	前27年～西元395年	422年
四	西羅馬帝國	395年～476年	81年（503年）
五	東羅馬帝國	395年～1453年	1058年（1480年）

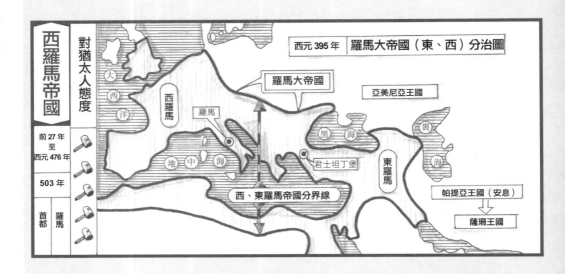

西羅馬帝國

對猶太人態度

前27年至西元476年	
503 年	
首都	羅馬

西元 395 年　羅馬大帝國（東、西）分治圖

羅馬大帝國

亞美尼亞王國

大西洋

西羅馬

羅馬

黑海

裏海

地中海

君士坦丁堡

東羅馬

西、東羅馬帝國分界線

帕提亞王國（安息）

薩珊王國

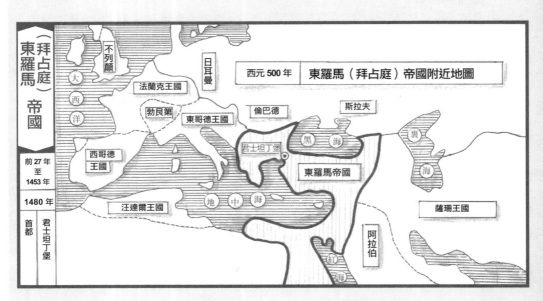

東羅馬（拜占庭）帝國

前27年至1453 年	
1480 年	
首都	君士坦丁堡

不列顛

大西洋

法蘭克王國

勃艮第

東哥德王國

西哥德王國

日耳曼

西元 500 年　東羅馬（拜占庭）帝國附近地圖

倫巴德

斯拉夫

黑海

裏海

君士坦丁堡

東羅馬帝國

地中海

汪達爾王國

薩珊王國

阿拉伯

紅海

第十四章
認識唯一真神的三大宗教

第一節　世界唯一真神三大宗教比較表

教別	✡ 猶太教	✝ 基督教（天主教、東正教、新教）	☾☆ 伊斯蘭教（回教）
緣由	神與希伯來人立約（父母）	由猶太教演變而成（兄）	由大天使加百列的啟示（弟）
教主	萬軍之主（上帝） ● 雅赫維（阿多奈）	上帝（天父／天主） ● 耶和華	真主（阿拉） ● 太斯米（阿拉及 99 個聖號）
創教	亞伯拉罕（信者）	耶穌基督（聖者）	穆罕默德（使者）
奠基者	摩西	聖保羅	穆罕默德
繼承者	以色列十二支派	耶穌十二大門徒	四大哈里發
大弟子	約書亞	聖彼得	阿布巴克
派別	法利賽派、撒都該派、愛色尼派	天主教、東正教、新教（基督教）	遜尼派（重視傳統）、阿里派（重視血統）
教義	十誡（堅守立約）	十誡（因信稱義）	六信五功
經典	舊約聖經（塔納赫）共 39 卷（希伯來文）	新、舊約聖經（福音書）新約聖經 27 卷（希臘文）	可蘭經（聖訓）共 30 卷 114 章（阿拉伯文）
聖地	耶路撒冷	耶路撒冷	麥加
聖山	西奈山	橄欖山	希拉山
聖殿	會堂（聚所）	教堂（禮拜堂）	摩斯庫（清真寺）
教首	祭司長（大祭司）	教宗（天主教）牧首（東正教）	哈里發
教士	拉比	神父（天主教）牧師（基督教）	依瑪目
信眾	教友（割禮）	會友（洗禮）	教徒（入教）
信徒	守聖約者（會眾）	姐妹弟兄（會友）	穆斯林（追隨者）
禮敬	祈禱（誦唸）	禱告（讚美）	朝拜（證言）
敬語	沙龍、示瑪（和散那）	哈利路亞（阿門）	阿拉是唯一真神
傳承	信教（守約）	傳道（證道）	宣教（念功）
理念	遵行聖約（傳承）	救恩世人（博愛）	順從真主（歸順）
朝敬處	《妥拉》經卷聖櫃	佈道台	朝聖地壁龕（米拉伯）
聖物	米諾拉（七臂燭台）	十字架	阿拉伯文書法掛飾
代表物	聖所長明燈	教堂大聖鐘	四根喚拜塔
休息日	安息日（星期六）	禮拜日（星期日）	主麻日／聚禮日（星期五）

？
● 猶太教是世界唯一不積極向外傳教的宗教（因為他們認為上帝只會拯救猶太人，其他異族都被摒除在外）。

小常識

一、猶太教重要圖徽

七臂燭台

古猶太教的標誌，又稱為「米諾拉」，摩西出埃及時以杏花形狀製作出七個分支及三個接點（代表永恆不變的十數）的燭台，象徵心靈與神的結合，是曠野會幕及聖殿中重要的儀式聖物。

大衛之星

猶太人的標誌，以前是大衛王盾牌徽章，現已成為以色列的國徽，一個正三角（表男生），倒三角形（表女生），兩個三角形交錯成為「六角星」。
象徵：真理與心靈的結合。

所羅門之結	《妥拉》書卷	羊角笛	十誡法板	約櫃
● 表永恆	● 表律法	永恆重要節日必吹響此笛	● 表戒律	與神立約

二、基督教重要圖徽

基督教十字架	天主教十字架	東正教十字架

● 簡潔　無聖像	● 樸素　有聖像	● 華麗　有聖像

十字架的形式差異

天主教及東正教在十字架上常有耶穌受難像（苦像）。而基督教則禁止偶像崇拜，故僅以單純的十字架來代表耶穌的贖世精神。

最古老的基督教徽

X、P 是耶穌基督希臘文字首的組合。

基督魚

早期基督教為躲避羅馬人迫害而使用的暗號（代表耶穌基督乃我救主）

上帝之眼｜又稱「全視之眼」

● 是上帝監視人類的法眼（又稱為無所不見的眼睛）

伊斯蘭教教徽

新月與星辰代表對滿月充滿期盼，成為教徒的願望。
● 此徽章原為鄂圖曼土耳其帝國的國徽，後來演變成為伊斯蘭教（回教）的教徽。

法蒂瑪之手

● 法蒂瑪（穆罕默德的女兒）五根手指象徵伊斯蘭教的五功（唸功、禮功、齋功、課功及朝功）。
她是什葉派所崇敬的聖女，此徽章可作為防止惡靈侵身的護身符。

天主教玫瑰唸珠

又稱為「信仰之鍊」，據説是聖道明發明的，通稱為「蒙福聖母玫瑰經唸珠」。
● 由 59 顆珠組成，是誦唸玫瑰經時用來助禱的器物。

伊斯蘭教唸珠

又稱「贊珠」（太斯巴哈），共 99 顆珠（代表阿拉 99 個神性名字）。
以 33 顆珠為一對，共唸三次，剛好 99 顆珠。
是穆斯林祈禱時記數用具。

第三節　認識上帝 祂是至尊無上、全能全知、無形無體、無所不在

★ 四字神名「YHWH」| Yahweh | 代表上帝（意為自有永有）

1 各宗教對上帝的稱呼

宗教	猶太教	基督教（新教）	天主教	東正教	伊斯蘭教（回教）
名稱	Adonai（我主）	God（上帝）	Lord（上主）	Yahweh（上帝）	Allah（阿拉）

1	猶太教	嚴禁直稱「耶和華」（因祂太過於神聖不可直呼其名），一般都改稱「阿多奈」（我主）代替
2	基督教	直稱「耶和華」，曾為了翻譯成「上帝」或「神」爭議幾十年（最後兩者兼用）
3	天主教	稱「耶和華」為「雅威」，翻譯成「天主」或「上主」
4	東正教	稱「耶和華」為「耶威」（意為上帝）
5	伊斯蘭教	回教稱「耶和華」為「阿拉」（安拉），翻譯成「真主」

2 上帝名稱的起源 《聖經》裡對上帝的詮釋

1	《聖經》第一句話就提到上帝：「起初神創造天地」（《創世紀》第 1 章第 1 節）
2	《聖經》第一次出現神的名字：「……在耶和華神造天地的日子，乃是這樣」（《創世紀》第 2 章第 4 節）
3	《聖經》第一次出現解釋神的名字：「神對摩西説我是自有永有的……耶和華是你們祖宗的神……」（《出埃及記》第 3 章第 14 ～ 15 節）

各自解讀	1	猶太教	「耶和華」上帝是以色列的神（傳統性的舊約）	至尊無上、全能全知、無形無體、無所不在
	2	基督教	「耶和華」上帝是全世界的神（開創性的新約）	
	3	伊斯蘭教	阿拉是唯一真神（宇宙創造主，人類審判者）	

3 《聖經》裡神的各種稱謂　基督教稱「天父」，天主教稱「天主」統稱「上帝」

1 主　我主、救主、上主、天主、一切的主、至高的主、創造的主、永恆的主。

2 神　永生的神、以色列的神、亞伯拉罕的神、列祖的神、全能的神、大能的神（以利沙代）、至高無上的神（以羅欣）。

3 耶和華　萬軍之耶和華（沙巴奧）、主耶和華。

耶和華的七大稱謂	1	耶和華以勒	意即「神必預備」
	2	耶和華沙瑪	意即「神與我同在」
	3	耶和華羅伊	意即「神是我的牧者」
	4	耶和華尼西	意即「神是我的旌旗」
	5	耶和華沙龍	意即「神賜平安」
	6	耶和華齊根努	意即「神是我的義」
	7	耶和華拉法	意即「神必醫治」

猶太教
● 上帝的符號（YHWH）

基督教上帝的符號
● 聖三位一體環

伊斯蘭教
● 真主阿拉的符號

4 上帝的權能　《舊約聖經》裡上帝所做過的三件事

① 創造宇宙萬物、② 向以色列人啟示律法（《妥拉》）、③ 救贖世人。

第四節　認識天使 上帝的使者（執行神的任務傳達神的旨意）

天使特徵　一對翅膀，頭頂上光環圍繞（屬靈的表象）。

天使等級

上三級		1	熾天使	撒拉弗
		2	智天使	基路伯
		3	座天使	
中三級		4	主天使	
		5	力天使	
		6	能天使	卡麥爾
下三級		7	權天使	
		8	大天使	
		9	天使	

引導、守護、懲罰 →

人類

← 誘惑、威懾、邪念

墮落 →

墮天使（惡魔）

熾天使｜撒拉弗（色辣芬）
服侍上帝左右，有6個翅膀
（最大特色）

智天使｜基路伯（革魯賓）
他是會幕及約櫃的守護神

---

1 七大天使 又稱「七靈」（神寶座前七個聖靈代表），其中以四大天使較著名

	序	元素	天使名	基督教名	天主教名	伊斯蘭教（回教）名
四大天使	1	火	天使長	米迦勒	彌額爾	米卡爾
	2	水	大天使	加百列	加俾厄爾	吉布列爾
	3	風	守護天使	拉斐爾	辣法厄耳	伊斯拉菲爾
	4	土	冥界天使	烏列爾	優禮	亞茲拉爾

5	天主的復仇者天使	拉貴爾	擁有天國鑰匙的天使
6	靈魂復仇天使	沙利葉	不受罪愆玷污的天使
7	守護靈魂天使	雷米勒	看守冥界靈魂的天使

2 四大天使簡介 聖經裡經常被提及的四位主要天使

1 米迦勒｜天使長／總領天使｜他是天使軍團的統帥

- 伊甸園的守護神。
- 與化身惡龍的撒旦戰鬥中獲勝（將它擊退）。
- 曾現身阻止亞伯拉罕要將兒子（以撒）獻祭給神。
- 一夜之間擊斃進犯耶路撒冷的十八萬五千名亞述大軍。

當代天使形象

② 加百列｜**大天使**｜他是耶和華的使者
- 曾與雅各摔角並賜他新的名字「以色列」。
- 在焚燒荊棘中向摩西顯現傳達神諭。
- 曾向先知但以理解釋異象內容。
- 向聖母馬利亞報佳音（聖靈懷胎）。
- 最後審判時負責吹鳴號角（以示死人復活）。

吉布列爾（加百列）
伊斯蘭教（回教）的大天使

③ 拉斐爾｜**醫療守護天使**｜他同時也是旅行者的守護神
- 解除亞伯拉罕老年行割禮痛苦的天使。
- 多比傳中與他同行並暗中呵護他的天使，制服淫魔阿斯摩太（墮落天使）。
- 所羅門王建造聖殿時，他給一只刻有五芒星手環（可鎮壓 72 魔王）。
- 在伊斯蘭教（回教）裡他代表審判日來臨時發佈此消息的使者。

④ 烏列爾｜領導天體星辰並守護冥界的天使（又稱神之光）
- 曾通告挪亞建造方舟，逃避大洪水之災。
- 最後審判時負責開啟地獄之門。

天使長－米迦勒

大天使－加百列

火 水

風 土

守護天使－拉斐爾

冥界天使－烏列爾

名稱	別號	屬靈	象徵
天使	善天使（仙子）	上帝使者精靈 ➡ （白魔法）	代表：生存（光明）
惡魔	墮天使（妖怪）	背叛天使邪靈 ➡ （黑魔法）	代表：死亡（陰暗）

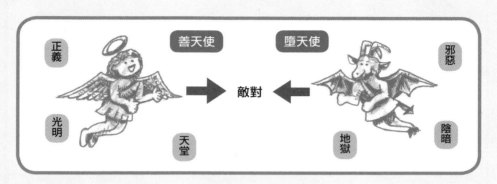

第五節　認識墮天使 犯下七宗罪而遭天譴的天使

源起　背叛上帝被逐出天堂，墮落到冥間的邪靈，總體代表為「撒旦」（意為上帝的仇敵）。

何謂撒旦　聖經裡專門挑戰上帝權柄，隱居地獄的邪惡表徵（欺騙的高手、誘惑的化身），手上有「666」邪惡記號。特徵：山羊頭、蝙蝠翅膀。

巴風特魔符　倒五芒星（是撒旦的印記符號）。

何謂撒旦　聖經裡人們所犯的七種罪孽，對應成七個惡魔（七宗罪墮落天使）。

	序	罪 名	代表者	備註
七宗罪墮落天使	1	傲慢（不敬）	路西法	原為六翼黎明天使，意圖與上帝平起平坐而被逐出天堂（七魔王之首）
	2	暴食（沉溺）	別西卜	又稱「巴力西卜」，號「蒼蠅王」，是傳播病毒的魔王（地獄最高權限魔頭）
	3	憤怒（暴躁）	薩麥爾	曾引誘亞當、夏娃偷吃禁果的墮天使，被上帝懲罰變成蛇
	4	嫉妒（忌恨）	利維坦	又稱「阿撒茲勒」，是聖經裡的替罪公羊主人，原為海怪
	5	怠惰（慵懶）	貝利亞爾	又稱「巴力毗珥」是亞述的魔王，也是所羅門72柱魔神的統帥
	6	貪婪（慾望）	瑪門	祅教（拜火教神話中的魔王）其形象為雙頭鳥
	7	淫慾（放蕩）	阿斯莫太	又稱「阿斯摩德」是聖經中多比傳裡的淫魔（被天使拉斐爾擒拿）

撒旦｜巴風特魔符
倒五芒星

1｜傲慢｜路西法（魔王）
● 不敬

2｜暴食｜別西卜（地獄王）
● 沉溺

3｜憤怒｜薩麥爾（蛇祖）
● 暴躁

4｜嫉妒｜利維坦（海怪）
● 忌恨

阿撒茲勒（獻祭邪靈王）

5｜怠惰｜貝利亞爾（彼列）
● 慵懶

6｜貪婪｜瑪門
● 慾望

7｜淫慾｜阿斯莫德（阿斯摩太）
● 放蕩

160

第十五章
認識聖經裡的異教眾神明

第一節　最早宗教發祥地

美索不達米亞文明　世界四大古文明之首，又稱「蘇美文明」或「兩河流域文明」（今伊拉克地區）。

★ 兩河流域：幼發拉底河及底格里斯河。

蘇美文明沿革　北部古稱「亞述」、南部為「巴比倫」，巴比倫尼亞北部叫「阿卡德」及「亞摩利」、南部則稱為「蘇美」及「迦勒底」，他們都是《聖經》裡閃族的後裔（猶太人及阿拉伯人）及含族的子孫（埃及人及迦南人）共同在此區域定居活動。

王國的更替（王朝的更迭）

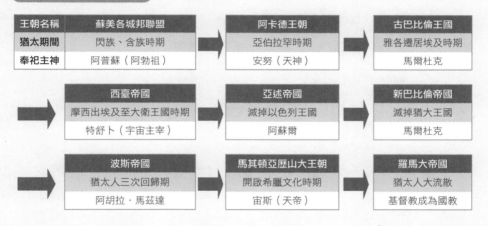

王朝名稱	蘇美各城邦聯盟	阿卡德王朝	古巴比倫王國
猶太期間	閃族、含族時期	亞伯拉罕時期	雅各遷居埃及時期
奉祀主神	阿普蘇（阿勃祖）	安努（天神）	馬爾杜克

王朝名稱	西臺帝國	亞述帝國	新巴比倫帝國
	摩西出埃及至大衛王國時期	滅掉以色列王國	滅掉猶大王國
	特舒卜（宇宙主宰）	阿蘇爾	馬爾杜克

王朝名稱	波斯帝國	馬其頓亞歷山大王朝	羅馬大帝國
	猶太人三次回歸期	開啟希臘文化時期	猶太人大流散
	阿胡拉‧馬茲達	宙斯（天帝）	基督教成為國教

第二節　蘇美宗教　三大主神：安努（天神）、恩利爾（地神）、恩基（水神）

❶ 緣由　在《埃努瑪‧埃利什創世故事》及《吉爾伽美什史詩》的助力推演下，將傳說中的英雄人物，化身為各種自然界的主宰，成為人們崇拜對象，最後演變成為多神信仰的蘇美宗教。

★ 蘇美神話故事轉變成最早的「蘇美宗教」，它蘊育出爾後世界各大重要宗教（猶太教、基督教、伊斯蘭教），均承襲它所煥發出來的基礎元素，並把它更發揚光大。

蘇美宗教神祇特色	1	神明初始時是對自然界及動物的崇拜敬仰，然後逐漸擬為人性化形象，於是產生許多半人半獸的神祇。
	2	各個民族因語言不同，故對神祇名字稱謂也有所不同，甚至對他們的家庭輩份排序關係也有很大的差異（説法不一、錯綜複雜）。
	3	《舊約聖經》裡的挪亞方舟（大洪水）及希臘羅馬神話裡，有很多故事情節均沿用蘇美宗教裡的故事脈絡構思而成（很多事物雷同及巧合）。
	4	「蘇美宗教」的崇拜信仰，隨著基督教及伊斯蘭教日益壯大下，開始在該地區式微而沒落，最後只能成為一般神話故事，流傳至今。

蘇美宗教七大神				
七大神	三大主神	①安努（天神）	②恩利爾（地神）	③恩基（水神）
	四大天神	①寧胡爾薩格（生育神）　②辛（月神）　③沙瑪什（太陽神）　④伊南娜（愛神）		

❷ 蘇美宗教｜神祇家譜世系圖表　★表三大主神，◯表四大天神，有數字者可參見下頁圖

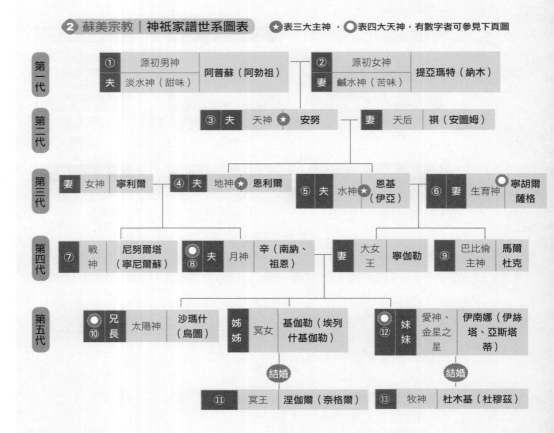

❸ 蘇美宗教重要神祇

第一代

① 源初男神｜阿普蘇（淡水神）（阿勃祖）

被孫子水神恩基所殺

② 源初女神｜提亞瑪特（海水神）（納木）

● 水龍形象
被曾孫馬爾杜克征服

第二代

③ 天神｜安努

蘇美宗教的主神

第三代

④ 兄｜地神｜恩利爾

分開天與地的神
擁有「天命書板」

⑤ 弟｜水神｜恩基（伊亞）

創造人類的神
殺死源初男神

⑥ 生育女神｜寧胡爾薩格

夫 ←→ 妻

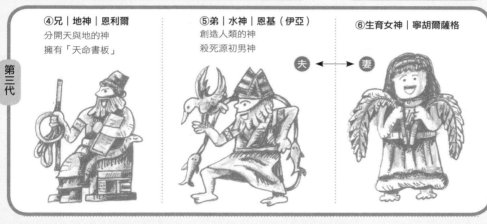

第四代

⑦ 戰神｜尼努爾塔（寧尼爾蘇）

● 從叛徒（安祖）手中，奪回其父（地神恩利爾）的「天命書板」

⑧ 月神｜辛（南納／祖恩）

⑨ 巴比倫主神｜馬爾杜克

● 征服源初女神提亞瑪特，將她的身體化為山脈及河流

怪獸安祖　　尼努爾塔

圖下為聖獸姆修

第五代	⑩太陽神｜沙瑪什（烏圖） 腓尼基人的主神	⑪冥王｜涅伽爾（奈格爾）	⑫愛神｜伊南娜（伊絲塔、亞斯塔蒂） 妻 ←→ 夫	⑬牧神｜杜木基（杜穆茲）

第三節　古巴比倫宗教 主神：馬爾杜克

源起　古巴比倫人將蘇美宗教裡的馬爾杜克尊奉為至高無上的主神，他曾和源初女神提亞瑪特（他的曾祖母）激戰並取得勝利，將榮耀獻給天堂，成為神界中新的主宰。

❶ 創造山河　馬爾杜克將源初女神的身體創造出山河（唾液變成雨水的雲朵、乳房變成山脈、眼睛流出二條淚水，成為底格里斯河和幼發拉底河）。

馬爾杜克的特徵　手持象徵王權的權環，腳邊蹲伏著一隻羯魔聖獸「姆修斯芬」。

❷ 戰神｜吉爾伽美什　烏魯克第五任國王吉爾伽美什是著名古代文學《吉爾伽美什史詩》的主角，在他之前的人都是神，在他之後都成為人（而他是三分之二是神，三分之一是人）。

特徵　他能徒手抓住獅子，擁有神的智慧力量，但卻沒有神般的不死之軀（有壽命限制）。

無情暴君　吉爾伽美什統治烏魯克期間殘暴冷血（逼男為奴、逼女為妾），人民苦不堪言，於是祈求眾神幫忙（希望攆走暴君）。

適得其反　眾神聽到人民的祈求，授命農業之神恩奇杜去討伐暴君，但沒想到他們兩人纏鬥多日後，卻惺惺相惜化敵為友（成為摯友）。

助紂為虐　如此一來烏魯克人民便生活在兩個暴君統治下，更加艱辛，於是眾神再派出噴火怪獸胡姆巴巴來對付他們兩人，結果很快就被他兩人擊斃（因得到太陽神沙瑪什的暗中幫忙）。

失去神格　眾神又改派愛神伊南娜（伊絲塔）去色誘吉爾伽美什，結果又以失敗告終，最後眾神決定剝奪兩人的神格，讓他們開始面對人類生命死亡的宿運

戰神｜吉爾伽美什
三分之一為人格
三分之二為神格

農業之神｜恩奇杜（恩奇都）
與吉爾伽美什從敵人變摯友

噴火怪獸｜胡姆巴巴

安排（最後終老而死）。

巴比倫的大洪水 地神（風暴神）恩利爾為了對人類罪惡的懲罰而引發大洪水，烏塔那匹茲姆受到水神恩基（伊亞）的指點建造船塢，載走生物逃過一劫（與聖經裡的挪亞方舟如出一轍）。

第四節　亞述宗教 主神：阿蘇爾

源起 亞述人暴虐嗜血，是當時蠻橫兇惡的戰鬥民族，排斥異族宗教，在國王薩爾貢二世（撒珥根二世）期間，特別尊崇戰神阿蘇爾（取代巴比倫主神馬爾杜克），成為亞述人的主神。

戰神｜阿蘇爾
手持弓箭，後帶日
輪展翅（代表：威
力 四 射，每 戰 必
勝）

神廟守護神｜拉瑪斯（舍杜）

亞述惡魔（風暴神）｜烏加盧
獅頭鷹足狼尾

採收精靈
鷹頭人身
左手持籃（表富饒）
右手持棗果（表生命力）

分娩神｜帕祖祖

第五節 西臺宗教 主神：特舒卜（蘇美宗教稱為尼努爾塔）

源起 宇宙主宰阿拉魯神（蘇美宗教稱為阿普蘇）被他的兒子安努推翻取而代之（與希臘神話的宙斯雷同）。

歷史重演 不久後安努的兒子庫馬爾比（蘇美宗教稱為恩利爾）叛變咬住父親（安努）的生殖器，吞下大量精子，產生威力更強的風暴之神特舒卜（蘇美宗教稱為尼努爾塔），成為西臺主神。

特徵 手持鐵器三叉戟、腳踩著象徵財富的公牛。

★ 西臺王國的冶煉鐵器技術，當時獨步全球。

風暴神｜特舒卜

第六節 迦南宗教 主神：巴力

源起 迦南地區（巴勒斯坦）信仰的主神巴力（原為蘇美宗教中亞摩利人的主神）在阿卡德王朝時期傳入迦南，成為當地的主神。

邱壇 聖經裡常提到供奉獻祭異教「巴力神」及「亞舍拉神」的地方稱為「邱壇」（意為高丘神居處）。

淫亂的宗教 迦南宗教儀式中常會出現集體淫亂（有廟妓制度）並以嬰童做為獻祭品。

行神眼中的惡事 以色列民（與上帝立約的子民）如果前往邱壇膜拜異教神明，會犯下三大宗罪。

以色列民在邱壇所犯的三大宗罪 ① 崇拜偶像 ② 淫亂信仰 ③ 殺嬰獻祭。

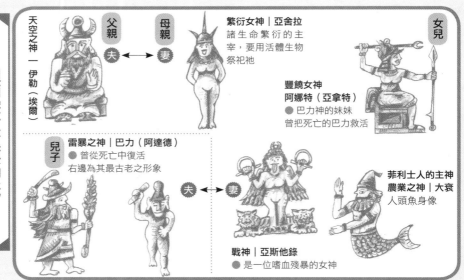

迦南宗教重要神祇

天空之神—伊勒（埃爾）｜父親
母親
繁衍女神｜亞舍拉 諸生命繁衍的主宰，要用活體生物祭祀祂
女兒
豐饒女神 阿娜特（亞拿特）
● 巴力神的妹妹
曾把死亡的巴力救活

兒子 雷暴之神｜巴力（阿達德）
● 曾從死亡中復活 右邊為其最古老之形象
夫←→妻
菲利士人的主神 農業之神｜大袞 人頭魚身像
戰神｜亞斯他錄
● 是一位嗜血殘暴的女神

第七節　祆教（拜火教）　主神：阿胡拉・馬茲達

祆教　祆音「先」，是當時西亞地區「一神論」的宗教（被波斯帝國立為國教，故對猶太人較和善）。

最古老的宗教之一　因信徒需用白色布包覆頭部，被稱為「白頭教」，信徒必須在火盆面前禱告祈福，又稱為「拜火教」，視火（代表光明）為最神聖的物體。

創始人　先知瑣羅亞斯德（出生時是世上唯一大笑者，其餘皆大哭），他是繼亞伯拉罕之後再度提倡唯一真神論的人（一神論）。

名稱多元　祆教、白頭教、拜火教、瑣羅亞斯德教。

教義　「善」、「惡」二元論（善者上天堂，惡者下地獄），教徒必須保持純潔善良的初心，並隨時提防被邪惡力量給污染（因需吸收光明面，故對「火」特別崇敬）。

創始人｜瑣羅亞斯德

波斯帝國的國教　波斯帝國大流士一世將祆教定為國教（對各民族實行寬容政策），在西亞地區盛行一時，西元七世紀後，隨著伊斯蘭教（回教）勢力擴大，才日漸式微（今只流行於印度）。

主神　善神阿胡拉・馬茲達、惡神阿里曼。

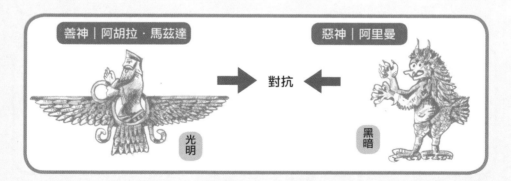

第八節　埃及宗教　主神：奧西里斯

祆教　埃及為世界四大古文明古國之一，以奴隸制度及宗教化立國，法老王自認是太陽神荷魯斯的化身（集王權、宗教權、軍事權於一身）。

木乃伊　法老王相信人死後可再復活，於是將他的遺體製作成木乃伊，等待來世復活。

神明特色 神祇很多是獸臉禽面人身的形象，手持安可（埃及十字架）或一支代表幸福的烏阿斯杖。

★ 古埃及經歷了 31 個王朝，期間產生 370 位法老王治世。

	王朝期	期間	王朝別	政權備註	主要神明崇拜
埃及宗教各時期的主神	早王朝	前 3100 ～前 2700	1 ～ 2 王朝	美尼斯統一上下埃及	主神：奧西里斯
	古王國時期	前 2700 ～前 2200	3 ～ 6 王朝	金字塔的黃金時期	主神：荷魯斯
	第一中間期	前 2200 ～前 2033	7 ～ 10 王朝	戰亂分裂的時期	主神：普塔神
	中王國時期	前 2033 ～前 1710	11 ～ 13 王朝	廢除省長制度	主神：阿蒙神
	第二中間期	前 1710 ～前 1550	14 ～ 17 王朝	移權至尼羅河三角洲	主神：塞特神
	新王國時期	前 1550 ～前 1069	18 ～ 20 王朝	皇家陵寢移至帝王台	主神：阿頓神
	第三中間期	前 1069 ～前 664	21 ～ 25 王朝	新意與傳統共存	主神：蒙拉神
	後王朝時期	前 664 ～前 332	26 ～ 31 王朝	被亞歷山大給滅亡	埃及神話故事

① 埃及太陽神｜法老王被視為太陽神的化身，宇宙秩序的中心

● 創世太陽神－荷魯斯
法老王的祖先

● 中古太陽神－拉（瑞）
法老王的守護神

● 落日太陽神－亞圖姆
人類的守護神

曙光太陽神｜阿頓
● 巴力第 18 王朝時被奉為埃及獨尊神明（唯一神），其形象為日輪及千手光環

② 埃及遠古三聯神｜在遠古時期，埃及人宗教信仰以奧西里斯為最神聖的守護神

● 父－冥界之神－奧西里斯
古埃及最尊崇的神

夫 ←→ 妻

● 母－聖母女神－伊西斯
萬神殿中最受喜愛的神

● 子－蒼天之神－荷魯斯
創世太陽神

夫 ←→ 妻

● 愛情女神－哈索爾
專護戀愛情侶
（牛神）

③ 底比斯三柱神｜中王國時期，全埃及最高無上的三位神明

● 父－初始之神－阿蒙
古埃及最尊貴主神
（是宇宙萬物的初始神）

夫 ←→ 妻

● 母－富饒女神－慕特
諸生物之母

● 子－月神－孔斯
頭戴滿月及新月之冠（象徵月神），亦是醫神

④ 孟斐斯創造之神 | 孟斐斯（開羅附近）三大神：普塔、奧西里斯、賽特

夫 ←→ 妻

創造之神－普塔
孟斐斯三大主神之首，也是塞德慶典的主神（亦是工藝之神）

戰爭女神－泰芙努特
獅頭人身，能引發疾病、乾旱（駭人恐怖之神）

神牛－阿匹斯
普塔的使者（象徵：豐饒生產）後來成為猶太人「金牛讀」崇拜源頭

⑤ 調和之神 | 在冥府的審判庭中展現公平正義之神

瑪特正義的天秤
將心臟與羽毛放在秤上秤重公平，顯現審判的正義

惡 ／ 善

正義女神－瑪特
體現善惡真理的羽毛頂在頭上（表公平審判）

妻 ←→ 夫

文學之神－托特
他是埃及文字的發明者，手執筆，拿著卷軸、同時也是諸神的信差、埃及的智慧之神

⑥ 宇宙之神 | 蓋普與努特夫妻共同捍衛天地

天空女神－努特
她用四肢壓制大地，身體佈滿星辰，她能吞食太陽（是亡靈的守護神）

大地之神－蓋普
與妻努特上下一體頂住天（其頭上有鵝頂立）

● 阿努比斯稱量
● 依善惡引渡亡靈

● 他是木乃伊的創造者（監督亡靈接受審判）

墓室之神－阿努比斯

⑦ 冥界之神 | 人類亡靈的統治之神

混亂之神－塞特
埃及的惡神（加害奧西里斯之弟、荷魯斯的敵人）近代成為抑制風暴及阻止外族入侵的防暴之神

夫 ←→ 妻

死亡女神－奈芙蒂斯
伊西斯之妹，曾背棄丈夫，偷偷保護並照顧荷魯斯

⑧ 生育繁衍之神 ｜ 受埃及崇敬的家庭之神

● 繁衍之神—明（敏）
最大特徵：勃起的性器

● 生育女神—塔維雷
河馬臉人身（懷孕分娩的守護神）特徵：大乳房

● 家庭守護神—貝斯
外表惹人厭卻是和諧歡樂之神

埃及吉祥物

● 烏賈特之眼
表賜福

● 安可
埃及十字架
眾神手持聖物
表永生

⑨ 生活之神

● 尼羅河神—克努姆
公羊頭，亦被視為陶工之神

● 狩獵女神—奈特
亦是木乃伊內臟的守護神

● 水神—索貝克
鱷魚臉（亦是法老王守護神）

● 金字塔守護神 ｜ 司芬克斯
人面獅身像

● 音樂之神—巴斯特
性情溫和，曾協助阿努比斯對抗邪靈

● 烏阿斯手杖
表幸福，眾神手持之物

● 打穀器
代表支配一切事物

● 王者權杖
代表權力（內涵收割）

● 聖甲蟲—凱布利
太陽運行推動器

● 傑德柱
表安定恆久

● 提埃特
表作物豐收

第九節　希臘、羅馬宗教
隨著基督教的蓬勃發展而逐漸式微（成為傳奇神話故事）

奧林匹斯主神　希臘奧林匹斯山是眾神居住的地方，（共分九重天）山頂是天帝宙斯神殿。

家族骨肉相殘　宙斯與兄弟（海神、冥神）共同推翻其父泰坦神克羅諾斯，而成為眾天神的主宰。

奧林匹斯十二神 以宙斯為中心，一位是其兄（海神），三位是其妹（天后、農神、灶神），其他均為他的子女，雖為一家人，卻是天下最不融洽的家族（因宙斯常與仙女偷情引來其妻天后希拉的報復）。

奧林匹斯十二神	1	天帝	宙斯（朱比特）	推翻其父泰坦神成為天帝，個性風流，常誘拐仙女（偷情），生下眾多子女
	2	天后	希拉（朱諾）	宙斯之妹兼妻子，醋勁極強，常懲罰她的情敵（含其子女）
	3	海神	波塞頓（納普欣）	宙斯兄弟，統治海洋，又被稱為「海天王」
	4	農耕之神	迪密特（席莉絲）	宙斯之妹，其女兒被冥王強佔為妻（每年探望四次），成為四季之神
	5	太陽神	阿波羅（阿里歐斯）	音樂及詩歌的靈感之神，是青年人心目中的美男子
	6	火神	赫菲斯托斯（伏爾岡）	長像醜陋，鑄鍛技術高超，娶了美神，種下沒完沒了的偷情事件
	7	美神	阿芙羅黛蒂（維納斯）	她是最美麗的女神，卻嫁給醜男火神，故常紅杏出牆，越軌偷情
	8	戰神	阿利斯（馬爾斯）	喜歡挑起戰爭，沉溺血腥，與美神偷情，生下小愛神丘比特
	9	商業之神	荷米斯（墨丘利）	眾神的信差，帽子及腳跟均有一對翅膀（靈活穿梭在陰陽界中）
三大處女神	10	智慧女神	雅典娜（美娜瓦）	是希臘雅典城的守護神（曾與海神在此大戰，最後贏得勝利）
	11	月神	阿蒂密絲（黛安娜）	常漫遊在森林，又被稱「狩獵女神」，不受任何人的束縛永保童貞
	12	灶神	荷絲提雅（維斯塔）	宙斯妹，手持火種，象徵家庭團聚，終生未嫁，是兒童的守護神
		冥神	黑地斯（普魯托）	宙斯兄弟，統治冥府，因而被排除在十二神之外
		酒神	狄奧尼索斯（巴克斯）	發明葡萄酒技術（使得神仙家庭更加麻醉墮落）
		泰坦神	克羅諾斯	被兒子們（宙斯兄弟）奪位，被放逐到無底深淵，成為司時神（手持死亡鎌刀）

★ 前為希臘神名 （ ）內為羅馬神名 編號可參見下方圖

171

4｜農耕之神—迪密特（席莉絲）

● 音樂之神

5｜太陽神—阿波羅（阿里歐斯）

● 擅長鍛冶

6｜火神—赫菲斯托斯（伏爾岡）

● 名字意為海上泡沫

7｜美神—阿芙羅黛蒂（維納斯）

8｜戰神—阿利斯（馬爾斯）

● 眾神信使

9｜商業之神—荷米斯（墨丘利）

希臘、羅馬宗教三大處女神（童貞女神）

10｜智慧女神—雅典娜（美娜瓦）

11｜月神—阿蒂密絲（黛安娜）

12｜灶神—荷絲提雅（維斯塔）

冥神—黑地斯（普魯托）

酒神—迪奧尼索斯（巴克斯）

● 宙斯之父

泰坦神—克羅諾斯

● 美神維納斯與戰神的兒子

小愛神—丘比特

第十六章
猶太教事物解析

第一節　猶太教的習俗蘊涵

1　認識猶太教教徵

七臂燭台

1 七臂燭台　又稱「米諾拉」，原為猶太人舉行宗教儀式時使用的聖物（最後成為教徵），七臂中的六支代表上帝耶和華創造天地的六天，中間一支代表神聖的安息日。

2 大衛之星　目前猶太教教徵已被代表猶太人精神的「大衛之星」取代（源於大衛王作戰時所持的盾牌徽章），一個正三角（表男生）倒三角型（表女生），兩個三角形交錯成為「六角星」，代表真理與心靈的結合，現已成為以色列國國徽（國旗）。

大衛之星

2　何謂散和都　羅馬人統治時期，猶太人的最高行政、宗教及司法機構（即議會），被稱為「散和都」（簡稱猶太公會）。

由兩大派系組成　該機構由法利賽派及撒都該派共同推舉 71 人所組成，每天都會在聖殿「祭司院」旁的「華石廳」聚會打屁聊八卦。

散和都聚會

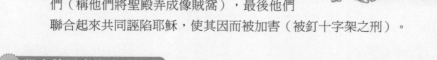

加害耶穌的團體　耶穌就是得罪「散和都」長老們（稱他們將聖殿弄成像賊窩），最後他們聯合起來共同誣陷耶穌，使其因而被加害（被釘十字架之刑）。

3　猶太教男童的成長過程　「出生 8 天後」行割禮；「出生 40 天後」要到聖殿行淨化禮儀式；「5 歲」開始學習《妥拉》（律法）；「10 歲」研讀重要經文及聖賢註釋；「13 歲」成年禮（男生出門時要開始在頭上戴著基帕小帽）。

★ 因猶太家庭重視教育及專心學習，故沒有文盲（大家都識字）。

猶太人世代必須牢記的五大準則

① 立約的子民（上帝特別揀選的子民）

② 嚴守戒律（十誡）

③ 唯一真神（禁止偶像崇拜）

④ 行割禮（猶太民族記號）

⑤ 守安息日（同上帝休息）

④ 猶太人的葬禮　恪守簡樸作風（薄葬）不立碑。

儘速下葬　猶太人死亡後要依習俗，必須即早入土為安，大部分是土葬（依《聖經‧創世紀》第3章第19節：「因為你是從土而出的，你本是塵土，仍要歸於塵土」。）

儀式　猶太教與伊斯蘭教（回教）葬禮幾乎雷同，必須洗淨屍體不著衣物，塗抹香料油膏，用白色亞麻布包裹，全身深埋（不用棺柩殯葬），親人要在家守喪七天（坐七）。

猶太教葬禮禁忌

猶太人的墳墓

① 禁止使用鮮花（一般都在墓座上放置小石塊），因為鮮花會凋謝而石頭卻永垂不朽（對逝者表達永生不忘的承諾）。

② 禁止彈奏音樂（只能朗誦詩歌、讀誦經文）。

③ 親人依習俗守喪七天（與佛教雷同）期間家屬所坐的椅子不得高於30公分，所以被稱為「坐七」（又稱為習瓦）

★ 佛教稱為「作七」（作法事七天的意思）。

★ 當代猶太教改革派，已經沒有嚴格執行以上習俗（用鮮花、彈奏音樂都被認可）。

第二節　認識猶太教最尊貴的聖物「約櫃」（法櫃）

源起　摩西在西奈山接領上帝頒發十誡石板之後，用皂莢木（合歡木）為材料，裡外貼著金箔，上方蓋子用純金打造一對天使（基路伯）展翅對望塑像，作為裝飾物。

尺寸　長度約100公分（1公尺），寬度和高度約70公分的長方體箱子。

約櫃形制

① 約櫃的禁忌

① 約櫃只有利未派（祭司）才能抬扛約櫃。

② 在聖殿中除了大祭司外，任何

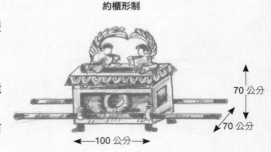
70公分

70公分

←100公分→

人均不得靠近約櫃。

③ 約櫃在行進期間，任何人不得擅自觸碰或用眼直視祂（女性更需要遠離避開）否則會因此冒犯上帝而有被雷電劈死之災。

④ 約櫃每逢猶太教贖罪日當天，會被用藍色布幔包覆抬至聖殿前，供民眾瞻仰禮敬（一年僅此一次）。

2 約櫃裡的內容物

三大聖物	1	法板	上帝用手指寫的兩塊十誡石板（法板）	代表：堅若磐石
	2	嗎哪	裝有嗎哪（漂流曠野 40 年時的生命靈糧）的黃金罐	代表：生命靈糧
	3	木杖	摩西兄長亞倫所持，發芽開花又結果實的神奇木杖	代表：世代傳承

● 原放置有三樣聖物，當所羅門聖殿完工時，裡面只剩兩塊十誡石板。

★ 象徵以色列人與神立約的證據（與神同在）。

3 約櫃的神蹟　能使河水乾涸，堅城倒塌（神與約書亞立約的表徵）。

① 約書亞繼承摩西領導地位後，依神指示抬著約櫃，經約旦河進入應許之地（迦南美地），當祭司們抬著約櫃一腳踏進約旦河時，河水被截流成為乾涸河床（好讓眾民通過）。

② 約書亞按神諭，每天抬著約櫃繞行耶利哥一圈，第七天繞行七次，城牆應聲倒塌。

4 約櫃被擄走事件

① 士師時代末期，非利士人向示羅進犯，長老們沒有向神請示下，擅自將約櫃從聖所抬出意圖克敵，結果觸怒上帝大敗而歸，約櫃被擄走。

② 非利士人把約櫃當成戰利品，放置在大袞神廟內供人參觀，不料隔天大袞神像倒伏粉碎於地。

③ 自從約櫃被非利士人掠奪擁有後，瘟疫開始肆虐流傳（約櫃轉移到哪裡災難就降臨到那裡），驚愕之下，非利士人將約櫃用兩頭母牛拉車運送回到伯示麥，歸還給以色列人（從失落到歸還相隔七個月）。

5 約櫃發威　約櫃被非利士人歸還送回伯示麥後，當地民眾因好奇圍觀，結果冒犯神的聖潔之物，當場 70 人被電擊而死（後來約櫃被安奉在基列耶琳長達20 年，直到大衛登基）。

烏撒事件　大衛王登基後，決定將約櫃迎接到耶路撒冷安奉，當準備進入帳幕時，因牛失蹄，使約櫃傾斜，利未人烏撒一時粗心（信心不足），想用手去扶正，結果當場被電擊喪命。

迎約櫃

大衛王戰戰兢兢用盛大隆重的儀式，平安的將約櫃迎進耶路撒冷安奉，開心之餘，披著細麻布、裸身在約櫃前盡情奔放手舞足蹈起來（自居卑微以神為樂）。

★ 但此舉被妻子米甲（掃羅王女兒）嘲諷蔑視，認為大衛舉止輕佻、行為粗俗脫序。

約櫃失蹤 巴比倫國王尼布甲尼撒將聖殿摧毀後，約櫃從此不知去向，人間蒸發（迄今成謎）。

第三節 認識希伯來人、以色列人及猶太人的區別

沿革世系表

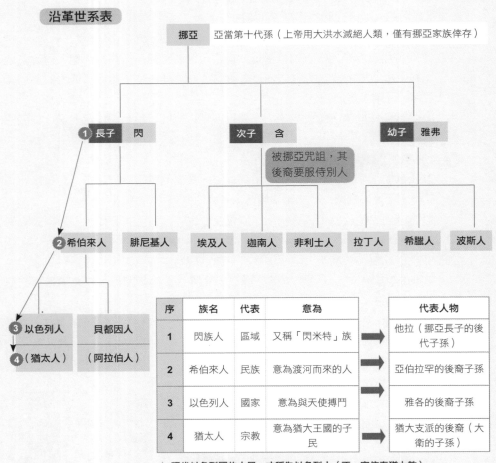

挪亞 亞當第十代孫（上帝用大洪水滅絕人類，僅有挪亞家族倖存）

1 長子 閃　　　次子 含　　　幼子 雅弗

被挪亞咒詛，其後裔要服侍別人

2 希伯來人　腓尼基人　　埃及人　迦南人　非利士人　　拉丁人　希臘人　波斯人

3 以色列人　貝都因人

4 （猶太人）（阿拉伯人）

序	族名	代表	意為	代表人物
1	閃族人	區域	又稱「閃米特」族	他拉（挪亞長子的後代子孫）
2	希伯來人	民族	意為渡河而來的人	亞伯拉罕的後裔子孫
3	以色列人	國家	意為與天使搏鬥	雅各的後裔子孫
4	猶太人	宗教	意為猶大王國的子民	猶大支派的後裔（大衛的子孫）

★ 現代以色列國的人民，才稱為以色列人（不一定信奉猶太教）

★ 猶太人是由猶太母親所生下的子女或信仰猶太教的人

希伯來人 閃族的後裔他拉世居吾珥（今伊拉克境內），為了躲避戰亂，舉家搬遷到哈蘭定居，其子亞伯拉罕受到上帝召喚，要他帶領家眷前往流著奶與蜜的應許之地（迦南美地），於是他成為希伯來人的始祖（意為渡河而來的人）。

以色列人 這是神賜給雅各的稱號（意為與天使搏鬥的人），他的十二個兒子成為「以色列十二支派」的始祖，他們的後裔被稱為以色列人。

猶太人 所羅門王去世後國家分裂成南北朝，北朝由十支派組成「以色列王國」，南朝由兩支派所組成的「猶大王國」（它延續大衛王的血脈傳承）。

雅各與天使摔角

● 北朝以色列王國被亞述帝國滅亡後，該地區的人民（十支派）與異族通婚和親，連姻後的結果逐漸被同化，血統混雜，最後成為「撒馬利亞人」（史稱消失的十支派）。

● 南朝猶大王國最終也被新巴比倫王國滅亡，百姓被擄走成為奴隸（史稱巴比倫之囚），亡國後的猶大子民才覺悟珍惜與神所立的盟約，開始重視守安息日、為孩子行割禮、恪守飲食規定，並採用猶太人的姓名（於是開始被稱為猶太人）。

猶太浩劫 納粹頭子希特勒認為猶太人、吉普賽人及斯拉夫人都是天生的惡種（前者更烈），故提出種族滅絕計劃（要將猶太人從地球上抹除），估計當時被殘忍屠殺的男女老少約六百萬人以上。

猶太之星 二戰期間納粹德國統治下的領域，只要是六歲以上的猶太人出門時，衣服都須佩掛著寫有「Jude」的黃色「猶太之星」章。

黃色猶太之星

獨立建國 以色列於 1948 年 5 月 14 日獨立建國，（從西元 135 年被羅馬帝國哈德良皇帝驅逐出境流散到世界各地開始，至完全獨立建國，期間歷經 1813 年悲慘歲月）。

宗教比例 目前以色列國信仰猶太教人數，約佔全國人口75%（另有其他宗教信仰者）。

★ 移居世界各地的猶太人比以色列國國民還多（以色列國目前人口約 950 萬人）。

源起　猶太教是一個不傳教的宗教（因他們是上帝特別揀選的子民），自從聖殿被摧毀及人民被擄走後，他們就從以聖殿為中心的儀式宗教，轉變成以會堂為中心的律法宗教（只遵行律法、不再做獻祭禮儀），因此會堂的拉比成為最高領導者（由於每個拉比思想不同、說法不一）導致衍生出眾多派別出現。

猶太教教徒必備的三大要素　① 血統、② 文化、③ 信仰（缺一不可）。

猶太教主要派別

A 古老的教派	1	法利賽派	律法主義派	遵行律法，嚴守誡命
	2	撒都該派	理性主義派	能接受希臘羅馬文化的陶冶
	3	愛色尼派	孤立主義派	強調儀式及修行
	4	奮銳黨	政治狂熱派	敵視羅馬帝國
	5	希律派	保持現況派	親羅馬帝國的教派
	6	文士派	經學士派	抄寫聖經（研究解釋聖經）

虔誠的猶太教正統派

B 現代教派	一	正統派	1	極端正統派	哈雷迪教派，是個憤世嫉俗的教派
			2	現代正統派	守約派
			3	虔敬正統派	哈西德教派，是個神秘主義教派
	二	改革派			因應時勢求新求變，在會堂男女可以混坐，不用希伯來語佈道
	三	保守派			介於以上兩派中間的溫和派

A　猶太教古老三大派簡介

起源　耶穌誕生前的哈斯蒙尼王朝（由馬加比家族建立的猶太獨立王國），在諸多信仰理念與政治操作下，形成三個派系（互不認同且彼此敵視對立）。

耶穌共同的敵人　法利賽派與撒都該派被施洗者約翰咒罵為「毒蛇的後裔」，兩派長期水火不容相互攻擊，但在處理耶穌罪名時卻又志同道合，共同合謀陷害耶穌。

1 法利賽派｜意為分離｜⊙尊崇對象：以斯拉（使徒保羅曾是此派的激進份子）

組成　由文士與律法師（中階人士）組成，熱中宗教的保守派。

主張　① 篤信律法、嚴守誡命，重視口傳律法（《塔木德》）。
② 相信靈魂不死與肉身復活。
③ 盼望彌賽亞（救世主）降臨（但不承認耶穌是彌賽亞並敵視之）。
④ 指責撒都該派為世俗的當權者追求名利，是信仰不純正的投機者。

評語 耶穌曾斥責他們是假冒偽善並自以為義的人（墨守成規、拘泥傳統、好辯爭勝的團體）。

❷ 撒都該派｜意為大祭司｜⊙尊崇對象：所羅門王任命的首任聖殿祭司長撒督

知名人物／該亞法 該亞法（陷害耶穌的主謀）是此派的大祭司。

組成 由祭司及貴族、富豪（高階人士）組成，熱中政治（並有世襲制）。

主張 ① 只接受摩西五經（律法書），不接受口傳律法（《塔木德》）。

② 不相信靈魂不朽（認為死亡則一切終止）。

③ 否定天使和魔鬼的觀念。

④ 以柔性方式對應羅馬的施政，並能接受希臘文化的陶冶。

評語 耶穌曾斥責撒都該派把聖殿弄成像賊窩，此派待人粗魯無禮，從信徒身上攫取錢財，從商人手中謀取暴利。

❸ 愛色尼派｜意為虔誠者｜⊙尊崇對象：施洗者約翰

組成 由農民、畜牧者（低階人士）組成。他們原為馬加比革命起義軍的主力，勝利後在政治上被視為「異端」和「危險分子」受到排斥與鎮壓（鳥盡弓藏、過河拆橋），失望之餘避居偏僻山林（不接觸社會），過著隱居封閉生活（嚴守戒律、研讀律法）。

主張 ① 盼望彌賽亞（救世主）的降臨。

② 抗拒希臘、羅馬文化滲透進入猶太宗教內。

③ 淡泊清貧的虔修生活（比法利賽派更加嚴格的禁欲生活）。

④ 世界末日將近的終本論（所有人將受神的審判，唯有深切悔改的人，罪才能得到赦免）。

⑤ 無需花費過度金錢與時間在聖殿上做獻祭（此項受到猶太人的熱烈迎合）。

★ 據說《死海古卷》是愛色尼派所寫（因該派散居在死海附近）。

❹ 其他重要教派：奮銳黨｜意為追隨者｜⊙尊崇對象：耶穌門徒西門即為此派成員

組成 由猶太教政治狂熱者（激進分子）組成，特別具有排他性的國粹主義思想。

主張 ① 反抗羅馬統治尋求政教獨立，拒絕向羅馬政權納稅。

② 常以短匕首攻擊反對向羅馬宣戰的政敵及不認同戰爭呼召的猶太人。

結果 引發兩次猶太戰爭，在羅馬的強力鎮壓下，猶太民族最後被趕出巴勒斯坦地區（成為流散到世界各地的難民），同期間奮銳黨也開始銷聲匿跡（人間蒸發）。

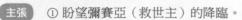

B 現代重要教派｜正統派中三個支派的簡介

正統派三支派 ① 極端正統派、② 現代正統派、③ 虔敬正統派。（除了現代正統派贊成復國外，其他兩支派均反對建國，拒絕當兵，讓以色列政府頭痛的教派）。

1 極端正統派｜又稱哈雷迪教派｜自認直接傳承於摩西的教派

主張 ① 生活習性依據猶太律法為本，絕不改變，故被冠以「極端」兩字。

② 堅持傳統，反對建國，不事工作，拒絕當兵及交稅（但卻很樂意領取政府的補助金）。

③ 篤信彌賽亞（救世主）即將降臨（屆時才能拯救猶太人）。

④ 整天朗讀《妥拉》禱告，遵行誡命（認為他們用禱告來救國，比軍人用武力來護國來得更有效果且實在）。

⑤ 敵視改革派成員，稱他們已經背祖忘典，不再是純正猶太人。

正統派

2 現代正統派｜遵守《妥拉》與《塔木德》中的道德規定及飲食禁忌

★ 較能接受現代科技產品的使用，同時贊成建國（其他兩派均反對）。

3 虔敬正統派｜又稱哈西德教派｜神秘主義思想理念的教派

主張 ① 嚴守清規、禁欲苦行、強烈奉獻。

② 祈禱時採狂熱呼喚行為，是十八世紀東歐神秘主義（卡巴拉）的信仰者所傳承下來的禱告儀式。

特徵 ① 不管一年四季、寒冷暑熱，均穿著黑色大禮服遊走在街上。

② 戴著黑色沿禮帽、著白襯衫、外穿黑色長外套、留絡腮鬍（只要外出隨時都會戴著帽子）。

哈西德之舞

? 小常識

被視為憤世嫉俗「正統派」的脫序行徑

★ 以色列人口約 950 萬人，信奉猶太教者約 75%（其中正統派成員約佔一成，大概約 72 萬人）

①正統派認為猶太民族已習慣顛沛流離到世界各地落腳生活幾千年，故不支持「錫安主義」（復國運動）。

②他們不但反對建國，更在以色列國內不事工作，拒絕當兵及交稅。

③正統派認為要政治獨立須藉由上帝的介入（彌賽亞降臨），才能真正符合猶太律法精神。

④正統派雖然不認同以色列國家，但他們卻遵從猶太律法，加強繁衍後代（平均每戶約有 8 個小孩），故不久的將來必會成為以色列國民中佔多數的真正主人翁。

⑤正統派認為以色列現在的和平，是他們透過禱告向上帝求來的（並不是靠軍隊的武力才能捍衛國家）。

⑥正統派鄙視改革派成員，稱他們是離經叛道的小丑，再也沒資格自稱是正統猶太人。

第五節　認識猶太教徒禱告時的四大信物

1 基帕（Kippot）｜小帽（意為遮蓋）　猶太教男子不可將頭頂朝天（要用帽子來遮蓋）表對神的敬畏。

★ 一般凡人要進入猶太聖所（會堂、西牆或大衛陵寢等）都必須戴上基帕小帽（表示尊重），女生要穿長袖上衣和長裙及長襪（不能露出鎖骨）

2 塔利特（Tallit）｜祈禱巾（披肩）　在正式禱告時會把它蒙在頭上（一般都是白色底藍線條為主）。

3 特非林（Tefillin）｜經文護符匣　裡面放羊皮卷經文，纏繞在左手臂及額頭上。

★ 依《聖經・申命記》第 6 章第 8 節：「將神的話要繫在左手上為記號，戴在額上為經文。」

4 繸子（Tzitzit）｜白藍相繞的流蘇　綁在衣角四周或祈禱巾上的繸子（表神與我同在）。

信仰顏色　黑色、白色、藍色是猶太人信仰時尚色彩，他們常戴黑氈帽、穿黑禮服、白襯衫，披著白色底藍色條紋的祈禱巾和白藍相繞的流蘇繸子。

★ 以色列國旗也是白色底加藍色的大衛之星。

蓄鬍習俗　虔誠猶太教男子均會依戒律蓄鬍（被人強迫剃鬍是猶太人的莫大恥辱）。

① 基帕小帽
② 祈禱巾
③ 經文護符匣
④ 繸子
鬢髮垂頰

★ 二戰期間，納粹德國猶太收容所裡的猶太人遭到剃光頭、刮鬍子的羞辱，因此直到現在正統派成員都留著絡腮鬍，甚至有人留著卷長的鬢髮垂頰（又稱為「邊落」，耳朵旁的鬢髮留長不能剪）。

門框經文匣　猶太人會在家門口的右邊放置一個長型小盒子（Mezuzah），稱為「門框經文匣」（具有辟邪及裝飾的聖品）。

什特萊美爾（Shtreimel）｜大毛帽　● 正統派已婚男子在安息日或其他節日會戴裘毛帽。

門框經文匣（內有羊皮經文）

裘毛帽　　黑禮帽

第六節　認識猶太教的節日

最重要的三大節日　① 逾越節、② 七七節（五旬節）、③ 住棚節。

1 何謂猶太曆　太曆是按月亮的圓缺推算時間（與中國農曆相似）。

閏月　猶太曆一年分 12 個月（每月有 29 日～ 30 日），一年共有 354 天，在每 19 年中加入 7 個閏月。

與公曆差異

① 猶太曆與公曆（西元）相差 3760 年（耶穌是猶太曆 3760 年誕生，即西元元年）。

② 目前以色列還是慣用猶太曆行事，所以每年節日在公曆上均不會是同一天。

猶太新年　猶太曆新年是在提斯利月（7 月為起始月），約公曆的 9 月份開啟為一年之始（新年）。

★ 巧合的是，許多國家（包含台灣）都將公曆 9 月定為學校新學期的開始。

	曆別	新年月份	每日開始的起點
差異表	猶太曆	提斯利月 1 日（約公曆 9 月間）	從日落開始算起（約傍晚 6 點左右）
	巴比倫曆	亞筆月（約公曆 3 ～ 4 月間）	從日出開始算起（約清晨 6 點左右）
	公曆（西曆）	每年 1 月 1 日（元旦）	從凌晨 12 點鐘開始算起

2 猶太教節日年表（右頁表）　每年與公曆均不會在同一天。

3 猶太教三大節日簡介

① 逾越節｜猶太曆尼散月（亞筆月）1 月 14 日（公曆約在 3 月～ 4 月間）

節期　逾越節後為除酵節 1 月 15 日～ 21 日（共 7 天）內含 1 月 16 日的初熟節，全部逾越節期總共 8 天。

緣由　紀念摩西帶領族人離開埃及前，上帝曉諭猶太人在自家門口塗上羔羊血做記號（滅命天使在擊殺長子及長畜時會跳過塗有鮮血為記的家人），因而讓以色列民順利出埃及脫離被奴役的生活，回到神賜予的應許之地（迦南美地）。

古老最重要的節日　逾越節被視為猶太人的春節，家裡要大掃除（與華人類似習俗）。

飲食｜A. 主食　無酵麥餅（神曾吩咐離開埃及時必須吃無酵餅 7 天，表除罪除酵）。

用牛藤草在門樑（柱）上塗羊羔血

公曆	四季	猶太曆月份名		農作期	猶太教重要節日（猶太曆日期，非公曆月份日期）
9月	秋季	提斯利月（以他念月）	7月	收橄欖	**新年「吹角節」**7月1日、**贖罪日**7月10日（禁食25小時）★ **住棚節**7月15日～21日（7天）、**嚴肅節**7月22日
10月					
11月		馬西班月（布勒月）	8月	穀物栽培	● 巴比倫文化中稱為「布勒月」
12月	冬季	基斯流月	9月	穀物下種	**修殿節**又稱「哈努卡節、光明節」9月25日～10月2日（8天）
1月		提別月	10月	雨季種植	
2月		細罷特月	11月	種植	
3月	春季	亞達月	12月	收割亞麻	**以斯帖禁食日**12月13日，**普珥節**（掣籤節）12月14～15日
4月		尼散月（亞筆月）	1月	收割大麥	★ **逾越節**1月14日，**除酵節**1月15日～21（7天），**初熟節**1月16日（含在除酵節內合併成7天節日）
5月		以珥月（西弗月）	2月	一般收割	**第二逾越節**2月14日（上月因事無法守逾越節者補行）
6月	夏季	西彎月	3月	無花果成熟	★ **七七節**（五旬節）3月6日，又被稱為「收割節」
7月		答模斯月	4月	葡萄成熟	
8月		埃波月（亞布月）	5月	收果實	**聖殿被毀日**（禁食日）5月9日 ● 巴比倫文化稱「亞布月」 兩次聖殿被毀日恰巧為同一天（5月9日）
9月	秋季	以祿月	6月	收棗果	

（ ）內為巴比倫文化的月份名稱 　　　★ 表猶太三大節日

飲食 | B. 配菜

1	烤蛋	象徵生命完整與持續
2	苦菜	象徵被奴役時的苦澀生活
3	芹菜	代表春天的開始與萬物的更新
4	水果乾	代表在埃及用來製造紅磚的黏土
5	烤羊脛骨	代表獻祭的羊羔
6	果泥醬	象徵領會奴役時期的感受

1	葡萄酒	（表熱血）★四杯（陸續共同喝完）代表：祝禱、救贖、讚美、祝福
2	鹽水	代表永遠不會忘記先人用淚水與汗水為後人所做的努力

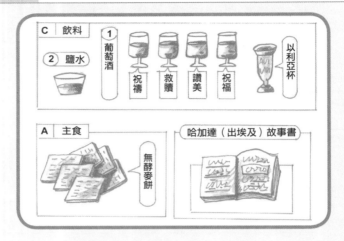

晚餐禮儀

1	餐桌上要留有一個空位，前面擺著一只裝滿葡萄酒的以利亞杯（儀式用的杯，是為了彌賽亞的先鋒以利亞所預備），意為與聖人同在，此杯酒不能飲用。
2	餐桌上會放著一本《哈加達》（《出埃及記》的故事書）追思逾越節的緣由。
3	誦讀詩篇（在猶大會堂裡會誦讀《雅歌》）。
4	孩子們要向長輩提出四個有關逾越節的問題（可事先準備好題目），發問的孩童有禮物可拿。
5	晚宴最後會在「明年相聚在耶路撒冷」的祝禱詞中結束（共同喝完最後一杯葡萄酒）。
6	夜間每戶人家的家門都會敞開（以示好客）。

逾越節的晚餐會留有一空位

❷ 七七節（五旬節） | 猶太曆西彎月 3 月 6 日（約公曆 5 月～6 月間）

緣由 逾越節之後第七星期的次日（7×7 = 49 + 1 = 50 天），故稱七七節（7×7）或五旬節（第 50 天），節期 1 天。

紀念	1	摩西在西奈山領受上帝所頒的十誡法板日（立約之日）
	2	此日祭司會將一捆初熟大麥獻為「祭物」又稱「收割節」
	3	傳說大衛王是在此日誕生（同時也在這天去世）

五旬節徽章

誦讀 《路德記》（路德拾穗過活的聯想）。

飲食 蜂蜜和乳酪（表上帝應許之地流著奶與蜜的聯想）。

吉祥的節日 很多人會選擇在這一天訂婚或舉行成年禮。

基督教 | 聖靈降臨日（教會建立日）

聖靈充滿日

★ 耶穌升天後的第一個五旬節，十二門徒與信徒們在耶路撒冷的房子聚會（同時用抽籤方式選出遞補猶大缺的門徒空位），突然天上傳來巨響，狂風疾馳、火焰降臨在十二門徒頭頂上，開始說起四方語言（聖靈充滿），成為基督教會的建立日。

3 住棚節（結廬節） | 猶太曆提斯利月 7 月 15 日～ 21 日（約公曆 9 月間）

★ 贖罪日後的第五天為住棚節（又稱「收藏節」或「會幕節」），持續 7 天。

緣由 紀念出埃及後在曠野漂泊 40 年的艱苦歲月（但現代已成為歡樂喜慶的節日，又被稱為猶太人的「感恩節」）。

習俗		
1	★ 每逢住棚節，猶太家庭會在屋前用松枝、葡萄枝或無花果枝，搭造一個臨時棚舍當成起居室（追憶先人在曠野搭帳棚結廬而居的生活）。	
2	★ 禮拜時手拿四種植物（棕樹枝、柳樹枝、桃樹枝及香櫞果）捆綁在一起，繞著猶太會堂遊行，朗誦詩篇、誦讀《傳道書》。	

搭棚結廬的起居室

手持四植物綑綁束枝

柳樹枝

桃樹枝

棕樹枝

香櫞果

4 其他重要節日

1 吹角節 | 猶太人的新年 | 提斯利 7 月 1 日（約公曆 9 月間）

緣由 神曉諭以色列人說 7 月初一，你們要守為聖安息日，要吹角作紀念，當有聖會（《利未記》23 章 24 節）。

活動 ① 民眾要到會堂參加新年宗教儀式（做祈禱、吹響羊角號）表對上帝的敬畏。

② 全家團聚在一起吃新年晚宴（如華人春節圍爐），人們還會互贈賀年禮物。

❷ 贖罪日｜新年後的第十天｜提斯利月 7 月 10 日（約公曆 9 月～ 10 月間）

最神聖莊嚴的節日　要禁食 25 小時，整天在家祈禱或到會堂參加宗教儀式活動。

　★ 此日所有商業娛樂，甚至電視、廣播、報紙都會停止（沉浸在一片寧靜莊嚴的氣氛中）。

活動　●猶太會堂會舉行宰殺「替罪羊」儀式（表救贖以色列的罪）。

　　　●贖罪日後的第五天為住棚節（為期一週的歡樂節日，兩者落差很大）。

❸ 修殿節｜哈努卡節（又稱燈節或光明節）｜基斯流月 9 月 25 日～ 10 月 2 日

緣由　紀念西元前 165 年猶大‧馬加比領導猶太人義軍從塞琉古王朝手中奪回耶路撒冷聖殿，在獻祭淨化儀式中，僅存一小份燈油，卻在 8 天儀式中從未熄滅過（奇蹟），因此有燈節或光明節之稱，節期 8 天。

飲食　油炸馬鈴薯絲餅、油炸麵團、甜甜圈（表油燈不熄的聯想）。

習俗　① 兒童會玩光明節陀螺，還會收到長輩的禮物（被喻為猶太教的聖誕節）。　★ 小朋友最喜愛的節日。

　　　② 晚上會點亮 9 根蠟燭（平常只有 7 根）表示對光明的追求，以及對馬加比英雄們的懷念。

❹ 聖殿被毀日（禁食日）｜埃波月（亞布月）5 月 9 日（約公曆 7 月～ 8 月間）

緣由　第一聖殿被巴比倫人摧毀（西元前 586 年），第二聖殿被羅馬人摧毀（西元 70 年）。

　★ 兩次聖殿被毀日恰巧都是同一天（埃波月第 9 天）5 月 9 日。

禁忌　此日禁止飲食、洗澡、穿鞋、化妝及任何娛樂項目（為亡國表哀慟之意）。

新年家庭必備的食物

蘋果　石榴　蜂蜜　羊角　葡萄酒

吹響羊角號

贖罪日裡的代罪羔羊

節日食品及用品

光明節陀螺

修殿節九支蠟燭

炸麵團

馬鈴薯絲餅

甜甜圈

聖殿被毀紀念日

禱告	① 人們此日會聚集在耶路撒冷西牆（哭牆）或會堂朗誦《耶利米哀歌》。
	② 在耶路撒冷城內的猶太朝聖者，會在過程中誦唱《詩篇》中的 120 章～ 134 章，共計 15 章，被稱為「上行之詩」或「朝聖之詩」。

⑤ 普珥節（又稱命運節、掣籤節）｜意為抽籤｜亞達月 12 月 14 ～ 15 日

緣由	波斯帝國皇后以斯帖（猶太人）以機智勇敢的毅力挫敗波斯惡劣宰相哈曼的陰謀（要將猶太人種族滅絕的計畫），是紀念挽救猶太人的節目。
	★ 普珥意為抽籤，波斯奸相哈曼用抽籤方式，將亞達月 13 日這天選為屠殺境內所有猶太人之日（滅絕猶太民族），最後不但沒有得逞，還被皇后以斯帖倒打一耙，反遭殺身之禍。
慶典	孩子們或年輕人會在普珥節當天變裝戴上面具，舉行營火晚會，載歌載舞，盡情歡樂。
	★ 普珥節被喻為猶太教的「狂歡節」。
習俗	① 當天人們會前往會堂聽取《以斯帖記》的朗誦、② 朋友會互贈禮物（交換禮物）、③ 施捨窮人、④ 享用節日大餐。
特別點心	● 烤三角型餡餅（代表哈曼的耳朵）。

普洱節的活動

化裝晚會　哈曼耳餅　面具　哈曼擺

十三號星期五的禁忌緣由

★ 13 是西方不吉利的數字，加上星期五當天被稱為「黑色星期五」（大凶日）

迷信緣由	1	● 耶穌在最後晚餐與十二門徒共桌（共計 13 人），被門徒之一的猶大出賣，隔天（星期五）被釘在十字架上為人們贖罪（因此被聯想成 13 及星期五的結合）成為不吉利的日子。
	2	● 波斯帝國時期，奸惡宰相哈曼用普珥（抽籤方式）排定亞達月 13 日這天屠殺所有境內猶太人（13 成為恐懼的數字）
	3	● 西元 1307 年 10 月 13 日聖殿騎士團，慘遭法國國王腓力四世的滅團大屠殺（這天剛好也是星期五）

王者之獅 ──────────────────────○

★ 雄獅──原為以色列十二支派之一猶大支派的族人象徵物，自從該支派出現大衛及耶穌後，圖徽被改成「君王雄獅」。

第七節　認識安息日｜Sabbath（薩巴特）

安息日	★ 安息日的來由：上帝創造萬物六天，第七天休息（與上帝一起休息的聖日）。
	● 猶太教將星期日視為一週的開始日，所以星期六就是「安息日」（我們稱為週末）。
	● 華文用語很容易讓人誤導星期一就是每週的第一天，其實每週第一天為星期日。
	★ 猶太人的安息日是從週五太陽落下後開始計算，直到隔天日落為止。

安息日的本意　強迫嗜工作如命的猶太人休息外（避免過度勞動），同時也鼓勵利用此日多與家庭成員、親戚朋友相聚在一起）。

安息年	● 猶太曆法中每隔 7 年就叫「安息年」，大地不再耕種，讓土地休息，這一年不得收割，田裡自然生長出來的東西，只能讓窮人去自由享用。

禧年　每隔 49 年為「禧年」（意為大喜之年），這一年會實行大赦（釋奴、赦罪、除債等）。

各宗教安息日的星期日子

宗教別	名稱	星期	內容
伊斯蘭教（回教）	主麻日	星期五	正午太陽偏西時，要到清真寺進行聚禮朝拜（又稱聚禮日）
猶太教	安息日	星期六	星期五日落至星期六落前，不能從事任何工作（又譯：薩巴特）
基督教	主日	星期日	早上到教會（堂）做禮拜（故星期日又稱禮拜日）

安息日禁忌　安息日當天禁忌很多（從生活作息到飲食習慣）。

★ 在古代安息日當天也不能參與作戰，所以很多外邦軍團專門挑選安息日當天發動攻擊，讓猶太人在毫無抵抗下死傷慘重。

1	安息日（星期五落前必先點亮兩根蠟燭）象徵光明與幸福　★ 紀念神造物時說「要有光」
2	安息日當天，女性要穿長袖衣服、長裙加長襪
3	安息日當天，不能接觸任何電器開關按鈕（如電燈、電梯、電視、電腦、手機等均停用）
4	商店全部歇業（包括餐廳、超市、百貨公司、雜貨店等）所有商業工作或生產線均要停工
5	不能點火煮東西、做飯、炒菜等（所有食物必須事先備妥）
6	不能開車、搭大眾運輸工具（計程車、公車、火車、地鐵均停駛）　★ 醫院只有急診有服務
7	在家連寫字、繪畫、修理東西、整理花圃、打掃家務、聽音樂、彈樂器等全部不行

結論 總而言之：不論以色列人或外國人、主人或僕人、乃至牲畜（牛羊馬）都不能工作。★ 與上帝一起休假一天。

第八節　認識猶太教的飲食禁忌

五不一從一止 五不食、一遵從、一禁止

1 何謂五不食

1	自然死、病死、被咬死的動物不食
2	動物的血液不食
3	牛羊身體腹部以下脂肪蹄腱不食
4	不反芻、不分蹄的動物不食
5	不可同時食用肉品及乳製品（如起士牛肉、漢堡等）

禁食的範圍	1	吃肉後要隔 6 小時才能再吃乳製品類（如起士）
	2	禁吃起士漢堡或火腿蛋三明治、奶油蛋糕等
	3	披薩幾乎全是素食（不能混入肉類）
	4	切過乳酪的刀，不能同時拿來切肉
	5	食用肉品後，不可以吃冰淇淋
	6	喝咖啡不能加牛奶
	7	麵包上不能塗抹奶油

飲食嚴格按照律法書規定

麵包（餅類） 麵包是猶太人的主食，分成小麥或大麥作成（後者一般是較貧困者食用），餅和麵包被視為猶太人的生命靈糧，故只能用手撕，絕對不能用刀切塊（表被割掉生命線）。★ 猶太人吃飯是用手抓食。

各類豆子　猶太人很喜歡吃豆子（因雅各用紅豆湯換得了以掃長子的權分）。

奶與蜜　因應許之地是流著奶與蜜的地方，所以猶太人特別喜愛蜂蜜（植物的精華），喝羊奶、牛奶、駱駝奶等，也愛吃乳酪（奶是動物的精華）。★但不能與肉同時吃。

好客的民族　猶太人是個好客民族，《聖經》裡有很多記載（他們常把客人看成是上帝派來的使者），招待客人是每個猶太人神聖的義務（但也要謹記他們飲食的禁忌）。

❷ 何謂一遵從　猶太人烹煮食物時必須遵行「卡什魯特法則」（聖經裡規定的律法），原料來源必須查證符合「清潔、完整、無瑕」的規範。

猶太潔食認證標誌　印有 Kosher（意為潔食）認證標誌，代表猶太人適合的食品，他們才會安心購買回來食用。

猶太教潔食標誌	穆斯林清真食品標誌

❓ 小常識

伊斯蘭教（回教）的認證標誌

● 伊斯蘭教（回教）規定要遵行「卡菲勒」處理法則（屠宰時需透過經文誦詠的洗禮），人道宰殺方式的認證。

● 商場內貼有 HALAL（意為清真食品）的認證標誌，穆斯林（回教徒）才會安心的購買回來食用。

❸ 何謂一禁止　禁止食用聖經所列舉出不能食用的肉品（不潔肉品）。

猶太教禁食的各類肉品	動物	豬、野豬、兔子	有趾（偶蹄）但不反芻	①有趾（分蹄）②會反芻（倒嚼）★兩者缺一，就不可食用
		馬、驢子、駱駝	沒趾（分蹄）但會反芻	
		● 猴、狗、貓、熊、鼠或兇猛野獸等		
	魚類（無鱗類）	鰻魚、鱔魚、鯰魚、章魚、魷魚、鯨魚、鯊魚、旗魚、海豚等		
	甲殼類（無鰭類）	龍蝦、蝦子、螃蟹、蛤蜊、牡蠣、海螺、扇貝、鮑魚等		
	兩棲類	青蛙、烏龜、鱉（甲魚）、蝸牛、鱷魚、海狗、海豹等		
	爬蟲類	蛇、蜥蜴等		
	昆蟲	除飛蝗類以外其他均禁食		
	禽類	烏鴉、鴕鳥、海鳥、猛禽類（老鷹、鶥等）、蝙蝠		

猶太教禁食的各類肉品

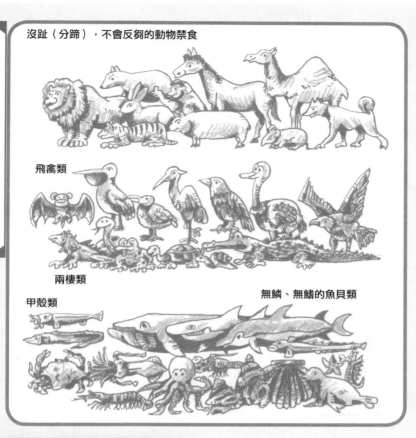

沒趾（分蹄），不會反芻的動物禁食

飛禽類

兩棲類

甲殼類

無鱗、無鰭的魚貝類

❹ 猶太人可食用肉品（潔食肉品）

動物	①有趾（偶蹄）②反芻（倒嚼）
	●牛、羊、鹿
魚類	有鱗、有鰭、有骨的魚可食用
昆蟲（飛蝗類）	蝗蟲、蚱蜢、蟋蟀、螞蚱
禽類	雞、鴨、鵝、火雞、斑鳩、麻雀、鴿子、鵪鶉

猶太教可食肉品

可食肉品

偶蹄

鱗　　骨

鰭

❺ 猶太教及伊斯蘭教（回教）最禁忌的食物是「豬肉」

★ 連豬皮或豬的圖案均成為禁忌。

反豬情結　豬是雜食動物（不反芻），在西亞沙漠中只會與人爭食，而一無是處（需豢養），因表體無汗腺，常把爛泥塗滿全身，排泄物極臭無比，雜交（亂倫），肚子餓時連小乳豬都會吃掉。

豬的結構　脖子粗短（無法見天或回首）、腿部短小（無法奔跑載人），成為可憎之物，故需避而遠之。

中國《本草綱目》記述　「豬不擇食、臥不擇埠、目不觀天、行如病夫，其性淫、其肉寒、鼻朝前、嘴短尖、鳴如喘、體圓滾，其形象至醜陋，一切動物莫劣於此，人若食之恐染其性」。

不食豬肉的主因　豬身上易生細菌、病毒、寄生蟲（曾傳染豬流感 H1N1），豬肉為敗肉類，故烹煮時必須要全熟方可食用（牛肉三分熟就可食），豬乳不能喝（人類可喝牛乳、羊乳）。

宗教差異	猶太教	可以喝酒，不可吃駱駝肉、甲殼類海鮮
	伊斯蘭教（回教）	嚴禁喝酒，可以吃駱駝肉及甲殼類及貝類等海鮮
	基督教	只禁止食用獻祭過異教神祇的食品（其他完全沒有禁忌）

血液的表象　在《聖經》裡，血是祭牲生命的象徵（代表獻上生命），因此有不流血、罪就不得赦免的理論（所以吃血液的人如同吃掉生命，侵犯到神的主權）。

★ 現今有很多教會認為上帝並不在乎你吃哪些食物，只在乎你有無行公義、走正道。

第十七章
認識聖經

第一節　何謂聖經

世界上發行量最多的書　《聖經》是人類歷史上版本最多，發行量最大的書籍（空前絕後、無出其二者）。★ 從開始撰寫到全部完成歷經 1400 年。

1　**《塔納赫》**　猶太教的《聖經》稱為《塔納赫》（即《希伯來聖經》），我們慣用《舊約聖經》來註釋，但此稱法猶太人無法接受（認為舊約有過氣陳舊的貶意），更不承認《新約聖經》的合法性。

TNK　《塔納赫》的讀音是取《聖經》裡面最重要的三部經典的字首字母 T、N、K 發音讀成「TaNaKh」即成為《塔納赫》（《舊約聖經》），用希伯來文撰寫（由三部神聖經典組成）。

1	T	《律法書》	Torah	又稱《摩西五經》，簡稱《妥拉》（托拉）
2	N	《先知書》	Navim	又分成《大先知書》和《小先知書》（以章節長短來區別大與小）
3	K	《聖錄》	Ketuvi	又分成《歷史書》和《聖文集》

原始版本　★ 早期版本共 24 卷 929 章（篇），後來經過加註區格（如：上、下書，大、小先知書等）而成為 39 卷 929 章（篇），內容與 24 卷完全相同。

2　**《塔木德》**　猶太教除了《希伯來聖經》（《塔納赫》）外，還有一部由猶太拉比及聖哲（文士）從談話討論闡釋、評注而成的鉅著，被稱為「猶太律典」的《塔木德》（意為口傳的《妥拉》）。

《塔木德》內容三部	1	《米示拿》	實踐《聖經》經文的指南
	2	《革馬拉》	口傳律法的註釋
	3	《米德拉什》	《聖經》裡的註釋

人神橋樑　《塔木德》是一本內容凝聚猶太民族倫理道德觀念、生活準則及思維方式的智慧書。

★ 猶太教法利賽派將他視為比《聖經》更為重要的學習內容，研讀《塔木德》是世代猶太人的精神泉源及恪守信仰的根基。

3 書卷比較

猶太教《塔納赫》（《希伯來聖經》）與基督教《舊約聖經》版本比較表					
	教名	猶太教	新教（基督教）	天主教	東正教
《舊約聖經》	卷數	24 卷《塔納赫》	39 卷（與猶太教 24 卷內容完全相同）	46 卷（含次經 7 卷）	50 卷（含次經 7 卷及偽經 4 卷）
《新約聖經》		不承認	《新約聖經》：27 卷（相同）		
合計		24 卷	66 卷書	73 卷書	77 卷書

4 聖經的各種版本

七十士譯本聖經｜希臘文　西元前 250 年埃及托勒密二世，耗鉅資興建亞歷山大圖書館，為了充實藏書規模，便邀請精通希臘文的 72 位猶太聖哲（文士）用 72 天的時間將希伯來文聖經翻譯成希臘文，成為「七十士譯本聖經」（第一本外文聖經）。

★ 從此更能讓外邦異族更廣泛瞭解猶太人聖經寶典的內容與要義。

中文聖經版本	和合本	● 1919 年出版，是華人基督徒使用最廣泛的譯本，翻譯期間，為了是「上帝」或「神」爭議幾十年，最後採折衷方式，兩者皆使用，直呼上帝為「耶和華」。
	思高本	● 1968 年出版，由香港天主教思高聖經學會（方濟各會雷永明神父主持），是羅馬教廷唯一認可的中文版聖經。 ★ 稱上帝為「天主」或「上主」，不直呼耶和華而稱「雅威」。
	新遺詔本	● 1837 年出版，是東正教的譯本（版本不齊），此譯本後來被「太平天國」採用稱為「聖詠經」。

第二節　新舊約聖經比較

經別	♁	《舊約聖經》（《塔納赫》）	✝	《新約聖經》	
卷數	希伯來文	共 39 卷 929 章 23138 節	希臘文	共 27 卷 260 章 7957 節	
合計	★ 基督教《新約聖經》、《舊約聖經》總合計為：66 卷 1189 章 31095 節				
集別	上集・應許盼望			下集・應驗成全	
教義	猶太教寶典（原罪説）			基督教寶典（救贖説）	
教理	遵循舊約（嚴守戒律）			因信稱義（愛人如己）	
主軸	律法書（摩西五經又稱「妥拉」）			四大福音書（又稱好消息）	
預表	舊約預備新約			新約解釋舊約	
代表	象徵黎明曙光			象徵高昇旭日	
基礎	舊約以律法為本			新約以恩典為本	
關注	重視上帝的公義			重視上帝的慈愛	
方法	暗示得救之法			明解得救之道	
重點	預告救世主將出現			耶穌的聖行教誨	
神諭	神的話在石板上			神的話在心坎裡	
針對	講述以色列的歷史			講述全世界的未來	
關係	信徒是神的僕人			信徒是神的子民	
始末	以父開始、以詛咒結束			以子開始、以祝福結束	

舊約聖經	開始	起初神創造天地（《創世紀》第 1 章第 1 節）
	結束	他必使父親的心轉向兒女，兒女的心轉向父親，免得我來咒詛遍地（《瑪拉基書》第 4 章第 6 節）
	● 原罪説：以父開始，以詛咒結束（希伯來文） .	
	★ 猶太教 24 卷《塔納赫》基督教 39 卷，天主教 46 卷，東正教 50 卷	

新約聖經	開始	亞伯拉罕的後裔，大衛的子孫，耶穌基督的家譜（《馬太福音書》第 1 章第 1 節）
	結束	願主耶穌的恩惠，常與眾聖徒同在。阿們！（《啟示錄》第 22 章第 21 節）
	● 救贖説：以子開始，以祝福結束（希臘文）	
	★ 新約聖經共 27 卷（猶太教不承認此聖經）	

? 小常識

伊斯蘭教的《古蘭經》裡也納入新、舊約聖經部份章節

● 伊斯蘭教（回教）的《古蘭經》（可蘭經）裡將舊約的律法書（摩西五經）及詩篇和新約聖經裡的「四大福音書」納入在該聖典裡加以論述頌讀。

第三節　認識舊約聖經裡的卷章

《舊約聖經》（《塔納赫》）｜39 卷 929 章 23138 節（希伯來文）

● 為基督教和合本的名稱，（）內為天主教思高本的名稱

律法書（摩西五經）	大先知書（5卷）
● 創世記（創世紀） ● 出埃及記（出谷紀） ● 利未記（肋未紀） ● 民數記（戶籍紀） ● 申命記（申命紀） 	● 以賽亞書（依撒意亞） ● 耶利米書（耶肋米亞） ● 耶利米哀歌（哀歌） ● 以西結書（厄則克耳） ● 但以理書（達尼爾） 

★ 大先知與小先知的區別並不是指他們個人的重要性大與小，而是以傳記的長篇與短篇區分。

歷史書（12卷）	● 約書亞記（若蘇厄書） ● 士師記（民長紀） ● 路得記（盧德傳） ● 撒母耳記上、下 　（撒慕爾紀上、下） ● 列王紀上、下 　（列王紀上、下） ● 歷代志上、下 　（編年紀上、下） ● 以斯拉記（厄斯德拉上） ● 尼希米記（厄斯德拉下） ● 以斯帖記（艾斯德爾傳）		小先知書（12卷）	● 何西阿書（歐瑟亞） ● 約珥書（岳厄爾） ● 阿摩司書（亞毛斯） ● 俄巴底亞書（亞北底亞） ● 約拿書（約納） ● 彌迦書（米該亞） ● 那鴻書（納鴻） ● 哈巴谷書（同） ● 西番雅書（索福尼亞） ● 哈該書（哈蓋） ● 撒迦利亞書（匝加利亞） ● 瑪拉基書（馬拉基亞）

詩文書（5卷）	● 約伯記（約伯傳） ● 詩篇（聖詠集） ● 箴言（箴言篇） ● 傳道書（訓道篇） ● 雅歌	

	次經		
天主教廣用的七卷書	1、2	● 馬加比（馬加伯上、下）	
	3	● 多比傳（多俾亞傳）	
	4	● 猶滴傳（友弟德傳）	
	5	● 所羅門智訓（智能篇）	
	6	● 便西拉智訓（德訓篇）	
	7	● 巴錄書（巴路克）	

★ 基督教稱其為次經，而天主教直接將其納入舊約聖經中（成為46卷書）

第四節　舊約聖經章節大綱簡介

1 律法書｜又稱「摩西五經」（妥拉）共5卷

★ 此章節伊斯蘭教（回教）古蘭經裡收錄。

名稱	章數	作者	地點	內容簡介
創世紀	50	摩西	西奈曠野	一切起源的由來（人類及希伯來人的緣由）
出埃及記	40			肉體與精神的救贖（頒律法、建會幕、奉事神、行祭禮）
利未記	27			**贖罪之書**：祭司職分及律法條約的講解
民數記	36		摩押平原	在曠野中兩個試煉與磨練（百姓屢次對神忘恩背逆）
申命記	34			為將來而作準備（聽命與蒙福）

② 歷史書｜描述以色列王國的建立、興盛、分裂、衰亡至重建等概況 共 12 卷

名 稱	章 數	作 者	地 點	內 容 簡 介
約書亞記	24	撒母耳	示羅	**征服之書**：重返應許之地（迦南）的歷程
士師記	21			從落敗到獲得拯救（神是我的救主）
路得記	4			外邦女子信神投主，而承蒙眷顧恩寵
撒母耳記上	31	撒母耳	拉瑪	以色列統一王國的建立（大衛的崛起過程）
撒母耳記下	24	拿單、迦得	耶路撒冷	大衛王的國度起紛亂，家庭起內訌
列王紀上、下	22、25	耶利米	埃及	從繁華到分裂，從墮落到被擄
歷代志上、下	29、36	以斯拉	耶路撒冷	君王統治下的猶大王國
以斯拉記	10			回歸故里，重建聖殿、重整律法
尼希米記	13	尼希米		重修耶路撒冷傾圮的城牆
以斯帖記	16	末底改	波斯書珊	王后以斯帖用機智扳倒惡相哈曼，拯救族人

③ 詩文集書｜歷代文學作品的彙集 共 5 卷

名 稱	章 數	作 者	地 點	內 容 簡 介
約伯記	42	以利戶	烏斯	上帝與撒旦試煉的對象（從苦難中更認識神的大能）
詩篇	150	多人	多點	讚美上帝的聖詩、聖歌和祈禱詞（多人合力創作）
箴言	31	所羅門	耶路撒冷	**智慧之書**：至理格言及言行訓誨
傳道書	12			據說是所羅門晚年對自己的省思和懺悔（凡事皆為虛空）
雅歌	8			**所羅門之歌**：男女互敬互愛始終不渝（較無宗教氣息的篇章）

④ 大先知書｜先知是上帝的代言人（針對神學議論及預言） 共 5 卷

名 稱	章 數	作 者	地 點	內 容 簡 介
以賽亞書	66	以賽亞	耶路撒冷	神的審判與拯救，預言彌賽亞（救世主）將降臨
耶利米書	52	耶利米		預言耶路撒冷將陷落，呼喚背道者儘速覺醒
耶利米哀歌	5		埃及	強調神將憐憫守約的百姓施予慈愛
以西結書	48	以西結	巴比倫	在異域（巴比倫）預言將上帝的話置若罔聞者必遭滅國之禍
但以理書	12	但以理		透過異象行神的大能，使外邦君主敬畏以色列的上帝

★ 《但以理書》裡的〈三童篇〉、〈蘇撒納傳〉及〈比勒與大龍〉被基督教視為是「次經」而被刪除（故《但以理書》只剩下 12 章而已）。

名稱	章數	地點	內容簡介
何西阿書	14	撒馬利亞	其妻淫蕩不貞，他選擇原諒，藉此宣揚上帝的慈愛，並預言北國將淪亡
約珥書	3	耶路撒冷	上帝審判的日子將近（如蝗蟲過境、寸草不生），唯有悔改才能避禍
阿摩司書	9	提阿哥	預言神將審判北朝以色列王國及鄰近諸國
俄巴底亞書	1	耶路撒冷	預言以東人因傲慢將受神的懲罰
約拿書	4	尼尼微	上帝召喚約拿到亞述（敵國）首都尼尼微，傳達上帝的旨意
彌迦書	7		凡做惡事必受刑罰，力促百姓回轉尋求上帝赦免
那鴻書	3		預言尼尼微（亞述首都）已再淪為邪惡殘暴之城，終將被上帝所毀
哈巴谷書	3		與上帝的對話書（一問一答），是本非常特殊的書
西番雅書	3	耶路撒冷	上帝將對行邪惡者進行審判，對悔改者加以拯救
哈該書	2		猶太人第一次回歸耶路撒冷，重建第二聖殿的過程
撒迦利亞書	14		用八異象，勸勉百姓學習悔改（預言彌賽亞將降臨）
瑪拉基書	4		逆神而自滅，敬神獲拯救（《舊約聖經》最後一卷書）

第五節　認識「次經」與「偽經」

❶ 何謂次經｜又稱「旁經」（意為隱藏）

● 西元 1566 年德籍神父馬丁・路德與天主教教會決裂，決定把《舊約聖經》翻譯成德文，當他找到原始希伯來文《塔納赫》版本時，才發現只有 39 卷（當時天主教《舊約聖經》有 46 卷），其中 7 卷是在托勒密王朝時由希臘文聖經《七十士譯本》加入。

● 有鑑於此，馬丁路德將多出的 7 卷書刪除，並稱其為「次經」（隱藏的旁經）。

❷ 被基督教刪除的「次經」7 卷書

1、2	馬加比書上、下	馬加比家族引發革命（反抗希臘化），最後建立一個獨立的猶太國家
3	多比傳	多比亞在天使的呵護下戰勝惡魔娶得嬌妻，並將眼瞎的父親治癒復明
4	猶滴傳	寡婦猶滴孤身智闖敵營色誘亞述軍長，並取其首級的英勇故事
5	所羅門智訓	尋求上帝的公義與智慧之書
6	便西拉智訓	又稱「西拉書」，裡面有很多祈禱詞和對上帝的頌歌
7	巴錄書	巴錄（耶利米秘書）亡國後用安慰盼望的信息鼓勵百姓（毋忘與神所立之約）

★ 但以理書裡的三篇故事及以斯帖補篇等，都被基督教視為「次經」，一併被刪除。

3 何謂「偽經」｜又稱「外傳」（意為模仿之作） 被認是假託聖經人物名義之作（未被列入正典）。但從廣義而言，「次經」與「偽經」都是猶太人的聖經。

東正教所認同的經典 東正教除承認天主教的《舊約聖經》46 卷（含 7 卷次經），另再加入「偽經」4 卷（成為 50 卷）。

| 偽經 4 卷書 | 1 以斯拉續篇 | ➡ | 2 瑪拿西禱告文 | ➡ | 3、4 馬加比書三、四 |

★ 偽經除以上 4 卷外，另有《以諾書》、《禧年書》、《摩西升天記》、《十列祖遺言》、《西比林神諭》等……

第六節　認識新約聖經裡的卷章

✚	新約聖經	27 卷 260 章 7957 節（希臘文）

福音書 4 卷、歷史書 1 卷、共同書集 8 卷、保羅書信 13 卷、預言書 1 卷，共計 27 卷

● 為基督教和合本的名稱，（ ）內為天主教思高本的名稱

福音書（4卷）	● 馬太福音（瑪竇福音）	保羅書信集（13卷）	● 羅馬書	
	● 馬可福音（馬爾谷福音）		● 哥林多前、後書（格林多前、後書）	
	● 路加福音		● 加拉太書（迦拉達書）	
	● 約翰福音（若望福音）		● 以弗所書（厄弗所書）	
★ 對耶穌表達方式有所不同（但確定他是全能救主）			● 腓立比書（斐理伯書）	
歷史書	● 使徒行傳（宗徒大事錄）		● 哥羅西書（哥羅森書）	
★ 第一次大公會議中，將其納入正典中			● 帖撒羅尼迦前、後書（得撒洛尼書）	
共同書集（8卷）	● 希伯來書		● 提摩太前、後書（弟茂德前、後書）	私人書信
	● 雅各書（雅各伯書）		● 提多書（弟鐸書）	
	● 彼得前、後書（伯多祿書）		● 腓利門書（費肋孟書）	
	● 約翰一、二、三書（若望書）	★ 提摩太、提多、腓利門書是保羅私人書信，其餘均寫給教會		
	● 猶大書（猶達書）	預言書	● 啟示錄（默示錄）	

馬太福音（王）

● 馬太（象徵物：天人），十二門徒之一。
● 此書強調耶穌應驗了舊約全書所表達的期望實現。

約翰福音（神）

● 約翰（象徵物：鷹），耶穌最寵愛的門徒。
● 此書強調耶穌的神學思想（即所謂信仰的耶穌）。

馬可福音（僕）

● 馬可（象徵物：雄獅），彼得的同伴。
● 此書強調耶穌聖行及教誨（是最早也是最短的福音書）。

路加福音（人）

● 路加（象徵物：牛犢），保羅的同伴，原為醫生（亦為畫家之祖）。
● 此書強調耶穌生平受難及復活。

第七節　新約聖經章節大綱簡介

1 四大福音書｜（好消息）

★ 此章節伊斯蘭教（回教）《古蘭經》裡也收錄引用，共 4 卷。

名稱	章數	耶穌	地點	內容簡介
馬太福音	28	君王	耶路撒冷	馬太（門徒之一）曾見證耶穌成就舊約彌賽亞（救世主）的預言
馬可福音	16	僕人	羅馬	馬可（聖彼得學生）此卷是最早也是最短的福音書
路加福音	24	人子	該撒利亞	路加（聖保羅傳道之旅的同伴，另有提摩太）此卷是寫給外邦人看的
約翰福音	21	神子	以弗所	約翰（耶穌最疼愛的門徒）此卷是神學義理解釋（有別其他三卷）

2 歷史書

★ 講述耶穌復活升天的經過及教會在耶路撒冷成立的過程，僅 1 卷。

名稱	章數	內容簡介
使徒行傳	28	作者路加寫於羅馬，描述教會早期發展史（聖靈藉由使徒行腳各地）

③ 保羅書信集

★ 共 13 卷。（●新約聖經全部 27 卷，保羅的書信佔近半數。）

名稱	章數	地點	內容簡介
羅馬書	16	哥林多	保羅寄給羅馬教會的書信，重點放在「因信稱義」的中心思想
哥多林書（前）	16	以弗斯	保羅寫給正在結黨紛爭的哥林多教會，呼籲他們回歸正道，不要崇拜偶像，不傷風敗俗，追求財慾，他會將傳播福音定為己身重責，將榮耀歸於神
哥多林書（後）	13	腓立比	
加拉太書	6	安提阿	對猶太主義者煽惑必須行割禮才能得救加以駁斥
以弗所書	6	羅馬	在羅馬獄中寫信給以弗所教會（稱歌羅西教會出現異端）希望大家警惕
腓立比書	4	羅馬	腓立比教會慰問在獄中的保羅，他回信感謝之餘，也提醒防範異端侵入
歌羅西書	4	羅馬	歌羅西教會內訌，保羅寫信給他們不要聽信雜音，專心奉主工作
帖撒羅尼迦書（前）	5	哥林多	因帖撒羅尼迦教會有一些人誤解保羅的教訓，於是他寫信糾正這個錯誤觀念，並且警告那些怠惰的人
帖撒羅尼迦書（後）	3		
提摩太書（前）	6	馬其頂	保羅寫信給在以弗所教會監督的提摩太，告誡有異端侵入，使多人背棄信仰，同時對錯誤的教規提出改進建言
提摩太書（後）	4	羅馬	
提多書	3	哥林多	提多牧養的革哩底教會出現一些問題，保羅教導他同時也勉勵他
腓利門書	1	羅馬	腓利門的奴僕偷東西逃到羅馬，被保羅感化後而悔改（希望共同赦免他的罪）

④ 普通書信集

★ 勸勉被迫害而離棄信仰者，再度回到基督懷抱裡（共 8 卷）。

名稱	章數	地點	內容簡介
希伯來書	13	不詳	寫給初信主的猶太人（希伯來人），告知耶穌已幫人們擔下原罪（用肉身救贖眾民）
雅各書	5	耶路撒冷	雅各寫給散居國外的猶太基督徒教（教導信仰的實踐），要行道不單是聽道
彼得前書	5	羅馬	彼得寫給各地方教會的書信（慰藉信仰耶穌而受到迫害的人），並強調異端蔓延，提醒大家警覺防範假教師的異端邪說
彼得後書	3		
約翰一書	5	以弗所	約翰寫給小亞細亞教會及該猶的信，警告那些否定耶穌是救世主的異端邪說，並且教導他們正確的福音教義（強調生命與真理）
約翰二書	1		
約翰三書	1		
猶大書	1	耶路撒冷	猶大（耶穌同母兄弟）寫給教會防範異端邪說侵入，秉守福音真理傳播

⑤ 預言書

★ 約翰被放逐到拔摩島時所寫的超自然異象啟示及世界末日的來臨（共 1 卷）。

名稱	章數	內容簡介
啟示錄	22	神將做最後審判，悔改必蒙憐恤歸於新天新地（新約中最有爭議的一卷書）

第八節　認識聖經裡的重要人物總覽

（　）內為天主教名　★ 為伊斯蘭（回教）名

一		創世紀時代
亞當家族	亞當 ★ 阿丹	人類的始祖
	夏娃（厄娃）★ 哈娃	亞當之妻
	該隱（加音）	亞當長子（人類首宗殺人犯）
	亞伯（亞伯爾）	亞當次子，被兄長所殺
	塞特（舍特）★ 塞斯	亞當三子（傳宗者）
	以諾（哈諾客）	亞當第七代孫
挪亞家族	挪亞（諾厄）★ 努哈	造方舟躲避大洪水
	長子閃	猶太人、阿拉伯人的祖先
	次子含	埃及人、迦南人、非利士人的祖先
	幼子雅弗（耶斐特）	歐洲人的祖先

二		族長時代
亞伯拉罕家族	亞伯蘭（亞巴郎）	亞伯拉罕的前名，閃的後裔
	亞伯拉罕（亞巴辣罕）★ 易卜拉欣	
	撒萊（撒辣依）	撒拉的前名
	撒拉（撒辣）	亞伯拉罕之妻
	以撒（依撒格）★ 易斯哈格	次子
	利百加（黎貝加）	以撒之妻
	夏甲（哈加爾）	亞伯拉罕的妾，生以實瑪利
	以實瑪利（依市瑪耳）★ 易斯馬儀	● 亞伯拉罕長子，後來成為阿拉伯人始祖
	羅得（羅特）★ 魯特	亞伯拉罕的姪子
雅各家族	以掃（厄撒烏）	雅各兄長，以東人的始祖
	雅各（雅各伯）★ 葉爾孤白	以色列人的始祖
	利亞（肋阿）	雅各之妻（姐姐）
	拉結（辣黑耳）	雅各之妻（妹妹）
	辟拉（彼耳哈）	雅各之妾，拉結的婢女
	悉帕（齊耳帕）	雅各之妾，利亞的婢女
	拉班（同）	雅各的舅父兼岳父

二			族長時代
十二支派	長子	流便（勒烏本）	與庶母辟拉通姦
	次子	西緬（西默盎）	始終沒有得到祝福
	三子	利未（肋未）	其後代任祭司職分
	四子	猶大（猶達）	被祝福最多的支派
	五子	但（丹）	曾被抹去支派名稱
	六子	拿弗他利（納斐塔里）	
	七子	迦得（加得）	
	八子	亞設（阿協爾）	
	九子	以薩迦（依撒加爾）	
	十子	西布倫（則布隆）	
	十一子	約瑟（若瑟）★ 優素福	埃及宰相
	十二子	便雅憫（本雅明）	
	女兒	底拿（狄納）	被示劍城主之子玷污
埃及時期	亞西納（阿斯納特）		約瑟之妻
	瑪拿西（默納協）	約瑟長子	十二支派
	以法蓮（厄弗辣因）	約瑟次子	
	波提乏（普提法爾）		約瑟被賣到埃及的僱主
	他瑪（塔瑪爾）		猶大的兒媳成為夫人

三	出埃及時代	
摩西家族	**摩西**（梅瑟） ★ 穆薩	帶領族人出埃及
	亞倫（亞郎） ★ 哈倫	摩西之兄
	米利暗（米黎盎）	摩西之姐
	約基別（約革貝得）	摩西之母
	西坡拉（漆頗辣）	摩西之妻
	葉忒羅（耶特洛）	摩西岳父
	以利亞撒（厄肋阿匝爾）	亞倫之子（祭司長）
漂流曠野期	**可拉**（科辣黑）	可拉的叛變
	巴蘭（巴郎）	異族先知（見利忘義）
	約書亞（若蘇厄）	摩西的繼承人
	迦勒（加肋布）	對神忠誠的猶大支派人
	喇合（辣哈布）	解救以色列探子的妓女
	亞干（阿干）	貪心掠奪戰利品的人

四		十二士師時代	
十二士師	1	**俄陀聶**（敖特尼耳）	意為神的獅子，驅亞蘭人
	2	**以笏**（厄胡得）	意為聯合，驅走摩押人
	3	**珊迦**（沙默加爾）	意為刀劍，驅走非利士
	4	**底波拉**（德波辣）	意為蜜蜂，唯一女士師
	5	**基甸**（基德紅）	意為毀壞者，驅走米甸人
	6	**陀拉**（托拉）	意為深紅色
	7	**睚珥**（雅依爾）	意為守望者
	8	**耶弗他**（依弗大）	意為釋放，驅走亞捫人
	9	**以比讚**（依貝贊）	意為名聲
	10	**以倫**（厄隆）	意為強健
	11	**押頓**（阿貝冬）	意為卑賤
	12	**參孫**（三松）	意為超越，驅走非利士人
士師時期		**巴拉**（巴辣克）	跟女士師底波拉並肩作戰
		西西拉（息色辣）	被底波拉擊敗的敵將領
		雅億（雅厄耳）	將西西拉計殺的奇女子
		大利拉（德里拉）	色誘參孫的妓女
		亞比米勒（阿彼默肋客）	基甸的暴君兒子
⊙		**約伯**★ 安優卜艾	被神和撒旦試煉的人

四	十二士師時代	
路得家族	**路得**（盧德） ★ 魯兌	路得記中的女主角
	拿俄米（納敖米）	路得的婆婆
	波阿斯（波阿次）	路得的丈夫
	俄備得（敖貝得）	路得之子（大衛王祖父）
撒母耳家族	**撒母耳**（撒慕爾）	膏立掃羅、大衛為王的先知
	哈拿（亞納）	撒母耳的母親
	毗尼拿（培尼納）	嫉妒並欺負哈拿的女人
	以利（厄里）	示羅城大祭司，撒母耳的老師

五	王國時代	
掃羅家族	**掃羅**（沙烏爾） ★ 塔爾特	第一任國王
	約拿單（約納堂）	掃羅長子，大衛的摯友
	米甲（米加耳）	掃羅之女，大衛的正妻
⊙	**歌利亞**（哥肋亞）	非利士巨人，被大衛打死
大衛家族	**大衛**（達味） ★ 達吾德	第二任國王
	耶西（葉瑟）	大衛王的父親
	亞比該（阿彼蓋耳）	大衛逃難時娶的新妻
	拿八（納巴耳）	亞比該的前夫
	拔示巴（巴特舍巴）	大衛偷情者，所羅門之母
	烏利亞（烏黎雅）	拔示巴的前夫
	約押（約阿布）	大衛王的資深老將軍
	押沙龍（阿貝沙隆）	背叛父親大衛王
	所羅門（撒羅滿） ★ 蘇萊曼	第三任國王
	亞多尼雅（阿多尼雅）	與所羅門爭奪王位的人
	示巴（舍巴）	拜訪所羅王的外邦女王
	撒督（匝多克）	聖殿首任大祭司長

六			以色列南北朝時期	
南朝猶大王國君王	1		**羅波安**（勒哈貝罕）	行苛政使國家分裂
	2		**亞比央**（阿彼雅）	擊退北朝八十萬大軍
	3		**亞撒**（阿撒）	前期英明後期昏庸的王
	4		**約沙法**（約沙法特）	與北朝聯姻的王
	5		**約蘭**（耶曷蘭）	殘忍霸道的國王
	6		**亞哈謝**（阿哈齊雅）	和北朝交好的國王
	7		**亞他利雅**（阿塔里雅）	唯一女暴君
	8		**約阿施**（約阿士）	晚節不保的國王
	9		**亞瑪謝**（阿瑪則雅）	自恃清高的國王
	10		**烏西雅**（烏齊雅）	南朝的鼎盛時期
	11		**約坦**（約堂）	讓國家再度富庶的國王
	12		**亞哈斯**（阿哈次）	向亞述帝國進貢的國王
	13		**希西家**（希則克雅）	最虔信神的國王
	14		**瑪拿西**（默納舍）	背神後又再敬神的王
	15		**亞捫**（阿孟）	崇拜外邦偶像的惡王
	16		**約西亞**（約史雅）	戰死沙場的國王
	17		**約哈斯**（約阿哈次）	被擄到埃及的王
	18		**約雅敬**（約雅金）	將耶利米關押的王
	19		**約雅斤**（約雅津）	被擄到巴比倫的王
	20		**西底家**（漆德克雅）	被巴比倫滅國
北朝以色列王國君王	第一王朝	1	**耶羅波安**（雅洛貝罕）	英雄變成狗熊
		2	**拿答**（納達布）	家族被巴沙滅門
	第二王朝	3	**巴沙**（巴厄沙）	率軍攻打南朝失敗
		4	**以拉**（厄拉）	被將領心利背叛被殺
	第三王朝	5	**心利**（齊默黎）	在位僅七天，一代即絕
	第四王朝	6	**暗利**（敖默黎）	遷都到撒瑪利亞
		7	**亞哈**（阿哈布）	娶了惡妻耶洗別
		8	**亞哈謝**（阿哈齊雅）	追捕先知以利亞
		9	**約蘭**（耶曷蘭）	被耶戶滅門
	第五王朝	10	**耶戶**（耶胡）	被先知以利沙膏立的國王
		11	**約哈斯**（約阿哈次）	喪失許多領土的王
		12	**約阿施**（耶曷阿士）	北朝少數善終的王
		13	**耶羅波安二世**（雅洛貝罕二世）	鼎盛期
		14	**撒迦利雅**（匝加利亞）	被沙龍背叛
	第六王朝	15	**沙龍**（沙隆）	內戰中死亡，在位三十天
	第七王朝	16	**米拿現**（默納恆）	殘酷暴虐的國王
		17	**比加轄**（培卡希雅）	被比加所殺
	第八王朝	18	**比加**（培卡黑）	被亞述人擄走為奴
	第九王朝	19	**何細亞**（曷舍亞）	被亞述帝國滅亡
			耶洗別（依則貝爾）	亞哈王的惡妻
			拿伯（納波特）	葡萄園主被耶洗別殺害

七　著名的先知

分裂前	拿單（納堂）	大衛王最信賴的先知
	亞希雅（阿希雅）	膏立耶羅波安王的先知
	示瑪雅（舍瑪雅）	稱國家分裂是神的旨意
北朝	以利亞（厄里亞）★ 易勒雅斯	被上帝接走的人
	以利沙（厄里叟）★ 艾勒葉賽	以利亞的門生
	約拿（約納）★ 優努斯	到外邦傳道的先知
	阿摩司（亞毛斯）	發出北朝將滅亡的先知
	何西阿（歐瑟亞）	
南朝	俄巴底亞（亞北底亞）	向以東人發出警告的人
	約珥（岳厄爾）	預言神將使蝗蟲懲罰外邦
	以賽亞（依撒意亞）	預言彌賽亞將降臨
	彌迦（米該亞）	預言南朝亡國後救世主降臨
	那鴻（納鴻）	向尼尼微發出警告的先知
	西番雅（索福尼亞）	預言神將懲罰外邦人
	哈巴谷（哈巴谷）	預言巴比倫人會來懲罰猶大民
	耶利米（耶肋米亞）	預言猶大王國將滅亡
被擄	但以理（達尼爾）	兩位都是被擄走到巴比倫的年輕先知
	以西結（厄則克耳）	
回歸	哈該（哈蓋）	第一次回歸期先知
	撒迦利亞（匝加利亞）	
	瑪拉基（馬拉基亞）	第二、三次回歸期先知
其他	巴錄（巴路克）	耶利米的秘書
	歌篾（哥默爾）	何西阿的妻子
	哈拿尼雅（哈納尼雅）	與耶利米作對的人

八　三次回歸重要人物

回歸期間	所羅巴伯（則魯巴貝耳）	建造第二聖殿
	設巴薩（舍士巴匝）	猶太總督
	耶書亞（耶叔亞）	第一次回歸時大祭司
	以斯拉（厄斯德拉）	重整猶太律法
	尼希米（乃赫米雅）	重建聖城城牆
	參巴拉（桑巴拉）	阻擾城牆建設的惡人
	多比雅（托彼雅）	
波斯期間	以斯帖（艾斯德爾）	猶太人的波斯王后
	末底改（摩爾德開）	以斯帖的堂兄
	希該（赫革）	負責選王妃的監督官
	哈曼（哈曼）	波斯惡劣奸相

九　馬加比革命

分類	人物	說明
馬加比家族	瑪他提亞（瑪塔提亞）	家族的大家長
長子	約翰・迦迪（若望・加狄）	
次子	西門・太西（息孟・塔息）	建立猶太獨立國
三子	猶大・馬加比（猶達・瑪加伯）	領導革命
四子	以利亞撒・阿瓦蘭（厄肋阿匝爾・奧郎）	
么子	約拿單・亞斐斯（約納堂・阿弗斯）	
敵將	呂西亞（里息雅）	擊殺以利亞撒的敵將
	巴吉底（巴基德）	擊殺馬加比的猛將
	特里豐（特黎豐）	殺害約拿單

十　希律王潮

希律家族	希律王（黑落德）	屠嬰事件罪魁禍首
	法賽爾（法撒勒）	希律之兄，被猶太人殺害
	希律・亞基老（阿爾赫勞）	被羅馬皇帝放逐
	希律・安提帕（分封侯黑落德）	殘暴之君
	希律・腓力（斐理伯）	希律家族較優者
	希律・亞基帕（阿格黎帕）	殺害雅各
	希羅底（黑落狄雅）	母女合謀將施洗者約翰殺害
	莎樂美（撒羅米）	

205

耶穌家族	耶穌 ★ 爾薩	基督教創始者
	馬利亞（瑪利亞） ★ 麥爾彥	耶穌之母
	約瑟（若瑟）	耶穌之父
	以利沙伯（依撒伯爾）	施洗者約翰之母
	施洗者約翰（洗者若望）	耶穌表哥

耶穌十二門徒	彼得（伯多祿）	教會之祖，首任教宗
	安德烈（安德肋）	彼得親弟弟
	雅各（雅各伯）	約翰親哥哥
	約翰（若望）	耶穌最疼愛信賴的門徒
	多馬（多默）	被稱為「多疑的多馬」
	西門（西滿）	原為猶太奮銳黨成員
	馬太（馬竇）	著有《馬太福者》、《登山寶訓》等
	小雅各（次雅各伯）	門徒中最低調的人
	達太（達陡）	他的原名亦叫猶大
	腓力（斐理伯）	負責門徒的糧食調度
	巴多羅買（巴爾多錄茂）	別名「拿但業」
	加略人猶大（猶達斯依斯加略）	出賣耶穌
	馬提亞（瑪弟亞）	遞補的門徒

基督教初創時期	該亞法（蓋法）		仇視耶穌的大祭司
	彼拉多（比拉多）		猶大總督，判耶穌死刑的人
	亞拿尼亞（阿納尼雅）		讓保羅誠心悔改的人
	巴拿巴（巴爾納伯）		推薦保羅入教的人
	保羅（保祿）		基督教的奠基者
	保羅的門生	西拉（息拉）	與保羅第二次傳道之旅
		提多（弟鐸）	外邦的虔誠信徒
		提摩太（弟茂德）	與保羅第二、三次傳道之旅
		路加（路加）	著有路加福音、使徒行傳
	馬可（馬爾谷）		著有馬可福音
	司提反（斯德望）		基督教首位殉教者
	哥尼流（科爾乃略）		第一位入教的外邦將領
	抹大拉的馬利亞（瑪格達拉、瑪達肋納）		聖女

埃及	埃及法老（埃及法郎）	即埃及的國王
	示撒（史沙克）	
	尼哥（乃苛）	

亞蘭國	亞蘭國王（阿蘭國王）	
	利遜（勒宗）	
	利汛（勒斤）	
	乃縵（納阿曼）	先知以利沙治癒其毒瘡
	便哈達（本哈達）	
	哈薛（哈匝耳）	

亞述帝國	提革拉毗列色（提革拉特丕肋色爾）	
	又被稱為「普勒王」	猶太兩國向他納貢
	撒縵以色（沙耳瑪乃色）	鎮壓以色列王國
	撒珥根（撒爾貢）	滅掉以色列王國
	西拿基立（散乃黑黎布）	包圍南朝後敗退
	以撒哈頓（厄撒哈冬）	

巴比倫	尼布甲尼撒（拿步高）	滅掉猶大王國
	伯沙撒（貝爾沙匝）	先知但以理預言其亡國

波斯帝國	古列王（居魯士）	對猶太人行寬容政策
	大利烏（達理阿）	支持猶太人重建聖殿
	亞哈隨魯（薛西斯）	皇后為以斯帖
	亞達薛西（阿塔薛西斯）	猶太二、三次回歸

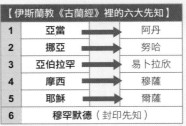

【伊斯蘭教《古蘭經》裡的六大先知】		
1	亞當 ➡	阿丹
2	挪亞 ➡	努哈
3	亞伯拉罕 ➡	易卜拉欣
4	摩西 ➡	穆薩
5	耶穌 ➡	爾薩
6	穆罕默德（封印先知）	

	基督教名	天主教名	伊斯蘭教名
上帝	耶和華	雅威	阿拉
魔鬼	撒旦	撒彈	易卜劣斯
四天天使	米迦勒	彌額爾	米卡爾
	加百利	加俾額爾	吉布利勒
	拉斐爾	辣法耳	伊斯拉菲勒
	烏列爾	優禮	亞茲拉爾

邱壇之神	巴力神（巴耳）	● 以嬰童獻祭
	亞舍拉神（阿舍辣）	● 有廟妓制度
	亞斯她錄神（阿布托勒特）	
	大衮神（達貢）	

？ 小常識

聖經裡人物比喻名稱

- 亞當：人類之父
- 亞伯拉罕：信德之父
- 夏娃：人類之母
- 雅各：以色列之祖
- 摩西：政治領袖
- 亞倫：祭司之祖
- 約書亞：軍事領袖
- 大衛：牧羊人
- 所羅門：君王
- 基甸：農夫
- 約伯：義人
- 以斯帖：賢皇后
- 耶穌：救世主
- 阿摩司：工匠
- 但以理：官吏
- 馬太：稅吏
- 路加：醫生
- 彼得：漁夫
- 馬可：宣道師
- 保羅：拉比祭司

第九節　認識聖經裡的重要城市總覽

★（　）內為天主教名稱對照

一	**吾珥**（烏爾）	列祖發源地
	哈蘭（巴旦亞蘭）	神在此第一次向亞伯拉罕顯現（叫他離此地到應許之地）
	迦南地（客納罕）	即為流著奶與蜜的應許之地，又稱「迦南美地」
	示劍（舍根）	亞伯拉罕在此建造第一個祭壇（雅各次子、三子在此殺光全城外邦男丁）
	撒冷、耶布斯（撒冷、耶步斯）	耶路撒冷早期的名稱
族長時期	**摩利亞**（摩黎雅）	亞伯拉罕在耶路撒冷摩利亞山差點將以撒獻祭給神
	伯特利（貝特耳）	亞伯拉罕在此建築第二座祭壇（雅各在此夢到天梯）
	別是巴（貝爾舍巴）	亞伯拉罕在此送走夏甲及以實瑪利母子（雅各在此騙得長子權分）
	希伯崙（赫貝龍）	亞伯拉罕及撒拉安葬於此（大衛在此登基為王）
	所多瑪（索多瑪）	墮落之城（亞伯拉罕姪子羅得曾居於此城，神吩咐他逃離此地）
	蛾摩拉（哈摩辣）	罪惡之城（和所多瑪一起被神毀滅）
	基拉耳（革辣爾）	亞伯拉罕家族曾在此短暫居住過（非利士亞比米勒王的首都）
	瑣珥（左哈爾）	羅得與女兒最後落腳長住的地方
	瑪哈念（瑪哈納因）	雅博河渡口，雅各回迦南時在此獨坐沈思
	毗努伊勒（培尼耳）	雅各與天使摔跤的地方（在此他改名為「以色列」）
	多坍（多堂）	約瑟被兄長販賣到埃及為奴的地方

二	歌珊（哥笙）	埃及法老賜此地給雅各（以色列）家族永久定居處
在埃及時期	瑣安（左罕）	以色列子民寄居埃及時兩個重要城市
	比伯實（丕貝色特）	
	比東（丕通）	以色列子民被勞役的地方（建造埃及兩個囤貨城）
	蘭塞（辣默色斯）	
	疏割（穌苛特）	摩西在此地集合以色列族人，準備一起共同啟程（出埃及）
	以倘（厄堂）	以色列民跟著神的雲彩前進（夜間由火柱引導）
	比哈希錄（丕哈希洛）	以色列民齊渡紅海前所經過安營的城市
	密奪（米革多耳）	
	巴力洗分（巴耳責豐）	
三	瑪拉（瑪辣）	摩西使苦水變甜水（現還存有摩西井遺跡）
出埃及	以琳（厄琳）	在此獲得飛來的鵪鶉當食物，開始食用生命靈糧（嗎哪），共計40年
	利非訂（勒非丁）	出埃及後第一次勝戰（擊敗亞瑪力人）摩西第一次擊石出水
	他備拉（塔貝辣）	獲頒十誡法板後，眾民又開始抱怨（神使火燒營區）
	哈洗錄（哈茲洛特）	米利暗誹謗其弟摩西（神怒使她長大痲瘡）
	加低斯（卡德士）	在此差遣十二探子到迦南查訪，但回報為惡信（神怒設40年內不准進入迦南）
四	以旬迦別（厄茲雍革革貝爾）	在曠野漂流40年後，在此地集結（重新出發至迦南地）
曠野漂流期	亞拉得（阿辣特）、何珥瑪（曷爾瑪）	亞拉得王阻以色列民前進（神滅此城改稱「何珥瑪」）
	臨門帕烈（黎孟培勒茲）	又稱「拉蒙裂谷」在此發生「可拉叛變事件」
	普嫩（普農）	摩西立銅蛇解厄的地方
	亞珥（阿爾）	在此擊敗不肯借道的亞摩利王西宏
	希實本（赫市朋）	亞摩利王西宏的首都
	什亭（史廷）	發生「什亭事件」，以色列民擊敗假先知巴蘭
五	吉甲（基爾加耳）	約書亞率領以色列民進入迦南地後，所建立第一個最高指揮總部
約書亞帶領以色列人進入迦南期	耶利哥（耶里哥）	進入迦南後第一個攻奪的城市（世界上海拔最低的城市）
	艾城（哈依）	發生「亞干事件」（猶大支派亞干私藏戰利品被神懲罰）
	基遍（基貝紅）	第一個向以色列民投誠的城市
	伯和崙（貝特曷龍）	神助約書亞在此降下大冰雹擊退敵軍
	瑪基大（瑪刻達）	約書亞將五王擊殺於此處（屍體各被吊在五棵樹上）
	立拿（里貝納）	● 約書亞進入迦南地後，勢如破竹的擊敗五位王，拿下各區域領地城邑 ● 全勝之後返回吉甲的總指揮部安營
	拉吉（拉基士）	
	基色（革則爾）	
	伊磯倫（厄革隆）	
	底壁（德彼爾）	
	夏鎖（哈祚爾）	
	亭拿西拉（提默納特色辣黑）	約書亞在此安享晚年的地方
	六大逃城	哥蘭（哥藍）	● 加上示劍及希伯崙號稱「六大逃城」 ● 因故而誤殺人者，在這些「逃城」裡將受到律法庇護（能夠得到公正公平的審判）
		拉末（辣摩特）	
		比悉（貝責爾）	
		基低斯（刻德士）	

六	伯利恆（白冷）	路得的歸宿地，大衛家族的發祥地，也是耶穌的誕生地
士師時期	示羅（史羅）	進入迦南後第二個最高指揮總部（撒母耳出生於此地）
	亞實突（阿市多得）	約櫃被非利士人擄走後，放於此地的大袞廟裡，不料隔天大袞神像倒塌粉碎於地
	瑣拉（祚辣）	士師參孫在此推倒大袞神廟，與非利士人同歸於盡
	伯示麥（貝特舍默士）	約櫃被擄走後非利士人不得安寧，於是在此歸還給以色列民
	基列耶琳（克黎雅特耶阿綾）	大衛未稱王前，約櫃一直安奉在此地（長達 20 年）
	拉瑪（辣瑪）	撒母耳與掃羅王絕裂後，隱居於此直至去世
七	米斯巴（米茲帕）	掃羅在此地被撒母耳膏立為王
王國時期	基比亞（基貝亞）	掃羅的故鄉，其登基後將此地立為全國首都
	隱多珥（恩多爾）	掃羅王冒天下大不諱去找女巫師召喚靈魂問事的地方
	耶路撒冷（耶路撒冷）	大衛王的國都（詳見下章介紹）
	洗革拉（漆刻拉格）	非利士國王亞吉曾將此城送給逃難中的大衛管理
	伯珊（貝特商）	掃羅王兵敗後自殺，屍體被掛在此城牆上
	隱基底（恩革狄）	大衛王在此有機會暗殺掉掃羅王（但他選擇寬恕掃羅王）
	提撒（提匝）	北朝以色列王國第 3～5 任國王時代的國都
	撒瑪利亞（撒瑪黎雅）	北朝以色列王國時期設立最久的國都
	米吉多（墨基多）	北朝以色列王國最重要的軍事要塞城
八	拿撒勒（納匝肋）	耶穌成長的地方
耶穌時期的重要都市	加利利（加里肋亞）	耶穌傳道的地方
	迦百農（葛法翁）	耶穌展現很多奇蹟的地方（最著名為「五餅二魚」），也是聖彼得的故鄉
	伯賽大（貝特賽達）	耶穌治癒盲人的地方
	推羅（提洛）	耶穌治癒一個被邪靈附體的迦南女子
	迦拿（迦納）	耶穌施行第一個神蹟處（將普通水變成葡萄酒）
	伯大尼（伯達尼）	耶穌在此讓死去 4 天的拉撒路從墳中走出（耶穌復活後在此升天）
	伯法其（貝特法革）	耶穌在此騎驢進入聖城耶路撒冷
	客西馬尼（革責瑪尼）	耶穌被羅馬士兵逮捕的地方（以猶大的毒吻為記）
	各各他（哥耳哥達）	耶穌被釘於十字架的地方，又稱「髑髏岡」
	大馬色（大馬士革）	保羅受洗加入基督教的地方
	安提阿（安提約基雅）	保羅及巴拿巴在此建立最早教會生活，事奉主的地方
	抹大拉（瑪達肋納）	抹大拉的馬利亞原為妓女，耶穌幫其驅出七邪靈而成為聖女
	革尼撒勒（革乃撒勒）	摸到耶穌衣服的人，病就痊癒的地方
	哥拉汛（苛辣匝因）	被耶穌咒責的地方（罪比所多瑪、蛾摩拉嚴重將遭毀滅）
	格拉森（革辣撒）	耶穌在此驅鬼（惡魔最後附身在群豬身上，從山崖上跌落）
	提比哩亞（提庇黎雅）	耶穌在此海邊展神蹟讓漁夫們大豐收
	拿因（納因）	耶穌將寡婦已死去的孩子救活
	約帕（約培）	先知約拿為逃避神的召喚，在此乘船往相反方向前行
	呂大（里達）	彼得曾在此地展現醫好以尼雅的神蹟

九	何烈山（曷勒布山）	● 神在此從荊棘火焰中向摩西顯現（叫他將以色列民引領出埃及）
		● 摩西在此獲頒十誡法板，又稱「西奈山」或「上帝之山」
	何珥山（曷爾山）	亞倫（摩西之兄）在此臨終並葬於此
	尼波山（乃波山）	摩西臨終之前在此眺望無緣進入的迦南美地
	他泊山（大博爾山）	耶穌在此改變相貌與摩西及以利亞談話
	迦密山（加爾默羅山）	先知以利亞在此獲得神助，燒死巴力神假先知
聖	黑門山（赫爾孟山）	以色列最高峰（海拔 2814 公尺），曾是迦南宗教巴力神的聖山
經	橄欖山（橄欖山）	耶穌人生最後一週期間活動的聖山
裡	錫安山（熙雍山）	大衛王葬於此處
著	摩利亞山（摩黎雅山）	亞伯拉罕差點將以撒獻祭給神的地方，現稱「聖殿山」
名	亞拉臘山（阿辣辣特山）	挪亞方舟最後停泊的地方
的	八福山（八福堂）	耶穌傳講《登山寶訓》的地方
山	以巴路山（厄巴耳山）	又稱「詛咒之山」	● 約書亞在示劍附近的兩座山，按摩西指示：一為祝福，一為詛咒（遙遙相望）
	基利心山（革黎斤山）	又稱「祝福之山」	
	西珥山（色依爾山）	以掃（以東人的始祖、雅各之兄）最後落腳定居的地方
	基利波山（基耳波亞山）	掃羅王戰敗最後選擇自殺的地方
	欣嫩子谷（本希農山谷）	被先知耶利米稱為「殺戮山谷」（異教常在此獻祭活嬰）

十	耶布斯人（耶步斯人）	迦南人（客納罕人）	非利士人（培肋舍特人）
	摩押人（摩阿布人）	亞捫人（阿孟人）	亞蘭人（阿得明人）
外	以東人（厄東人）	以土買人（依杜默雅人）	阿拉伯人（亞拉伯人）
邦	亞瑪力人（阿瑪肋克人）	巴珊人（巴商人）	利甲人（勒加布人）
異	以攔人（厄藍人）	亞摩利人（阿摩黎人）	西頓人（漆冬人）
族	巴蘭人（巴郎人）	和倫人（曷龍人）	夏瑣人（哈祚爾人）

第十節　舊約聖經裡不得不知的十個重要城市

族長時期

❶ 希伯來人的故鄉｜哈蘭（又稱巴旦亞蘭）

亞伯拉罕　哈蘭為上帝第一次向亞伯拉罕顯現的地方（叫他帶著家眷去到流著奶與蜜的應許之地）。

以撒　老僕人幫以撒尋找對象時，在哈蘭井邊遇到漂亮又善良的利百加（以撒娶她為妻）。

雅各　騙得長子權分後，雅各害怕被兄長以掃報復，逃到哈蘭投靠舅父拉班家。為舅夫工作二十年（娶了他兩個女兒利亞及拉結）。★ 從舅父變成岳父。

❷ 祭壇之城｜示劍

亞伯拉罕　依上帝指示，亞伯拉罕在示劍摩利橡樹旁築起進入應許之地的第一座祭壇。

雅各 雅各從哈蘭平安歸來時，在示劍築了一座壇，取名「伊利‧伊羅伊以色列」（表以色列的神）。

● 雅各獨生女底拿遭示劍城主之子玷污，次子西緬夥同三子利未將示劍男子全部殺光（迫使雅各家族離開此地前往伯特利定居）。

約瑟 以色列民依約瑟生前遺願，出埃及時將他的骨骸帶回迦南，安葬在示劍。

約書亞 約書亞依照摩西的吩咐，在示劍城附近的兩座山獻祭並宣讀聖約。

基利心山｜祝福 約書亞率西緬、利未、猶大、以薩迦、約瑟、便雅憫六個支派族長站在示劍附近的基利心山上為百姓祝福（★ 撒馬利亞人認為亞伯拉罕獻祭以撒是在此山）。

以巴路山｜咒詛 約書亞率流便、迦得、亞設、西希倫、但、拿弗他利六個支派族長站在示劍附近的以巴路山上宣布咒詛，並在此為耶和華築起一座祭壇，獻上燔祭與平安祭。

示劍之約 約書亞在臨終前在示劍召集十二支派族長，告誡其子民，必須恪守遵行與神立的約定，並將一塊大石頭立在耶和華聖所的橡樹下（作為立約之記）。

亞比米勒 士師基甸的兒子亞比米勒，因心中對權力的欲望強烈，當上示劍城主後，三年內將七十個兄弟殺光（僅存么弟），最後被一婦女從城樓上投石將他砸死。

3 神之門的城｜伯特利（原始名叫「路斯」）

亞伯拉罕 亞伯拉罕離開示劍後，在伯特利築起第二座祭壇（求告耶和華的名）。

● 亞伯拉罕從埃及回迦南後，在此和姪子羅得家族分道揚鑣，亞伯拉罕最後定居在希伯崙，而羅得選擇定居在死海附近的所多瑪（該城最後被神摧毀）。

雅各 雅各為躲避兄長以掃報復，前往哈蘭，途中在路斯夢到天梯（上帝賜予祝福）於是將此原本地名「路斯」改成「伯特利」（意為神的家門）。

● 雅各因其子在示劍城犯下殺人事件，舉家被迫遷居於伯特利，在此為耶和華築起一座祭壇（感謝神在他遭遇困境時屢現關懷和協助）。

耶羅波安 北朝以色列王國首任國王耶羅波安在伯特利設立邱壇（另一座在但城），行神眼中的惡事，背棄真神使百姓蒙罪，埋下滅國的種子（史稱消失的十支派）。

以利亞 先知以利亞在最後的歸程途中，帶著門徒以利沙於伯特利做最後朝覲（關閉神的門，等待有朝一日，彌賽亞復臨時再重新開啟）。

以利沙 先知以利沙在伯特利受到四十二位童子嘲笑他頂上的禿頭（當時禿頭代表假先知之意），怒氣下使咒讓兩頭母熊從森林中出來撕裂他們。

4 歸根之城｜希伯崙（又被稱為「幔利」或「基列亞巴」）

亞伯拉罕　亞伯拉罕曾在希伯崙幔利橡樹旁為耶和華築起一座祭壇（在此將名字亞伯蘭改成「亞伯拉罕」）。

● 亞伯拉罕在此地接待過三位天使，獲悉妻子撒拉將得一子（以撒），並得知神要毀滅所多瑪城及蛾摩拉城（為了姪子羅得安危向神請求赦免）。

族長歸宿　撒拉在希伯崙去世，亞伯拉罕從赫人以弗崙手中買下麥比拉洞埋葬撒拉，他的族人後裔除了約瑟外（葬於示劍），最後均安葬於希伯崙。

麥比拉山洞　山洞裡面安葬者：亞伯拉罕、撒拉（夫妻）、以撒、利百加（夫妻）以實瑪利（阿拉伯人始祖）以掃、雅各（兩兄弟盡釋前嫌安葬在一起）另有雅各之妻利亞。

摩西　摩西曾派十二支派探子到希伯崙偵察探訪，結果有十個支派探子回報此地城牆高聳，裡面住著力大無窮的巨人等惡信（因對神的不堅信導致在曠野漂流四十年）。

約書亞　征服迦南後，約書亞將希伯崙城送給猶大支派的族長迦勒家族（他與以法蓮支派的約書亞是十二支派探子中唯二報喜信的人）。

士師時期　希伯崙是猶大支派領地中的首府城。

大衛　掃羅王去世後，神引領大衛到希伯崙城登基為王（時年三十歲），他在此治理國家長達七年，當統一以色列全境後才將國都遷往耶路撒冷（大衛城）。

押沙龍　大衛王的兒子押沙龍誕生於希伯崙，成年後想篡奪父親（大衛王）的王位，於是潛行至希伯崙登基為王，和父親兵刃相見，最終失敗被殺。

5 南境之城｜別是巴（從加薩走廊進入埃及的重要城市）

迦南地之南境　一般指應許之地（迦南美地），是從最南的別是巴城，到最北的但城之間範圍。

亞伯拉罕　亞伯拉罕在別是巴將夏甲（妾）及長子以實瑪利（阿拉伯始祖）母子送走，只給他們少許餅乾和水，差點喪命在曠野中（最後得到神的恩顧，讓以實瑪利後裔子孫昌盛）。

盟誓之約　亞伯拉罕在別是巴與非利士亞比米勒王立約（因他以為撒拉是亞伯拉罕之妹，原想娶她當側室）。

以撒　亞伯拉罕之子以撒在別是巴築起一座祭壇，求告耶和華的名，並挖掘七口水井（又稱「盟誓之井」）。

雅各　以撒之子雅各受到母親利百加的協助，在別是巴騙得長子權分（使兄長以掃揚言報復）。

得地爲業時期

6 進入迦南後第一個首府｜吉甲

約書亞　約書亞帶領以色列十二支派通過約旦河進入迦南美地，在吉甲設立了第一個軍事總指揮部所。

吉甲三大事	1	第一次在吉甲舉行割禮（新一代的年輕人，集體在此舉行割禮）
	2	第一次在迦南美地歡度逾越節（從河中取來十二塊石頭柱立為記）
	3	第一次開始吃當地土產（停止吃了四十年的嗎哪生命靈糧）

掃羅王　掃羅王在吉甲與非利士人對峙期間，因嫌撒母耳獻祭時間冗長，竟然擅自主持獻祭儀式，迫不及待的出兵應戰（此事導致兩人關係惡化決裂）。

以利亞　以利亞人生中最後一段歸途，依神的指示從吉甲出發，依次到達伯特利、耶利哥。

7 進入迦南後第一個攻陷的城市｜耶利哥

★耶利哥是世界最古老的城市之一，同時也是全世界最低的城市（低於海平面396公尺）

約書亞三大事	1	派探子進耶利哥城蒐集情報事洩，幸被妓女喇合匿藏解救而脫險 ★喇合後來嫁給猶大支派的撒門（成為大衛王的先祖）
	2	神差派天使成為耶和華軍隊元帥，曉諭約書亞抬著約櫃每天繞耶利哥城一周，持續6天，於第7天繞城7次後，城牆突然倒塌，被以色列攻陷
	3	約書亞咒詛耶利哥城「重建此城者立基時必喪長子，安門時必喪幼子」

以利亞　耶利哥是以利亞人生歸途中的最後一站朝觀的地方，隨後渡過約旦河，在河邊耶和華用火馬駕著火焰車夾帶旋風，將以利亞接往天國（舊約中唯一沒死的先知）。

以利沙　以利沙領受老師以利亞雙倍恩膏及一件充滿能量的披風袍，承接先知的職分，回到耶利哥城後，用鹽巴治好當地的惡水（污水）成為淨水（現留有以利沙泉遺跡）。

西底家　猶大王國末代國王西底家，不聽先知耶利米的勸諫，硬是要與新巴比倫尼布甲尼撒王作對，結果城破逃命到耶利哥附近被逮捕（雙眼被挖、其全家人均被斬首）。

耶穌　耶穌曾在耶利哥城內醫治好一位瞎子，並在城外的試探山戰勝撒旦的誘惑。

8 進入迦南後第二個首府｜示羅

約書亞　約書亞進入迦南地後，在士羅設立第二個軍事總指揮所。
●在士羅城以抽籤方式來決定還沒有分配到地業的其他七個半支派領土。

撒母耳　哈拿因婚後無子嗣，時常到示羅聖所向神請求許願，終於成功懷有身孕產下兒子，並將兒子取名「撒母耳」（意為神所賜）。

示羅大祭司以利四大事	1	● 示羅聖所大祭司以利為人善良，是撒母耳幼年時期的拉比（教師），但他卻縱容兩個身為祭司的不肖兒子為非作歹、淫行放蕩（為神所憎恨）。
	2	● 非利士人從示羅西側入侵，長老們在沒有向神請示下，竟然擅自將耶和華的約櫃抬到敵前助陣（震懾異族）。★ 此舉讓神發怒。
	3	● 因得不到神的援助，以色列民大敗而歸（死傷慘重），大祭司以利兩個不肖兒子也在此役陣亡，同時約櫃也被非利士人搶奪擄走。
	4	● 當大祭司以利聽到約櫃被擄走，簡直比自己兒子陣亡的消息更令他驚愕，當場從座位上跌落，摔斷頸骨而亡（撒母耳從此接替他的職分）。

王國時期

❾ 大衛王的故鄉｜伯利恆（原本名為「以法他」）

拉結　雅各最寵愛的妻子拉結在伯利恆生下么子便雅憫後不久即去世（葬於此處）。

★ 南朝猶大王國由兩支派組成（猶大、便雅憫），可見便雅憫與伯利恆的淵源。

路得　路得跟隨婆婆拿俄米從摩押地來到伯利恆定居，每天以拾穗（散落在田裡的稻穗）度日，因而認識當地富紳波阿斯，在婆婆的促成下結為夫妻，不久生下俄備得（大衛王的祖父）。

撒母耳膏立大衛　當神厭棄掃羅後，撒母耳依神的指引，來到伯利恆耶西家膏立其幼子大衛為以色列國君（此為形式表達，當時掃羅王仍掌控全國行政）。

先知彌迦　先知彌迦預言將來必有一位大衛後裔，降生在伯利恆而統領以色列（即彌賽亞）。

耶穌　羅馬皇帝下令普查全國人口，約瑟與馬利亞（產期將至）回到祖籍地伯利恆，因旅館客滿，於是暫住在馬槽中，並順利生下耶穌。

★ 大希律王聽聞有聖嬰降臨的傳言，於是下達屠嬰令（兩歲以下嬰童皆殺）。

❿ 聖城｜耶路撒冷（原名「耶布斯」）　★ 下章詳加介紹

大衛　大衛王率軍從基訓泉水道攻入耶布斯城，將國都定於此地，改名為「耶路撒冷」（意為和平之城）。

所羅門　所羅門在此依照大衛王的遺願建造聖殿，安奉約櫃（稱為所羅門聖殿）。

★ 「耶路撒冷」由此成為以色列最重要的政教合一城市（被稱為聖城）。

？ 小常識

應許之地又稱「迦南美地」或「巴勒斯坦」，意為：「流著奶與蜜之地」。

奶 ➡ 動物的精華　　蜜 ➡ 植物的精華

第十八章
認識聖城（耶路撒冷）的辛酸血淚史

第一節　聖城的沿革

1 地名的更迭

摩利亞 ➡ 撒冷 ➡ 耶布斯 ➡ 大衛城（錫安城） ➡ 耶路撒冷

➡ 愛利亞‧加比多納（改成羅馬城市名） ➡ 耶路撒冷（羅馬君士坦丁大帝將其改回原名）

耶路撒冷｜意為「和平之城」 但事實上並不太平（歷經無數戰亂、暴力、流血、屠殺、傾毀、重建）。

★「耶路」為希伯來語，意為「城市」、「撒冷」，代表和平之意。

●阿拉伯人稱「耶路撒冷」為「古德斯」（意為聖城）。

2 統治者的更迭

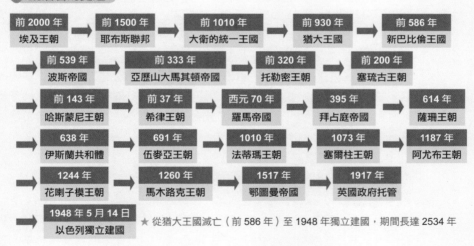

前 2000 年 埃及王朝 ➡ 前 1500 年 耶布斯聯邦 ➡ 前 1010 年 大衛的統一王國 ➡ 前 930 年 猶大王國 ➡ 前 586 年 新巴比倫王國

➡ 前 539 年 波斯帝國 ➡ 前 333 年 亞歷山大馬其頓帝國 ➡ 前 320 年 托勒密王朝 ➡ 前 200 年 塞琉古王朝

➡ 前 143 年 哈斯蒙尼王朝 ➡ 前 37 年 希律王朝 ➡ 西元 70 年 羅馬帝國 ➡ 395 年 拜占庭帝國 ➡ 614 年 薩珊王朝

➡ 638 年 伊斯蘭共和體 ➡ 691 年 伍麥亞王朝 ➡ 1010 年 法蒂瑪王朝 ➡ 1073 年 塞爾柱王朝 ➡ 1187 年 阿尤布王朝

➡ 1244 年 花喇子模王朝 ➡ 1260 年 馬木路克王朝 ➡ 1517 年 鄂圖曼帝國 ➡ 1917 年 英國政府托管

➡ 1948 年 5 月 14 日 以色列獨立建國 ★ 從猶大王國滅亡（前 586 年）至 1948 年獨立建國，期間長達 2534 年

3 一座城市三種信仰

●耶路撒冷是猶太教、基督教（天主教、東正教、新教）及伊斯蘭教（回教）的聖地。

●耶路撒冷歷經十八次被毀、十八次重建（源於三種形態的鬥爭 ① 民族 ② 宗教 ③ 派系）。

第二節　耶路撒冷的簡史

1 第一聖殿期間

前 2000 年左右｜摩利亞地　亞伯拉罕依神的指示到摩利亞山丘上，要將兒子以撒獻祭給神，因其虔信上帝，忠誠信仰通過神的考驗，天使叫他以旁邊羔羊代替獻祭（代罪羔羊）。

前 1000 年｜大衛城（錫安城）　原為耶布斯的小村落，被大衛征服後定都於此。

前 960 年｜第一聖殿（所羅門聖殿）　所羅門王即位後，遵照其父大衛遺願，在摩利亞山丘（亞伯拉罕以子獻祭處）建造聖殿（第一聖殿）。★耶路撒冷從此成為以色列政教合一的聖城。

前 922 年｜首度被埃及人掠奪聖殿財物　猶大王國首任國王羅波安登基的第五年，埃及示撒法老舉兵攻陷聖城，王宮及聖殿財物被洗劫一空（國王只好用銅盾牌代替金盾牌裝飾）。

前 845 年｜首度被非利士人掠奪財物（聖殿第二次遭到洗劫）　猶大王國第 5 任王約蘭與北朝以色列王國公主亞他利雅結婚（引進巴力神崇拜）建築邱壇、朝拜偶像，神曉諭必有大禍臨頭，不久後非利士聯合阿拉伯人攻陷聖城，掠奪大量財物並擄走大批王室成員。

前 786 年｜首度被北朝以色列王國掠奪財物（聖殿第三次遭到洗劫）　猶大王國第 9 任國王亞瑪謝戰勝以東人後，開始狂妄自大起來，向北朝以色列王國約阿施王挑釁，結果被北朝以色列軍擊潰，耶路撒冷城牆被拆，聖殿及王宮財物被洗劫一空。

前 722 年｜消失的十支派　北朝以色列王國被亞述帝國滅亡，大量難民逃到南國避難（聖城人口暴增）。

前 701 年｜亞述帝國圍城數月（希西家王建造西羅亞水道）　猶大王國是亞述的附庸國（此時北朝已被其滅亡），當亞述新國王西拿基立上任不久，猶大的希西家王想趁機擺脫其控制，於是聯合埃及和巴比倫共同反抗殘暴的亞述人，結果兵敗（狂失 46 個要塞）。

● 希西家王遣使去求見先知以賽亞，徵詢神諭，先知預言「亞述軍必撤、聖城必保」。（幾日後神差遣天使在聖城外擊殺十八萬五千名亞述軍）迫使他們狼狽撤離。

★神賜福希西家王增添其 15 年歲壽，他為了防止敵人切斷水源，建造了一條水道——西羅亞水道，迄今仍在。

前 609 年｜第一次國王被擄走（到埃及）　猶大王國第 17 任王約哈斯，被埃及

尼哥法老擄至埃及（最後死在埃及），在位僅三個月，尼哥法老另擁立其兄以利亞敬為王（將其名字改為約雅敬）。

前 606 年｜第一次百姓被擄走到巴比倫（含先知但以理） 埃及被新巴比倫擊敗後，猶大王國也成為他們的附庸國（很多猶太菁英少年被擄走至巴比倫，其中包含但以理）。

★ 約雅敬國王不聽先知耶利米警告（並將他的書卷撕裂燒毀），不久後猝死。

前 597 年｜第二次國王被擄走（到巴比倫）含先知以西結 猶大王國第 19 任約雅斤王，其父猝死後即位，不到三個月即向新巴比倫王投降，被擄至巴比倫（當了 37 年的降臣，壽終正寢）。

前 586 年｜耶路撒冷聖殿第一次徹底被摧毀（成為巴比倫之囚）

● 猶大王國第 20 任國王希底家，不聽先知耶利米的勸諫（開城投降），硬要以卵擊石，結果被新巴比倫王尼布甲尼撒攻陷耶路撒冷，猶大王國滅亡（史稱巴比倫之囚）。

★ 昔日繁華大都市瞬間成為斷垣殘壁、雜草叢生、一片荒蕪的廢墟。

❷ 三次回歸期

前 536 年｜第一次回歸耶路撒冷｜重建聖殿（又稱第二聖殿） 在波斯帝國居魯士王的授權下，所羅巴伯率領 42360 名猶太人回到殘破不堪的故里，更在大流士國王強力支持下，花了 20 年時間重建聖殿（史稱第二聖殿）又稱「所羅巴伯聖殿」。

★ 第一次猶太百姓被擄走到巴比倫（前 606 年）至第一次回歸剛好 70 年。

★ 第一次聖殿被毀（前 586 年）至第二次聖殿完工（前 516 年）恰巧也是 70 年（應驗先知耶利米的要等 70 年後才能回歸的預言）。

前 458 年｜第二次回歸耶路撒冷｜信仰的重整 ● 距第一次回歸又歷經 80 年，祭司以斯拉帶領五千名猶太人回到耶路撒冷，重整律法，編集聖經（讓猶太精神重放光芒）。

前 445 年｜第三次回歸耶路撒冷｜重建城牆 猶太人尼希米在波斯亞達薛西王的支持下重返聖城，重建傾頹倒塌已久的城牆（只花 52 天），現僅存留西牆為猶太人信仰堅壁。

❸ 埃、希爭奪期（20 年）

前 333 年｜第一次落入歐洲人手中（希臘人） 馬其頓帝國亞歷山大皇帝滅掉波斯帝國後，取得耶路撒冷的控制權。

前 323 年 | **帝國的分裂**　亞歷山大皇帝突然在巴比倫城猝死（享年 32 歲），
亞歷山大帝國瞬間分裂成三個國家：① 安提柯王朝（希臘、小亞細亞）、②
托勒密王朝（埃及）、③ 塞琉古王朝（西亞、敘利亞）。

前 320 年 | **埃及人接管耶路撒冷**　托勒密王朝取得聖城的控制權。

前 315 年 | **希臘人接管耶路撒冷**　安提柯王朝取得聖城的控制權。

前 312 年 | **埃及人再度接管聖城**　托勒密王朝重新接管耶路撒冷。

前 311 年 | **希臘人再度奪回聖城**　隔年安提柯王朝再奪回聖城控制權。

前 301 年 | **埃及第三度接管聖城**　托勒密王朝徹底將安提柯王朝逐出中東地區
（西亞）。

★ 埃及托勒密王朝從此開始統治耶路撒冷附近地區長達百
年時間。

耶路撒冷徽章

4　希臘化時期

前 200 年 | **塞琉古王朝統治期**　耶路撒冷落入敘利亞塞琉古
王朝手中（結束埃及百年的統治）。

前 170 年 | **實行希臘化政策**　塞琉古國王安條克四世強制實行希臘化政策，禁
止猶太教信仰（廢除安息日及行割禮），聖殿被改奉祀宙斯天神。

前 167 年 | **馬加比革命**　哈斯蒙尼家族堅持猶太信仰，反抗暴政。

前 164 年 | **修殿節緣由**　馬加比率領義軍奪回耶路撒冷，在聖殿中舉行隆重的
淨化獻祭儀式（當時燭油只剩一小份），但卻在連續八天的儀式中未曾熄滅
（神蹟），此日因此成為猶太教修殿節（又被稱為「光明節」），但隔年又
被塞琉古軍奪走聖城。

5　馬加比家族時期

前 143 年 | **哈斯蒙尼王朝建立（獨立的猶太國）**

● 前 143 年～前 63 年，共計 80 年

馬加比家族五虎之一的西門・太西建立哈斯蒙尼王朝（猶太王國），耶路撒
冷重回猶太人手中，後因理念不合出現三個派別：① 撒都該派、② 法利賽
派、③ 愛色尼派。

前 63 年 | **羅馬人開啟統治時代**　羅馬龐培將軍圍堵耶路撒冷三個月，最後哈斯
蒙尼猶太王國向其稱臣納貢（成為羅馬的附屬國）。★ 同年塞琉古王朝被其
所滅亡國。

前 45 年 | **新省長上任接管耶路撒冷**　羅馬執政官凱撒指定以土買人安提帕特
（希律之父）為猶太省長，統治巴勒斯坦地區的猶太人。

前 43 年｜希律兄弟接管耶路撒冷　猶太省長安提帕特被馬加比家族毒死，其兩個兒子（兄長法賽爾及弟弟希律）共同管理猶太地區。

前 40 年｜馬加比家族最後的抗爭　猶太王室馬加比家族聯合帕提亞王朝（安息帝國）奪回耶路撒冷的控制權，法賽爾被殺，希律經埃及逃往羅馬尋求庇護。

6 大希律時期

前 37 年｜大希律王時代開啟　羅馬元老院任命希律為猶太王（大希律王），再度奪回耶路撒冷的管理權（哈斯蒙尼王朝徹底覆滅）。

前 19 年｜擴建聖殿（又稱：希律聖殿）　大希律王將擁有馬加比家族血統的妻子（公主）及親兒子處死，為了彌補身心的恐懼，大希律王在聖殿山大肆重修聖殿。

前 5 年｜耶穌誕生（大希律王屠嬰事件　大希律王聽聞有「聖嬰降臨」的傳言，下令將聖城附近兩歲以下的男嬰殺光（馬利亞帶著聖嬰逃往埃及避難）。

7 耶穌時期

西元 6 年｜奮銳黨成立（激進的猶太人）　羅馬總督科坡紐向猶太人課重稅（引起民怨），猶太人因而成立一個秘密組織團體「卡納因」（又稱奮銳黨，是個激進派團體）。

西元 30 年｜耶穌被釘十字架　耶穌斥責聖殿神職人員斂財（將聖殿變成賊窩），此事惹怒猶太祭司，向總督彼拉多誣告耶穌妄自稱王（最後被釘在十字架）。

8 羅馬人管理時期

西元 64 年｜希律聖殿完工（歷時 80 年），基督徒遭到迫害
★ 羅馬城發生大火，暴君尼祿嫁禍給基督徒，於是展開血腥大屠殺。

西元 66 年｜第一次猶太戰爭　猶太人不滿羅馬的統治與壓迫（強行將聖殿財物上貢給暴君尼祿）在奮銳黨米拿現領導下爆發起義戰爭（史稱猶太戰爭）。
★ 67 年聖彼得及聖保羅在羅馬被暴君尼祿處死（殉教）。

西元 70 年｜第二次聖殿徹底被摧毀　羅馬提圖斯將軍（後來成為羅馬皇帝）統率大軍圍困耶路撒冷 4 個月又 25 天，最後攻陷耶路撒冷（將城牆及聖殿徹底摧毀）。
★ 兩次聖殿被摧毀日恰巧都是在猶太曆 5 月 9 日，現今僅存西牆（哭牆）。

西元 132 年 | 第二次猶太戰爭（巴柯巴起義）　羅馬哈德良皇帝下令禁止猶太教信仰（嚴禁守安息日、行割禮），違者均被處死，引發巴柯巴的強烈不滿，率領猶太人揭竿起義（58 萬猶太人被殺）。

西元 135 年 | 猶太民族大流散（成為國際難民）　羅馬哈德良皇帝平息暴亂後，將耶路撒冷改造成羅馬風格的城市，並禁止猶太人進入，猶太全境成為羅馬帝國的巴勒斯坦行政省。

9 基督教（國教）時期

西元 313 年 | 基督教凌駕於猶太教　羅馬君士坦丁大帝簽署《米蘭敕令》，承認基督教合法地位，耶路撒冷首度成為基督教的聖地。

西元 335 年 | 聖墓教堂落成　君士坦丁大帝的母親海倫娜在耶路撒冷各各他山丘（耶穌受難處）興建一座教堂（聖墓教堂）。

西元 392 年 | 基督教成為羅馬國教　羅馬狄奧多西皇帝頒發《薩洛尼卡敕令》，將基督教定為國教（其他宗教均被禁止傳教）。

西元 395 年 | 羅馬帝國分裂　依狄奧多西皇帝遺囑將帝國平分給兩個兒子繼承管理，於是產生東、西羅馬兩個帝國（從此開始分裂再也沒有統一過），耶路撒冷成為東羅馬帝國領地。

10 伊斯蘭教興起期

西元 614 年 | 聖城易主　波斯薩珊王朝從東羅馬帝國手中奪取耶路撒冷周邊控制管轄權。

西元 621 年 | 成為伊斯蘭教（回教）的聖城（每日五次的朝拜聖地）
　●伊斯蘭教先知穆罕默德騎天馬夜行登霄到耶路撒冷與真主對話（確認穆斯林每日朝拜五次的定約）使耶路撒冷成為伊斯蘭教（回教）繼麥加、麥地那之後第三座聖城。
　★穆斯林（回教徒）每日需五次向耶路撒冷聖城朝拜。

西元 624 年 | 猶太人與阿拉伯人決裂（起因是將朝拜地改變轉向到麥加）
　●先知穆罕默德將每日朝拜方向從耶路撒冷改向麥加（新宗教的形成）引起猶太人的不滿，在巴德爾之役中，穆罕默德以寡擊眾獲勝（從此兩個宗教敵視迄今）。

11 伊斯蘭教管理時期

西元 638 年 | 伊斯蘭教（回教）勢力入主耶路撒冷　伊斯蘭教共同體第二任哈里發歐瑪爾，奪得耶路撒冷的控制權（並於 651 年滅掉波斯薩珊王朝）。

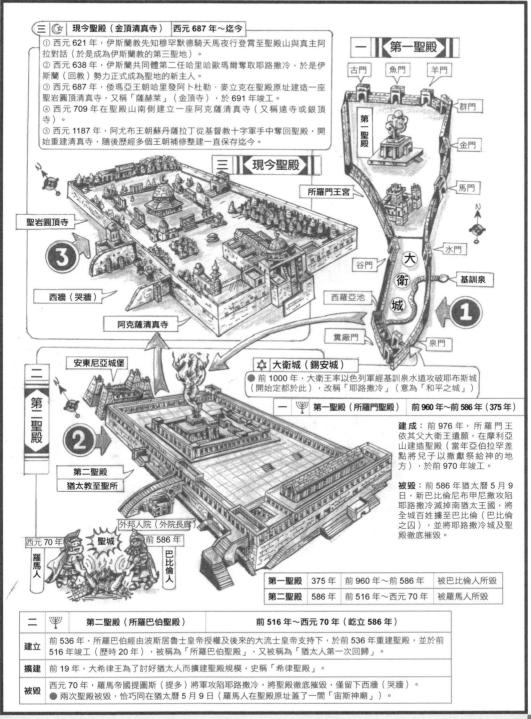

三 🕌 **現今聖殿（金頂清真寺）** **西元 687 年～迄今**

① 西元 621 年，伊斯蘭教先知穆罕默德騎天馬夜行登霄至聖殿山與真主阿拉對話（於是成為伊斯蘭教的第三聖地）。
② 西元 638 年，伊斯蘭共同體第二任哈里哈歐瑪爾奪取耶路撒冷，於是伊斯蘭（回教）勢力正式成為聖地的新主人。
③ 西元 687 年，倭瑪亞王朝哈里發阿卜杜勒‧麥立克在聖殿原址建造一座聖岩圓頂清真寺，又稱「薩赫萊」（金頂寺），於 691 年竣工。
④ 西元 709 年在聖殿山南側建立一座阿克薩清真寺（又稱遠寺或銀頂寺）。
⑤ 西元 1187 年，阿尤布王朝蘇丹薩拉丁從基督教十字軍手中奪回聖殿，開始重建清真寺，隨後歷經多個王朝補修整建一直保存迄今。

一 ‖**第一聖殿**‖

古門　魚門　羊門

第一聖殿

群門

金門

馬門

N

三 ‖ **現今聖殿**‖

所羅門王宮

聖岩圓頂寺

③

西牆（哭牆）

阿克薩清真寺

谷門

西羅亞池

糞廠門

水門

大衛城

基訓泉

泉門

二 ‖**第二聖殿**‖

安東尼亞城堡

②

第二聖殿
猶太教至聖所

外邦人院（外院長廊）

☆ **大衛城（錫安城）**
● 前 1000 年，大衛王率以色列軍經基訓泉水道攻破耶布斯城（開始定都於此），改稱「耶路撒冷」（意為「和平之城」）

一 ‖ **第一聖殿（所羅門聖殿）** **前 960 年～前 586 年（375 年）**

建成： 前 976 年，所羅門王依其父大衛王遺願，在摩利亞山建造聖殿（當年亞伯拉罕差點將兒子以撒獻祭給神的地方），於前 970 年竣工。

被毀： 前 586 年猶太曆 5 月 9 日，新巴比倫尼布甲尼撒攻陷耶路撒冷滅掉南猶太王國，將全城百姓擄至巴比倫（巴比倫之囚），並將耶路撒冷城及聖殿徹底摧毀。

西元 70 年　聖城　前 586 年
羅馬人　　　　　　　巴比倫人

第一聖殿	375 年	前 960 年～前 586 年	被巴比倫人所毀
第二聖殿	586 年	前 516 年～西元 70 年	被羅馬人所毀

二 🕎 **第二聖殿（所羅巴伯聖殿）** **前 516 年～西元 70 年（屹立 586 年）**

建立	前 536 年，所羅巴伯經由波斯居魯士皇帝授權及後來的大流士皇帝支持下，於前 536 年重建聖殿，並於前 516 年竣工（歷時 20 年），被稱為「所羅巴伯聖殿」，又被稱為「猶太人第一次回歸」。
擴建	前 19 年，大希律王為了討好猶太人而擴建聖殿規模，史稱「希律聖殿」。
被毀	西元 70 年，羅馬帝國提圖斯（提多）將軍攻陷耶路撒冷，將聖殿徹底摧毀，僅留下西牆（哭牆）。 ● 兩次聖殿被毀，恰巧同在猶太曆 5 月 9 日（羅馬人在聖殿原址蓋了一間「宙斯神廟」）。

西元 691 年｜**聖殿山首座圓頂清真寺（金頂寺）建立**　伍麥亞王朝哈里發阿卜
杜勒馬利克在耶路撒冷（原猶太教聖殿原址）建造一座聖岩圓頂清真寺，又
稱「薩赫拉」（金頂寺）保存迄今。

西元 709 年｜**聖殿山第二座清真寺（銀頂寺）建立**　在聖殿山南側興建一座阿克
薩清真寺（銀頂寺）。

西元 1010 年｜**聖城內猶太會堂及基督教堂全毀**　埃及法蒂瑪王朝哈里發哈基姆
下令將耶路撒冷城內的所有猶太會堂及基督教堂全部摧毀。

西元 1073 年｜**耶路撒冷再次易主**　塞爾柱帝國從法蒂瑪王朝手中奪得聖城控
制管理權。

12 十字軍東征時期

西元 1099 年｜**第一次十字軍東征（基督教奪回聖城）**　在教宗烏爾巴諾二世號
召下，基督教徒穿著十字戰袍（十字軍）奪回聖城，大量屠殺回教徒，建立
「耶路撒冷王國」（禁止穆斯林入城）。

★ 將聖岩圓頂清真寺改為教堂，阿克薩清真寺成為聖殿騎士團總部。

西元 1187 年｜**第三次十字軍東征（耶路撒冷被穆斯林佔領）**　埃及阿尤布王朝
蘇丹薩拉丁攻克耶路撒冷，教宗再度號召十字軍前往救援（歷次中規模最大
的一次）。

★ 此次十字軍（聯軍）出師不利，德國神聖羅馬帝國皇帝腓特烈一世（紅鬍
子）在征戰途中墜河淹死（退出），英國理查一世（獅子心）和法王腓力二
世不和（法王以國內發生糾紛為藉口退出），最後只剩下英王理查孤軍力戰
薩拉丁（最後達成停戰協議）。

西元 1229 年｜**第六次十字軍東征（基督教重回聖城）**　神聖羅馬帝國皇帝弗烈
德利二世通過與埃及阿尤布王朝簽訂條約，重新得到耶路撒冷。

西元 1244 年｜**花剌子模王朝攻佔耶路撒冷**　被蒙古帝國滅亡的花剌子模王朝
殘部，在逃亡途中佔領耶路撒冷（三年後被埃及人驅逐出境）。

西元 1260 年｜**馬木路克王朝入主耶路撒冷**　蘇丹古突茲打敗蒙古軍團，遏止蒙
古人進入西亞及非洲，並多次擊退來犯的十字軍，從此取代埃及阿尤布王朝
控管耶路撒冷。

西元 1291 年｜**第十次十字軍東征（最後一波）**　馬木路克王朝重創十字軍（勢
力徹底被清除），歷經 200 年的十字軍東征終於劃下句點（除了第一次東征
成功外，其餘均以失敗告終）。

★ 教宗所發起的東征原為奪回耶路撒冷的聖戰（但最後失控成為侵略掠奪及
屠殺的野蠻行為）。

13 鄂圖曼帝國時期

西元 1517 年｜鄂圖曼土耳其帝國佔領耶路撒冷　鄂圖曼帝國取得聖城控制權（約歷 400 年）。

★ 同年 1517 年德國馬丁‧路德發表 95 條綱論，引發宗教改革運動（成立新教）。

★ 鄂圖曼帝國於 1453 年滅掉拜占庭帝國，將君士坦丁堡改為伊斯坦堡（並將其設為新國都）。

西元 1537 年｜重建耶路撒冷城牆　鄂圖曼帝國蘇丹蘇萊曼一世重建聖城的城牆與城門，並整修聖岩圓頂寺及阿克薩清真寺。

★ 1541 年將東側城牆的金門封閉至今。

14 近代

西元 1917 年｜英國託管耶路撒冷　第一次世界大戰後期，英國中東總司令艾倫比將軍向鄂圖曼帝國（土耳其）發動總攻擊，於 1917 年 12 月 11 月佔領耶路撒冷（成為英國託管地）。

西元 1948 年｜以色列獨立建國　西元 1948 年 5 月 14 日，以色列成為獨立的猶太國家。

第三節　認識耶路撒冷古城區內的三大宗教聖地

	序	教名	朝聖處	備註
三大宗教朝聖處	1	伊斯蘭教	聖殿山	又稱「摩利亞山」，中央有座聖岩圓頂寺（又稱金頂寺）
	2	猶太教	西牆	又稱「哭牆」，猶太人的祈禱處
	3	基督教	苦路	又稱「感恩之路」，是耶穌基督臨終前最後的歸途

1 伊斯蘭教（回教）的聖地｜摩利亞山（聖殿山） 同時也是世界三大宗教共同聖地

	猶太教	亞伯拉罕差點將以撒獻祭給神的地方 ★ 所羅門聖殿的原址處
三教同處	基督教	耶穌與猶太祭司拉比長老們爭辯處
	伊斯蘭教	先知穆罕默德騎天馬夜行登霄與真主對話處

源起｜試煉之丘　亞伯拉罕在此差點將兒子以撒獻祭給神（被天使阻止以旁邊羔羊代替）。

2 猶太教的聖地｜西牆（又稱哭牆） ★ 猶太人不喜歡「哭牆」一詞（有點諷刺意味）

源起　西元 70 年羅馬提圖斯將軍（後來成為羅馬皇帝）摧毀聖殿時，刻意留下聖殿山西側一道城牆，用來警惕猶太人勿與強盛的羅馬帝國為敵。

聖殿山的歷史過程		
🕎	第一聖殿建成	西元前 967 年，所羅門王依父親大衛遺願在此興建一座聖殿（所羅門聖殿）
⚡	第一次聖殿被毀	西元前 586 年，新巴比倫王尼布甲尼撒攻陷聖城將聖殿摧毀（猶大王國滅亡）
🕎	第二聖殿建成	西元前 536 年，所羅巴伯受波斯居魯士王授權重建聖殿（所羅巴伯聖殿）
🕎	擴建聖殿	西元前 19 年，大希律王為了討好猶太人重新擴建聖殿（希律聖殿）
⚡	第二次聖殿被毀	西元 70 年，羅馬提圖斯將軍攻陷聖城，摧毀聖殿（二次被毀日恰巧均為 5 月 9 日）
🏛	異教神廟	西元 135 年，羅馬哈德良皇帝驅逐猶太人，在聖殿山興建一座宙斯神廟
🌿	瓦礫荒場	西元 313 年，羅馬君士坦丁大帝承認基督教，拆除宙斯神廟，但此處被基督徒視為是污穢之地（被神咒詛之地），不久後成為杳無人煙的瓦礫荒場
☪	回教聖地	西元 621 年，先知穆罕默德騎天馬夜行登霄聖地與真主對話（成為伊斯蘭教聖地）
☪	圓頂清真寺	西元 691 年，伍麥亞王朝哈里發阿卜杜勒馬利克在此興建圓頂清真寺（金頂寺）
☪	銀頂清真寺	西元 709 年，在聖殿山南側再興建一座阿克薩清真寺（銀頂寺）
✝	主殿教堂	西元 1099 年，十字軍奪回聖城，將圓頂清真寺改為「主殿教堂」，把銀頂寺改為「聖殿騎士團總部」
☪	清真寺再現	西元 1187 年，回教領袖薩拉丁擊敗十字軍，使聖殿山上閃爍發亮長達 88 年的十字架被挪走，重新將新月伊斯蘭徽復立上去，直到今日
☪	重修清真寺	西元 1537 年，鄂圖曼帝國蘇丹蘇萊曼一世大力整修聖岩圓頂寺及阿克薩清真寺，並於 1541 年將東側城牆大門金門封閉直至現今

現今聖殿山

嘆息之壁 羅馬帝國有一段很長的時間裡，禁止猶太人靠近聖殿山（違者處死），當猶太人被允許可以重返聖地朝拜時，也只能在西牆下的廣場祈禱（在屈辱及哭泣中禱告）。

★ 當以色列復國後立下諾言：「猶太人永不再哭泣」（哭牆因此得名）。

牆即聖殿 對猶太人而言，再也無法進入聖殿山（現今已成為伊斯蘭教聖地），所以離聖殿山最親近的西牆（一牆之隔），成為以色列人心目中的至聖所

（聖殿）。

西牆形制　　西牆長 50 公尺、高 18 公尺（約 7 層樓高），由 18 層巨石堆疊而成，下面 7 層為第二聖殿遺跡，中間 4 層為羅馬拜占庭期間增疊，最上面 7 層是鄂圖曼帝國在重修阿克薩清真寺時再補增建加疊上去的。

西牆格局　　西牆祈禱區分為男女兩處（由柵欄隔開），男在左方，較大佔三分之二；女在右方，較小約三分之一，任何人進入西牆廣場都不得裸露頭頂部，男生須戴基帕小帽、女生必須用布巾包覆頭部，不能穿無袖或低領的衣服（以示對上帝的敬畏）。

★ 祈禱時有一習俗，將自己的願望寫在小紙條上，塞到西牆石縫裡求得福氣。

布拉克牆　　西牆同時也是伊斯蘭教的聖地，被稱為「飛馬牆」（布拉克），因當年先知穆罕默德從麥加來到耶路撒冷時，把馬栓在這裡。

西牆由巨石堆疊而成

3　基督教的聖地｜苦路（苦殤之道）　★ 耶穌生前最後的不歸路

源起　　耶穌生前最後一段路程，被稱為「苦殤之道」（簡稱苦路），現已成為基督徒的感恩朝聖之路（對基督徒而言，「苦路」遠比聖殿山來得更重要且神聖）。

站數　　1731 年，教宗克萊門十二世確定 14 處地點，作為禮敬儀式處（禱告點）。

長度　　「苦路」全長約五百公尺，始於第一站「鞭打教堂」，終於第十四站「聖墓教堂」。

苦路十四站簡介

站 別		站 名	內 容
安東尼堡	1	被判死刑	總督彼拉多宣判耶穌死刑，遭到鞭打謾罵（今建有鞭打教堂）
	2	背上十字架	耶穌被戴上荊冕冠、穿上紫色袍，被羅馬士兵戲弄，又稱「舖華石路處」
耶路撒冷 繁華街道	3	第一次跌倒	耶穌身背沉重的十字架，體無完膚，虛弱跌倒
	4	遇見母親	在這裡見到母親馬利亞
	5	路人代荷	古利奈人西門見耶穌體力不支，幫耶穌一起背負十字架
	6	義女擦臉	少女維洛妮卡用手巾幫耶穌擦汗（手巾留下耶穌容貌）
	7	第二次跌倒	信徒們稱這裡是「審判之門」
	8	勸慰婦女	耶穌安慰在現場哭泣的婦女：「不要為我哭，當為自己的兒女哭」（40 年後聖城被摧毀）
	9	第三次跌倒	今聖墓教堂牆外處
聖墓教堂 內	10	衣服被剝	耶穌在此被剝去外衣（如羔羊般將被獻給神）
	11	被釘十字架	在各各他（髑髏岡）被釘十字架之刑（為人們贖罪）
	12	終於成了	天空一片昏暗、大地一片沈寂，耶穌最後說了一句：「成了」，就斷氣了
	13	入殮	忠實信徒約瑟（法院議員）幫耶穌抹上香膏、包裹細麻布，安置在山洞裡
	14	聖墓之所	三天後耶穌復活，聖墓已空（當天是星期日，故又被稱為「主日」）

226

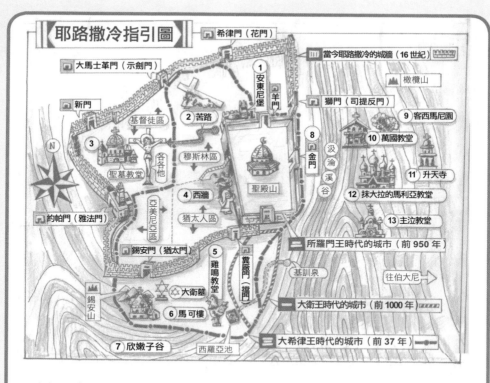

耶路撒冷指引圖

希律門（花門）

大馬士革門（示劍門）

當今耶路撒冷的城牆（16 世紀）

橄欖山

新門

① 安東尼堡

羊門

獅門（司提反門）

⑨ 客西馬尼園

基督徒區

② 苦路

⑧ 金門

⑩ 萬國教堂

③

穆斯林區

汲淪溪谷

聖墓教堂

聖殿山

⑪ 升天寺

約帕門（雅法門）

亞美尼亞區

④ 西牆

⑫ 抹大拉的馬利亞教堂

猶太人區

⑬ 主泣教堂

錫安門（猶太門）

⑤ 雞鳴教堂

糞廠門（擋）

所羅門王時代的城市（前 950 年）

基訓泉

往伯大尼

錫安山

大衛墓

大衛王時代的城市（前 1000 年）

⑥ 馬可樓

⑦ 欣嫩子谷

西羅亞池

大希律王時代的城市（前 37 年）

1. **安東尼堡｜耶穌受審遭判死刑的地方** 現已在原址建有「鞭打教堂」（苦路 14 站中的第 1 站）。

2. **苦路｜耶穌生前最後的不歸路** 始於第 1 站「鞭打教堂」終於最後 1 站（第 14 站）聖墓教堂，全長約 500 公尺。

3. **各各他（髑髏岡）｜耶穌被釘十字架的地方** 現建有聖墓教堂紀念（苦路 14 站中最後 5 站均在聖墓教堂內）。

4. **西牆｜又稱「哭牆」** 西元 70 年羅馬提圖斯將軍率軍攻陷耶路撒冷，剷平聖殿山一切建築物，只留下這道西牆。
   ⊙ 羅馬君士坦丁大帝皈依基督教後，允許猶太人在每年聖殿被毀紀念日當天，能到西牆哀悼祈禱。

5. **雞鳴教堂｜彼得三次不認主的地方** 耶穌預言門徒彼得在雞鳴前會有三次不認主，彼得否認（結果成真）。
   ⊙ 教堂原為大祭司該亞法的府邸（耶穌被捕後首先被送押審訊的地方）。

6. **馬可樓｜耶穌最後晚餐的地方** 耶穌與 12 門徒齊聚用餐（室內共 13 人，因此西方認為「13」數字不吉利）。

7. **欣嫩子谷｜地獄的入口** 先知耶利米稱這裡是「殺戮谷」（此地為異教燔祭嬰童的罪惡之處）。

8. **金門** 猶太人認為彌賽亞（救世主）復臨時會騎驢從此門進入聖殿，已被鄂圖曼土耳其帝國封閉迄今。

9. **客西馬尼園｜耶穌被捕的地方** 耶穌被門徒之一的猶大出賣，在此被吻臉為記（猶大毒吻），並遭到逮捕。

10. **萬國教堂** 由 16 個國家集資奉獻興建因此而得名（在客西馬尼園旁）。

11. **升天寺｜耶穌復活 40 天後在此升天** 因為是穆斯林（回教徒）興建，所以稱寺不稱堂。

12. **抹大拉的馬利亞教堂** 她是第一位見證耶穌復活的人，並傳達信息給已經四散的門徒歸心。
    ⊙ 西元 1886 年由俄國沙皇亞歷山大三世出資建造由 7 個金色洋蔥塔頂設計的東正教式教堂。

13. **主泣教堂｜耶穌為聖城哀泣之處** 耶穌哀悼耶路撒冷的末日將近（40 年後成真，被羅馬人所毀）。

第十九章
認識聖經裡的小插曲

第一節　何謂拈鬮（普珥）

拈鬮獻祭羊

拈鬮　拈鬮讀為「年糾」，希伯來文稱「普珥」（意為抽籤），又稱「掣籤」（透過抽籤儀式尋求神的意旨）。

1　較著名的拈鬮儀式

❶ 大祭司亞倫　依猶太曆在新年過後第十天（即贖罪日）舉行祭祀儀式，透過抽籤決定兩隻替罪公羊的命運。

　⊙ 一隻歸耶和華：被殺來做獻祭（代表為百姓贖罪）。

　⊙ 一隻歸阿撒茲勒（惡魔）：擔下以色列民的罪孽被放逐到曠野。

> **隱喻**　在新約聖經裡，耶穌即代表為人們贖罪的羔羊，被總督彼拉多釋放的強盜犯巴拉巴則代表歸阿撒茲勒惡魔的羊。

★ 現代美國總統，會依傳統在基督教感恩節前夕，在首府白宮玫瑰園內，用抽籤方式來赦免一隻火雞成為桌上佳餚的儀式（讓其自生自滅，安享天年）。

❷ 約書亞　在艾城之役慘敗後，用抽籤儀式發覺猶大支派亞干私藏戰利品（因神諭必須全數銷毀）因此連累全軍而受到懲罰。

　⊙ 進入應許之地（迦南）後，在示羅城用抽籤儀式決定剩下七個半支派的領地分配。

❸ 撒母耳　在米斯巴透過抽籤儀式，確認掃羅為以色列首位國君（大衛王是神直接揀選）。

❹ 馬提亞　基督教十二門徒加略人猶大出賣耶穌後畏罪自殺（缺一員），門徒們在耶路撒冷用抽籤方式，選中馬提亞成為新的門徒（保持 12 門徒）。

❺ 馬薩達要塞　第一次猶太人起義戰爭失敗後，羅馬提圖斯將軍把耶路撒冷及聖殿徹底摧毀（第二次聖殿被毀），猶太義人死守在馬薩達要塞，因拒絕投降，以抽籤方式殺死同胞，最後一位再行自殺（因猶太教教義裡「自殺」是極惡的罪孽）。

抽籤儀式

2　外邦人也流行抽籤儀式

❶ 先知約拿　他為了躲避神的召喚（去尼尼微佈道）乘船往反方向區域行進，

途中遇到大風暴，船員們用抽籤儀式得知是約拿惹怒神所遭來的噩運，於是將他丟進海裡，風暴也立即停止（神派大魚去保護約拿）。

2 末底改　他是生活在波斯的猶太人，新任宰相是亞瑪力人的哈曼，末底改非常鄙視他，從不向他行跪拜禮，因此惹怒惡相哈曼，便向國王進讒言，透過抽籤儀式，選定猶太曆亞達月 13 日執行猶太人的種族滅絕計劃。

★ 此事被身為猶太人的王后以斯帖（末底改堂妹）知悉後，運用智慧與勇氣反將一軍（惡相哈曼被國王賜死），解救全境內猶太人的生命。

普珥節緣由　此事件成為猶太教重要節日「普珥節」的緣由。

第二節　認識聖經裡的數字

3（神的數字）　　　　4（人的數字）　　　　7（宗教神聖數字）

★ 代表神的數字｜3　　三位一體

⊙ 耶穌 30 歲開始傳道、3 次斥退撒旦、曾讓 3 個死人復活、在客西馬尼園做最後的 3 次禱告、3 次被彼得不認、在苦路 3 次跌倒、被釘十字架後 3 小時昏天暗地、3 天後復活。

⊙ 大衛 30 歲稱王（大衛王）。

⊙ 加略人猶大為了 30 枚銀幣出賣耶穌。

★ 代表人的數字｜4　　尤其是 40

摩西	1～40 歲	（40 年的王子生活）	掃羅王	在位 40 年	（30 歲即位）
	41～80 歲	（40 年的逃難牧人）	大衛王	在位 40 年	（30 歲即位）
	81～120 歲	（40 年的族長領袖）	所羅門王	在位 40 年	（20 歲即位）
摩西享年：120 歲			**統一王國期間：120 年**		

⊙ 挪亞造方舟，大雨持續肆虐 40 晝夜，成為大洪水。

⊙ 摩西獨自上西奈山 40 晝夜（神頒給他兩塊十誡石板）

⊙ 摩西差遣十二支派各推一名探子到迦南地區探查 40 天，結果十支派回來報惡訊，因此觸怒上帝（1 天抵 1 年，從此在曠野漂流 40 年）

⊙ 在曠野只能吃嗎哪靈糧（共計 40 年）

⊙ 非利士巨人歌利亞率軍與掃羅王對峙 40 天，無人敢去應戰（最後被大衛拋石擊殺）。

⊙ 先知約拿到尼尼微傳達神的旨意，如不知行善或悔改，40 天後神將毀滅該

城。

⊙ 先知以利亞逃難到西奈山期間，天使相隨供養他 40 天。

⊙ 耶穌出生後 40 天，馬利亞帶他到耶路撒冷聖殿做潔淨禮。

⊙ 耶穌基督在猶大曠野禁食 40 天（大齋節緣由）並接受撒旦試探，之後用 40 個月傳道。

⊙ 耶穌被釘十字架後 3 天復活，40 天後升天，40 年後聖殿被毀（西元 70 年）。

★ 代表宗教最神聖的數字｜7　　★ 屬靈的完全數（猶太教教徽：7 燭台）

⊙ 上帝創造天地總共 7 天（6 天造物，1 天休息）一星期 7 天的緣由。

⊙ 上帝從亞當第 7 根右肋骨創造出夏娃（女人）。

⊙ 神在該隱身上作暗記（凡攻擊他的人，將遭到 7 倍的報復）。

⊙ 挪亞按神諭帶著潔淨的生畜與飛禽（7 公 7 母），登上方舟留種。

⊙ 挪亞依神指示造好方舟後，第 7 天開始天降豪雨，7 天後大地被淹沒。

⊙ 挪亞放出鴿子，7 天後鴿子啣著一根橄欖枝回來，再 7 天後再放出鴿子，結果不再回來，使他確定洪水已完全退去。

⊙ 亞伯拉罕以 7 隻母羊羔和亞比米勒王在井邊立約（盟誓之井）。

⊙ 雅各在拉班（舅舅）家裡勞動 7 年後，娶其大女兒利亞，再努力 7 年後才娶到心儀的妹妹拉結。

⊙ 約瑟向埃及法老解夢（先有 7 個豐收年、隨後有 7 個饑荒年）。

⊙ 約瑟將父親（雅各）及家族宗室 70 人，接到物產豐富的埃及定居生活。

⊙ 士師時期以色列人 7 次背道、7 次為奴，亦蒙上帝 7 次的救恩。

⊙ 約書亞讓 7 名祭司吹響羊號角，每天抬著約櫃繞行耶利哥城一圈，第 7 天繞城 7 次，城牆應聲倒塌（耶利哥城被約書亞攻陷）。

⊙ 約書亞用 7 年的時間，征服迦南 7 族、擊殺 31 位國王。

⊙ 約櫃被非利士人擄走到自動將其歸還給以色列人，期間剛好 7 個月，因無故擅自窺看約櫃，違反律法的以色列好奇民眾被神擊殺 70 人。

⊙ 義人約伯有 7 個兒子受到上帝與撒旦的試煉相繼死亡，約伯全身長滿惡臭膿包，他的 3 位朋友陪他 7 天 7 夜。

⊙ 大衛在希伯崙稱王，7 年後擊敗伊斯波設（掃羅王之子），才將國都遷往耶路撒冷。

⊙ 大衛王在耶路撒冷與人妻拔示巴通姦不倫，所產下的兒子 7 天後夭折。

⊙ 所羅門王依大衛遺訓，興建宏偉的耶和華聖殿（歷時 7 年完工）。

⊙ 先知以利沙讓去世的小孩連打 7 個噴嚏而復活，也曾告知亞蘭國將軍乃縵，其身上毒瘡只要到約旦河沐浴 7 次即可痊癒。

⊙ 北朝以色列王國心利只做 7 天國王就被殺死。

⊙ 波斯亞哈隨魯王在王宮舉行 7 天盛大宴會，期間王后失態被黜，選中猶太人以斯帖為新后。

⊙ 耶穌幫抹大拉的馬利亞，驅逐身上 7 個惡靈，使她成為聖女（原為妓女）。

⊙ 啟示錄裡寫道，基督將顯現於 7 盞燈下，右手持有 7 顆星，給 7 個教會 7 個執事的 7 封書信（裡面有勸勉和責備），打開 7 個書卷上的 7 個封印，天使依序吹響 7 個號角，上帝將盛滿烈怒的 7 個金碗交給 7 位天使（代表末日災難），依序收服惡魔（最後審判）重新迎接新天新地。

7 個教會	①以弗所｜初期結束時的教會　②士每拿｜受逼迫的教會 ③別迦摩｜需悔改的教會　④推雅推喇｜被迷惑的教會 ⑤撒狄｜需改革的教會　⑥非拉鐵非｜忠誠的教會　⑦老底嘉｜墮落的教會

撒旦七宗罪 ① 傲慢、② 嫉妒、③ 憤怒、④ 怠惰、⑤ 貪婪、⑥ 暴食、⑦ 情慾。

⊙ 猶太人第一次被擄走到巴比倫至第一次回歸期間剛好 70 年（應驗先知耶利米預言）。

★ 代表不完全的數字｜6　　撒旦的符號「6、6、6」
● 人類 6 日的勞苦生活（第 7 日休息）。

6 大逃城 又稱「避難所」，讓誤殺人的罪犯能請求到庇護權，獲得公平公正的審判。河東區：哥蘭、拉末、比悉；河西區：基低斯、示劍、希伯崙。

★ 代表循環的數字｜8
⊙ 猶太人生下男嬰後，第 8 天後要行割禮（與上帝立約記號）。

★ 代表完美的數字｜10　　十全十美
⊙ 摩西在西奈山獲頒上帝的「十誡」律法石板。
⊙ 神降十災於埃及大地，迫使法老讓以色列民出埃及。

★ 代表神的主愛數字｜12
⊙ 以色列 12 支派、⊙ 12 小先知、⊙ 12 士師、⊙ 大祭司胸牌有 12 顆寶石、⊙ 以琳的 12 股泉水、⊙ 生命之樹上有 12 果實、⊙ 摩西派出 12 探子偵察迦南地、⊙ 耶穌有 12 門徒。

★ 代表不吉祥的數字｜13　　尤其是 13 日星期五（暗黑之日）
⊙ 耶穌最後晚餐時屋內共 13 人（後被門徒加略人猶大出賣）。
⊙ 波斯惡相哈曼用抽籤方式決定於猶太曆亞達月 13 日，將猶太人種族滅絕。
⊙ 以實瑪利 13 歲時被父親亞伯拉罕驅逐（他後來成為阿拉伯人的始祖）。

★ 代表勞苦的數字｜20
⊙ 雅各在拉班（其舅舅兼岳父）家，辛苦勞動 20 年後才返回家鄉。
⊙ 約瑟被兄長們用 20 枚銀幣，賣給埃及商人當奴隸。
⊙ 約櫃被非利士人擄走又歸還後，一直安奉在基列耶琳城 20 年（直到大衛稱

王）。

⊙ 所羅巴伯（猶太人第一次回歸時領袖）花費 20 年期間重建第二聖殿。

★ 代表周期的數字｜**430**　　聖經裡三個 430 年

聖經裡三個430年	1	安居埃及期間	雅各帶領家族寄居埃及（前 1875 年）直至摩西帶領以色列眾民出埃及（前 1445 年），期間共計 430 年。
	2	大衛王族期間	從大衛嶄露頭腳開啟年（前 1016 年）6 年後稱王，直至猶大王國覆滅、聖殿被徹底摧毀（前 586 年）期間共計 430 年。
	3	兩約中間期	《舊約聖經》最後一卷書《瑪拉基書》結束，到新約聖經《馬太福音》第一章開啟期間剛好也是 430 年。

第三節　認識聖經裡的花絮事典

1 聖經裡與上帝三次的立約

1	挪亞之約	以彩虹為記	神承諾不再用大洪水來滅絕各種生物
2	亞伯拉罕之約	以割禮為記	嬰兒出生 8 天後接受割禮為記（代表是上帝揀選的子民）
3	摩西之約	以守息日為記	神賜以色列民聖律（即十誡）以嚴守安息日為記

2 聖經裡重要的記號

1 該隱　神在該隱身上做暗記（凡是殺他的人會遭到 7 倍的報復）。

2 摩西　神在埃及降下十災前，吩咐以色列民：「以羔羊血抹在門口為記號」（執命天使會依記號越過他們家免得災禍）。★ 成為猶太教逾越節的緣由。

⊙ 出埃及時，神透過「日間的雲柱及夜間火柱為記號」引領以色列民前進的方向。

3 亞倫　神使亞倫的木杖「發芽、開花又結果實為記號」（確認他在族群中大祭司職分）。

4 約書亞　在吉甲以「十二塊石頭柱立為記號」（表十二支派）歡度進入迦南第一次逾越節。

⊙ 在示劍召集會眾告誡子民必須恪守遵行與神立的約定，將一塊「大石頭立在耶和華聖所的橡樹下為記號」，又稱「示劍之約」。

5 喇合　耶利哥妓女喇合曾搭救過以色列探子，被告知「在窗前繫上紅色線布為記號」當全城被剿殺時，唯獨她因作記而僥倖存活下來。

6 大衛　彌賽亞（救世主）必出於大衛子孫為記。

7 希西家王　神讓他延壽 15 年（他很質疑），先知以賽亞讓「日影倒退十級」為證，以兆頭為記。

8 加略人猶大　帶著羅馬士兵出現在客西馬尼園「以親吻耶穌為記號」做為逮捕

的對象（又稱猶大的毒吻）。

3 聖經裡的兄弟情結

長子失勢　聖經裡唯有挪亞的長子閃及他拉的長子亞伯拉罕被祝福，其他後裔幾
代傳承中長子，均失去應有的權分）。

1 兄殺弟　亞當的長子該隱殺弟約伯（嫉妒神偏愛其弟的獻祭品），被么弟塞
特繼承長子權分。

2 弟逐兄　亞伯拉罕的次子以撒取代兄長以實瑪利（阿拉伯始祖）得到長子權
分。

3 弟騙兄　以撒的次子雅各用欺騙的方式獲得長子權分，兄長以掃憤而離去
（成為以東人始祖）。

4 兄賣弟　雅各溺愛拉結所生的第十一子約瑟，被嫉妒的兄長們賣到埃及為
奴，後來憑藉自己的能力當上埃及宰相，並不計前嫌的將家族成員迎接到埃
及定居。

5 弟代兄　雅各在臨終前祝福約瑟兩個兒子時，將右手放在次子以法蓮頭上
（代表長子象徵），並告訴兄長瑪拿西要服從弟弟以法蓮。

6 弟尊於兄　弟弟摩西領導以色列民出埃及（免除奴役生活），兄長亞倫是宗
教大祭司（弟弟摩西的政治地位，高於兄長亞倫的宗教地位）。

4 聖經裡到過埃及避難的人

1 亞伯拉罕｜過客變族長　為躲避迦南荒災，帶著妻子撒拉到埃及避難，期間
法老相中撒拉美貌（亞伯拉罕稱他們是兄妹）當謊言被拆穿後，不得不返回
迦南地。

2 約瑟｜奴隸變宰相　被兄長賣給埃及商人當奴隸，因禍得福當了埃及宰相，
將父親及兄長們（族人）迎接到埃及定居（開啟以色列民在埃及 430 年的寄
居生活）。

3 摩西｜王子變逃犯　摩西被埃及公主豢養在宮中（後因殺人逃往米甸），受
神召喚後回埃及，將以色列族人引導出埃及（結束奴役生活）。

4 耶羅波安｜要犯變國王　原為所羅門聖殿的監工長，後來得到神諭，要將
以色列十支派賜給他，當所羅門王得知此事後企圖殺他，於是他逃到埃及避
難，所羅門王去世後，他被北方十支派族人擁立為北朝首任國王（開啟以色
列南北朝分裂時代）。

5 約哈斯｜國王變奴隸　他是南朝猶大王國第 17 任國王，被埃及法老尼哥擄走
（廢其王位改立約雅敬為傀儡國王），最後老死在埃及，算是善終的國王。

6 耶利米｜先知變移民　南朝猶大王國覆滅後（猶太人成為巴比倫之囚）耶

利米和巴錄被自己的猶太族人強行帶到埃及定居，在那裡完成《耶利米哀歌》。

7 希律王｜逃難變國王　原為猶太地區總督，後因帕提亞王朝（安息王國）入侵猶太地區，扶植馬加比家族的安提哥那斯為猶太王，迫使希律逃到埃及尋求庇護，後來得到羅馬軍隊奧援，收復猶太地區，被封為「猶太王」（成為名符其實的大希律王）。

8 耶穌｜避難變救世主　耶穌在伯利恆誕生時，大希律王聽說有「聖嬰降臨」，於是下達屠嬰令，聖母馬利亞與其父約瑟帶著耶穌前往埃及避難。

5 聖經裡因逃難而幫岳父牧羊的兩個人

1 雅各｜在哈蘭幫舅父拉班（後來成為岳父）牧羊 20 年
⊙娶其兩個女兒：大女兒利亞、小女兒拉結。

2 摩西｜在米甸幫岳父葉忒羅牧羊 40 年
⊙娶其女兒西坡拉。

6 聖經裡三次截流神蹟

1 摩西　用木杖截斷紅海（蘆葦海）之水，使以色列族人順利出埃及。

2 約書亞　叫祭司抬著約櫃截斷約旦河水，使以色列民順利進入應許之地（迦南）。

3 以利亞　用衣服拍打截斷約旦河水，隨後神派火馬駕著火焰車將他接往天國。

7 聖經中的兩次天使報佳音

1 撒拉　三位天使來訪告知撒拉已懷有身孕，不久後生下以撒，同時也告知亞伯拉罕，神要摧毀所多瑪及蛾摩拉兩個罪惡之城。

2 馬利亞　天使加百利報佳音（由聖靈無原罪懷胎），之後生下耶穌。

8 聖經裡兩次屠嬰事件

1 摩西｜創立猶太教　出生時遇到埃及法老下令屠殺以色列男嬰行動（因男丁昌盛）。

結果　被埃及公主從河中救起，取名摩西（意為從水中拉起）。

2 耶穌｜創立基督教　出生時遇到大希律王的屠嬰令（因聽聞有聖嬰降臨）。

結果　約瑟及馬利亞帶著耶穌，一家人前往埃及避難 4 年。

9 聖經裡兩次聖殿蒙灰

1 第一次聖殿被毀之前　先知耶利米稱聖殿已成為「強盜的巢穴」（成為錯誤信仰中心）。

2 第二次聖殿被毀之前　耶穌稱聖殿已成為「奸商的賊窩」（祭司把它弄得像菜市場）。

10 聖殿裡三個不可思議的數字巧合

1 第一聖殿與第二聖殿被毀之日均在同一天（猶太曆埃波月 5 月 9 日）。

2 前 586 年第一聖殿被毀，第二聖殿由所羅巴伯率下於前 516 年竣工（兩者相隔 70 年）。

3 第二聖殿建立後，經過 586 年，被羅馬提圖斯將軍摧毀（西元 70 年）。

結論　5 月 9 日、586、70 三個數字成為聖殿詛咒的數字。

11 聖經裡四個人間蒸發的人

1 以諾　亞當第七世孫，他與神同行 300 年，神將他取走他就不在世了（意為神帶他到天國）。

2 以利亞　渡約旦河後，神派火馬駕著火焰車將他接往天國。

3 摩西　登上尼波山眺望無緣進入的迦南美地後遺憾而終，其遺體由上帝親自處理，至於葬在何處迄今成謎。

4 所羅巴伯　受到波斯居魯士大帝的授權回到耶路撒冷重建聖殿（史稱猶太人第一次回歸）工程長達 20 年，當聖殿即將竣工時，他就從此失蹤不知去向，其餘工程是在祭司耶書亞領導下完成。

★ 第二聖殿被稱為「所羅巴伯聖殿」（他也是耶穌家譜中的先祖）。

12 《舊約聖經》中的五個義人

1 以諾｜與神同行 300 年的義人　被神取走（揀選）。

2 挪亞｜邪惡時代的義人　他不與邪惡同流合污，蒙神恩顧全家得救。

3 約伯｜怕被神拋棄的義人　為人正直、敬畏神、遠離惡事。

4 亞伯拉罕｜信神應許的義人　虔信神的話，成為「信心之父」。

5 但以理｜大蒙眷愛的義人　團契的先驅，因信得生，對主忠誠。

13 聖經裡三個背道的人

1 該隱｜聖經中第一個殺人犯　他是亞當的長子，因嫉妒而殺死受神喜愛的弟弟亞伯。

2 巴蘭｜見錢眼開的異教先知　他是異教的咒法師，雖然非常敬畏以色列的神，但是為了金銀財寶出賣靈魂，違逆神的旨意（最後被神懲罰）。

3 可拉│**率眾叛逆者**　他是利未派祭司員，因凡事都要聽命於大祭司亞倫，引發他的不滿，帶領 250 名利未同夥人發動叛變，神發怒使大地裂開，將他們吞噬在烈火中。

14 聖經裡三個著名不倫事件

1 羅得　與大女兒亂倫生下摩押（摩押人始祖）、與小女兒亂倫生下便亞米（亞捫人始祖）。

2 猶大　與兒媳他瑪不倫，生下法勒斯（大衛王的先祖）。

3 大衛　與人妻拔示巴通姦（後來生下所羅門）。

15 聖經裡三個因無子嗣被嘲笑的婦女

1 女僕│**夏甲**　嘲笑 ➡ 女主人│**撒拉**　┃神賜給撒拉一子以撒┃

2 姐姐│**利亞**　嘲笑 ➡ 妹妹│**拉結**　┃神賜給拉結兩子約瑟、便雅憫┃

3 夫人│**毗尼拿**　嘲笑 ➡ 小夫人│**哈拿**　┃神賜給哈拿一子撒母耳┃

★ 神所賜之子均成為家族光耀之人。

16 聖經裡的惡女　★ 表大惡女

1 夏娃　在伊甸園受蛇誘惑，慫恿丈夫亞當一起偷吃禁果（人類開始有了原罪）。

2 夏甲　亞伯拉罕在埃及避災時所招募的侍女，女主人撒拉因無法生育，於是將夏甲送給丈夫。夏甲幫亞伯拉罕生下一子以實瑪利（阿拉伯人始祖）後，開始傲慢自大起來（鄙視女主人），當撒拉蒙神恩顧產下以撒後，夏甲母子被逐出家族成員。

3 波提乏之妻　★ 約瑟被兄長賣到埃及法老侍衛長波提乏家工作，因勤奮認真、備受信任，其妻見約瑟健碩俊美，屢次向其勾引但遭到拒絕，惱羞成怒下誣控他非禮，約瑟因而入獄。

4 毗尼拿　嫉妒心重且心地陰險的女人，因丈夫偏愛無法生育的哈拿，使她對其充滿敵意，後來哈拿求神得到祝福，順利產下撒母耳，才使她徹底覺悟。

5 大利亞　★ 原為妓女，誘惑士師參孫說出神奇力量的秘密，使參孫成為非利士人奴隸，受盡折磨（參孫向神懺悔後恢復神力，最後與非利士人同歸於盡）。

6 耶洗別　★ 她是西頓國的公主，與以色列王國第 7 任國王亞哈政治聯姻，將異教信仰引進以色列區域，建造大量邱壇供奉巴力神（使以色列民蒙罪），她最後的結局如先知以利亞所預言：「屍骸破碎，被狗啃咬」。

7 亞他利雅　★ 耶洗別的女兒，下嫁給南朝猶大王國第 5 任約蘭王，國王去世

後她即篡位為王（成了南北朝時期唯一女王），差點將大衛後裔血脈滅絕。

8 細利斯 ★ 波斯奸相哈曼之妻，陰險冷酷提議建造絞刑台來對付猶太頑固份子，但她沒想到第一個被上吊在絞刑台的人，是她的丈夫奸相哈曼。

9 希羅底 ★ 原為希律腓力王之妻，後來希律腓力王之兄長希律・安提帕王通姦，被施洗者約翰嚴厲批判而懷恨在心（開始籌劃計謀想將其殺害）。

10 莎樂美 ★ 希羅底女兒，在希律・安提帕王生日晚宴跳舞助興，受到獎賞，她在其母的慫恿下，討要施洗者約翰的頭顱當獎品（於是希律・安提帕王下令將施洗者約翰斬首）。

17 聖經裡的妓女 ⊙三位成為聖女

他瑪 ⊙ 因被猶大家族驅逐成為寡婦，心有不甘，於是假扮妓女，瞞騙過公公（猶大）與她發生關係（最後從兒媳婦變成大夫人）。

喇合 ⊙ 耶利哥城的妓女，幫助了冒著生命危險，匿藏潛入耶利哥城蒐集情報的以色列探子，該城被攻陷後她是唯一倖存者，不久後嫁給以色列猶大支派撒門，生下波阿斯（大衛王的曾祖父）。

抹大拉的馬利亞 ⊙ 她用長髮與淚水幫耶穌洗腳，耶穌對她說：「你的愛比罪多」，幫她驅逐身上 7 個邪靈後成為聖女。

歌蔑 先知何西阿之妻，常紅杏出牆與人私奔，最後被賣身淪為妓女，何西阿不計前嫌將她贖回，恩愛到老。

士師耶弗他的母親 耶弗他因為是妓女所生，被其他異母兄弟瞧不起，最後靠自己實力贏得敬崇。

大利拉 非利士人利用妓女大利拉色誘士師參孫，套出破解其天生神奇力量的秘密弱點。

第四節 認識聖經裡的特殊用語

1 祝禱詞

一	序	（ ）內表示天主教用語 ★ 表示伊斯蘭教（回教）用語	
祝禱詞	1	哈利路亞（阿肋路亞）	意為：讚美我主
	2	阿們（亞孟）★ 阿米乃	意為：誠心所願（實在）
	3	道成肉身	意為：耶穌基督是具有神性的聖子（以寶血為人們贖罪）
	4	以馬內利（厄瑪奴耳）	意為：神與我同在
	5	彌賽亞（默西亞）★ 麥西哈	意為：救世主
	6	示瑪（舍瑪）	意為：以色列啊！你要聽 ⊙ 猶太教用語
	7	和散那（賀三納）	意為：求主救我　　　⊙ 猶太教用語
	8	沙龍（沙隆）	意為：你好或平安　　⊙ 猶太教用語

1 伊甸園 ⊙ 不必擔負勞動義務、也不會面對死亡（永生）的天國樂園。

2 禁果 ⊙ 在伊甸園中央生命之樹所結的果實（能知善惡的食物）。

3 原罪 ⊙ 人類違背上帝偷吃禁果，被罰將有生老病死的循環（生離死別的人生）。

4 十誡 ⊙ 上帝透過摩西向自己揀選的以色列子民頒佈 10 條戒律（律法）。

5 約櫃 ⊙ 擺放上帝授頒給摩西兩塊十誡法板的櫃子，又稱「立約之櫃」。

6 應許之地 ⊙ 上帝賜給亞伯拉罕子孫，流著奶與蜜的地方（即迦南美地）。

7 偶像 ⊙ 無中生有的崇拜對象。

8 膏立 ⊙ 將橄欖油澆淋在受膏者頭上（象徵蒙神揀選、屬靈澆灌）。

9 屬靈 ⊙ 以上帝為尊、親近上帝的人。

10 割禮 ⊙ 切除陰莖包皮的儀式（與神立約的憑據），猶太人男嬰出生 8 天後要行割禮。

11 披麻蒙灰 ⊙ 坐在灰燼之中表示懺悔之意（灰：是污穢且毫無價值的象徵）。

12 殉道 ⊙ 因堅守信仰而犧牲生命的人就被稱為「殉道者」。

13 那地的民 ⊙ 指外邦人或異教徒（有鄙視的感情用語）。

14 最後審判 ⊙ 世界末日來臨之際，神將現身，死者將復活接受罪與罰的裁決。

15 洗禮 ⊙ 象徵洗滌罪愆（要成為基督徒最重要的儀式）。

16 聖靈 ⊙ 與神連結靈動的中介者，天主教稱：聖神（一般都以鴿子做為象徵物）。

17 因信稱義 ⊙ 耶穌用寶血為人們作獻祭成為新的義人，信徒憑藉信仰可獲得救贖。

18 三位一體 ⊙ 指聖父、聖子、聖靈三位一體的神學理論。

19 異端 ⊙ 不符合教義的論調稱為「異端」。

20 異象 ⊙ 由神引發超自然現象，來啟發人們的思維。

第二十章
認識基督教

第一節　何謂猶太教拿撒勒派

★ 創立基督教並不是耶穌本人，而是他的使徒們（西元 45 年耶穌的追隨者第一次被稱為「基督徒」），在之前都被定位為「猶太教拿撒勒派」。

1 拿撒勒派　基督教還未創立之前，被稱為猶太教的拿撒勒派（以耶穌的家鄉命名），在猶太教中被視為異端教派，屢遭迫害。

暴徒成信徒　掃羅是一位猶太教法利賽派激進狂熱份子，專門暴力迫害拿撒勒派成員，有天突然間受到耶穌基督聖靈感召而改弦易轍，成為基督教創教初期最忠實熱忱的傳道者（並改名為保羅）。

基督教奠基者　聖保羅不是門徒之一，也從未與耶穌會面過，甚至曾經迫害耶穌的跟隨者，所以他入教後，很多信徒對他仍保持警惕及懷疑狀態。

傳道之旅　保羅歸信耶穌基督後開始周遊列國，做三次傳道之旅（從小亞細亞到希臘，又遠渡到羅馬傳教），曾多次被捕下獄（因他具有羅馬公民身分），數度死裡逃生。

聖保羅

⊙ 新約聖經總計 27 卷，其中 13 卷為聖保羅所寫（近半數），最後他和聖彼得於西元 67 年（同年）雙雙被羅馬暴君尼祿處死殉教。

特徵　聖保羅右手持劍（象徵：捍衛真理）、左手拿書（象徵：傳揚教義）。

2 世界三大宗教之一基督教的創立　西元 49 年，聖保羅與巴拿巴（意為勸慰者）兩人聯合在第一次耶路撒冷會議（又稱：使徒會議）時提出新律法條規，經多次激烈辯論，最後獲得信眾們支持，於是完全跳脫猶太教的框架，獨立成新的宗教。

基督教與猶太教的差異點			
	1	✝	只要信奉上帝（耶和華）任何人均能得到救贖（強調上帝的慈愛與恩典）
		✡	猶太教認為上帝只會拯救猶太人（外邦人都被摒除在外） 重視律法禮儀及飲食規範
	2	✝	基督教徒只接受洗禮（洗滌罪孽）與神重新締結「新的約定」（新約）
		✡	猶太人出生兒第 8 天要嚴格執行割禮，這是與神之間立約的記號（舊約）
	3	✝	基督徒不用堅守安息日，並可隨時向上帝禱告讚美
		✡	猶太子民必須嚴格遵守安息日的一切規定及禮儀（絕對不能犯忌）
	4	✝	基督教認定耶穌是上帝派來救贖世人的彌賽亞（救世主）
		✡	猶太教認為上帝會派以利亞復臨（彌賽亞），否定耶穌是救世主（視他為叛教徒）

耶穌基督

故步自封的宗教　★ 猶太教是全世界唯一不傳教的宗教，他們認為自己是神特別揀選的子民，上帝只會救贖他們（把上帝定位成是他們民族的神，而不是全世界人民的神）。

第二節　認識耶穌基督

★ 耶穌出生於伯利恆的馬槽裡（西元前 5 年），成長於拿撒勒，傳道於加利利附近，西元 30 年死於耶路撒冷各各他（髑髏崗）。

耶穌	人格	意為「受膏者」（大衛王子孫）又稱「以馬內利」（神與我同在） ★ 被釘於十字架為人們贖罪（用自己的寶血赦免人們的原罪）
基督	神格	意為彌賽亞（救世主）又稱為「道成肉身」 ★ 是耶穌被釘十字架復活後的名稱（基督為希臘語譯）

西元元年的迷思　西元元年一般都以為是指耶穌降生之年（又稱耶元）。★ 其實是錯誤的，耶穌是生於西元前 5 年。

原因　自羅馬君士坦丁大帝頒佈《米蘭敕令》後，正式將基督教合法化，到西元 525 年時，東羅馬帝國決定以耶穌的出生年作為新曆法的起始年，但後來歷史學家發現當時計算的耶穌生年有誤。

耶穌被釘十字架

教主 VS 皇帝｜同期東、西方兩大偉人比較表 ★耶穌與中國東漢光武帝劉秀同年出生

教主	耶穌	前 5 年～西元 30 年（約 35 歲）	皇帝	劉秀	前 5 年～西元 57 年（62 歲）
出生		前 5 年 12 月 25 日生 （東正教認為是 1 月 7 日出生）	出生		前 5 年 1 月 15 日出生
7 年	12 歲	至耶路撒冷參加成年禮，與父母走失三天，後來在聖殿中尋獲（正與文士高談闊論）	23 年	28 歲	擁立劉玄為帝（更始帝），昆陽之戰大破王莽主力軍（新朝滅國）
25 年	30 歲	在約旦河接受施洗者約翰洗禮，在曠野禁食 40 天，戰勝撒旦三次誘惑	25 年	30 歲	劉秀創立東漢帝國（東漢光武帝） ◎ 更始帝劉玄被赤眉軍絞殺
26 年	31 歲	揀選十二門徒開始傳道	57 年	62 歲	劉秀去世，其子劉莊（漢明帝）、其孫劉炟（漢章帝）共創「明章之治」
30 年	35 歲	被釘於十字架上，為人們贖罪（復活升天）			

第三節　基督教為了教義分裂成三大派別

基督教的支系　基督教其實是包含東正教、天主教和新教（後來被直稱為基督

教）。

教會的分裂｜又稱「和子句」之裂　★西元 1054 年東、西方教會分裂，其實說來好
笑，只為了一句「和子」（讓雙方撕破臉）。

決裂 原因	● 東方教會在三位一體論述中認為聖靈（聖神）來自聖父（上帝） ● 西方教會在三位一體論述中堅持聖靈（聖神）來自聖父「和子」（即聖子耶 穌）

★雙方為了「和子」之句爭論不休，最後決裂成為東、西方教會（即東正教
與天主教）。

西方教會天主教的宗教改革運動　★西元 1530 年，德籍神父馬丁・路德斥責教廷
濫賣贖罪券斂財，已到無恥境界，因此發起宗教改革運動，他們以《聖經》
作為教義權威，以「愛人如己」為準則，重點放在「上帝的話」，防止主教
團或有心分子濫用教會支配權。

新教創立　★馬丁・路德在日耳曼地區發起的宗教改革，迅速擴展蔓延整個歐
洲。瑞士的茲文理及蘇格蘭的喀爾文陸續加入陣營，正式脫離西方教會（天
主教）自稱為「更正教會」或「誓反教會」，因名稱太過煽動，後來直稱為
「基督教會」（新教）。

基督教三大教別｜西元 1054 年分裂成東西兩大教會

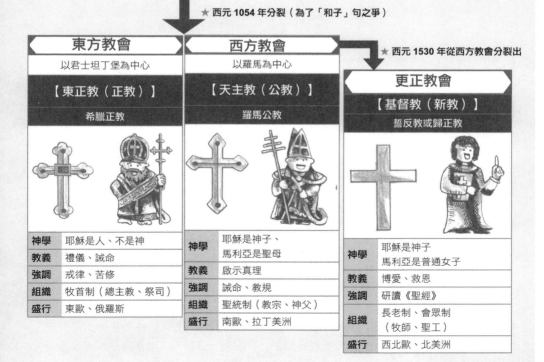

★西元 1054 年分裂（為了「和子」句之爭）

★西元 1530 年從西方教會分裂出

	東方教會	西方教會	更正教會
	以君士坦丁堡為中心	以羅馬為中心	
	【東正教（正教）】	【天主教（公教）】	【基督教（新教）】
	希臘正教	羅馬公教	誓反教或歸正教

神學	耶穌是人、不是神
教義	禮儀、誡命
強調	戒律、苦修
組織	牧首制（總主教、祭司）
盛行	東歐、俄羅斯

神學	耶穌是神子、 馬利亞是聖母
教義	啟示真理
強調	誡命、教規
組織	聖統制（教宗、神父）
盛行	南歐、拉丁美洲

神學	耶穌是神子 馬利亞是普通女子
教義	博愛、救恩
強調	研讀《聖經》
組織	長老制、會眾制 （牧師、聖工）
盛行	西北歐、北美洲

【基督教（新教）三大教派】						
派名	1	英國國教派	2	路德教派	3	喀爾文教派
		安利甘宗		信義宗		歸正宗
創辦		英王：亨利八世（1534年創立）		德籍：馬丁·路德（1530年創立）		蘇格蘭：喀爾文（1536年創立）
創始者						
會名		聖公會、公教會		宣道會、宣信會福音會、佈道會		長老會、公理會
強調		禮儀、誡命及教義		恩典、信心及《聖經》		研讀《聖經》激發信仰意志
內容		★ 除不承認羅馬教宗外，教義近天主教，後來出現一批要求改革的教徒（清教徒）由於受到迫害，搭乘「五月花號」至美洲新大陸成立「美洲聖公會」，產生宗別稱「安利甘宗」。		★ 質疑羅馬教會腐敗無恥，提倡宗教改革，反對教會由教宗（教皇）把持，因而組成一個由平民虔信者的教團，稱為「信義宗」，其意為「因信稱義」。		★ 喀爾文深受路德影響，將信仰改革為家庭化、平民化，主張「相信神能」，只要相信神就能獲得拯救，他的教派被稱為「歸正宗」

第四節　耶穌最後一週的行程表（聖週）

聖週｜**又稱受難週**｜復活節的前一週　　耶穌在逾越節的前6日來到伯大尼。

　　★ 猶太曆：新的一天，是以日落後開始算起（約下午6點左右）。

　　◎ 公曆：新的一天，是從凌晨12點開始算起。

復活節前7日｜**星期日**｜入城日又稱榮耀日

群眾迎接耶穌

　　★ 此日為猶太教逾越節前的選羔羊日（基督教則稱此日為「棕櫚樹主日」）。

　　◎ 耶穌從橄欖山伯法其（今建有伯法其教堂）騎小驢光榮進入耶路撒冷，入城前不禁為耶路撒冷哀哭（今建有主泣教堂），因它已成為罪惡之城。

　　◎ 群眾聽聞耶穌到來，手持棕櫚葉枝高聲呼喊「和散那」（意為求主救我）夾道迎接，由東側金門進城（目前此門於西元1541年被鄂圖曼帝國蘇萊曼大

帝下令封閉迄今），耶穌預言自己將受難。

★「棕櫚葉枝」象徵豐收（代表永恆的生命），基督教會將耶穌復活日的星期日往前推一個星期日，定為「棕櫚樹主日」。

◎ 耶穌在聖殿四周觀察探訪後，發現聖所獻祭只剩商業化形式（感到憤怒）。

復活節前 6 日｜星期一｜潔淨日，又稱「權柄日」

◎ 從伯大尼進城，途中咒詛不結果的無花果。

◎ 進入聖殿內趕走貨幣商人和販賣生祭品者（稱他們把神聖殿堂弄成像賊窩）。

★ 此事令法利賽派祭司非常不滿，祭司長和文士對質耶穌身分（開始萌生殺意）。

復活節前 5 日｜星期二｜對抗日，又稱「聖殿騷動日」或「教誨日」

◎ 入城時見到被咒詛的無花果枯乾死了。

◎ 在聖殿中與法利賽派祭司和撒都該派領袖展開激烈辯論。

◎ 針對猶太人是否要向羅馬皇帝納稅時，耶穌巧妙回答：「把錢還給刻在錢幣上面的那個人」。（因為回答「要」就承認皇帝尊大於上帝，若是回答「不要」則會立即獲罪遭到逮捕）。

復活節前 4 日｜星期三｜賣主日，又稱「沉默日」

◎ 加略人猶大（十二門徒之一）為了 30 枚銀幣去見祭司長，商議出賣主人

耶穌最後的晚餐

（耶穌）。

18：00 ～ 21：00 ｜ 最後晚餐（逾越節晚餐） 原址今建有馬可樓紀念館，晚餐中耶穌將無酵餅剝開分發給門徒，並幫他們倒上葡萄酒，並說無酵餅是我的肉體、葡萄酒是我的血液（預表不久將離世），並且打破傳統習俗，親自幫門徒們洗腳（示範何謂謙遜）。

◎ 耶穌預言其中有一人會出賣他，以及彼得在雞鳴之前將有三次不認主（彼得連說不可能發生）。

★ 耶穌與 12 門徒聚在一起成為 13 人（西方認為 13 不吉利的緣由）。

21：00 ～ 22：30 ◎ 晚餐結束後，回到橄欖山客西馬尼園，幫三位已經沉睡中的門徒（彼得、約翰、大雅各）做最後三次禱告，門徒加略人猶大帶著羅馬士兵，以親吻對象做為逮捕的暗記（又稱「猶大的毒吻」）。

★ 此處現今蓋有由 16 個國家共同合資興建的「萬國教堂」。

22：30 ～ 23：30 ◎ 耶穌首先被押送到前祭司長亞那處接受初審，隨後被帶到大祭司該亞法處受到集體公審，此時門徒見狀四散逃逸（彼得果然三次不認主），現今建有「雞鳴教堂」，耶穌被以詆毀聖殿及冒瀆上帝的罪名被判死刑。

★ 但是猶太人無權對民眾執行死刑，必須經由羅馬行政長官裁決方可算數。

23：30 ～ 01：00 ◎ 耶穌凌晨被押往猶太行省總督彼拉多的官邸受審，因找不出犯罪理由，於是將此燙手山芋的事，丟給加利利轄區最高統治者希律‧安提帕王發落。

01：00 ～ 06：00 ◎ 耶穌在希律王宮內沉默不語（不幫自己辯解），於是國王沒下定論，又將耶穌送回與總督彼拉多處，叫他自行裁決（互踢皮球）。

07：00 ◎ 加略人猶大此時良心不安，想退還祭司 30 銀幣，遭拒絕後上吊自殺。

08：00 ◎ 猶太大祭司該亞法知道，如果要以宗教名義控告耶穌是很難定罪的，於是改變方式，以政治理由脅迫總督彼拉多，說耶穌自稱是「猶太人的王」。

◎ 總督彼拉多認為耶穌罪不致死，於是想藉逾越節為由，說可假釋一名罪犯，讓人民自行選擇。結果猶太公會煽動群眾說：「這是見證耶穌展現神蹟的最佳時機」，於是開始鼓譟群眾大喊：「釋放巴拉巴（強盜），處死耶穌」，現場叫囂騷動起來瀕臨失控。

◎ 總督彼拉多只好去洗淨雙手（意為此事與他無關），最後說：「這已不是我的責任，就依你們的決定吧！」最後耶穌被以「妄稱君王」的叛國罪遭處

釘十字架的死刑。

09：00～11：30 ◎ 耶穌背起十字架，從安東尼堡出發，飽受鞭打與謾罵（今建有鞭打教堂），穿過耶路撒冷繁華的街道（今稱「苦路」，設有 14 站禱告點，又稱「感恩之路」）。

◎ 耶穌途中體力不支，古利奈人西門幫耶穌背十字架（今苦路的第 5 站）。

◎ 少女維洛尼卡用手巾幫耶穌擦汗，留下耶穌真容（今苦路第 6 站）。

◎ 耶穌在苦路途中三次跌倒，並與母親（聖母馬利亞）見了最後一面。

◎ 中午前到達刑場各各他（髑髏岡），被釘在十字架上為人們贖罪殉難，十字架上寫著「INRI」意為「猶太人的王，拿撒勒人耶穌」（今建有「聖墓教堂」）。

★「苦路」（哀傷之道）始於第一站「鞭打教堂」，終於第十四站「聖墓教堂」（最後 5 站均在教堂內）。

12：00～15：00 ◎ 天空一片昏黑、大地一片沉寂。

◎ 耶穌完成救贖工作，說了最後一句話「成了」就斷氣，此時聖殿帳幕布縵裂成兩半，預表神與人之間成就出一條新的道路。

◎ 羅馬兵丁用槍（長矛）刺向耶穌右肋骨旁，確認是否死亡。

★ 該槍（長矛）因沾有耶穌的寶血，被稱為「隆基努之槍」，成為基督教三大聖物之一（另有耶穌最後晚餐使用過的杯子及約櫃）。

16：00～18：00 ◎ 日落前由耶穌忠實信徒亞利馬太的約瑟（最高法院議員），在徵得總督彼拉多的允許下，將耶穌從十字架上取下，幫其抹上香膏、包裹細麻布，將屍體安置在山洞裡，並用大石頭封住洞口（今苦路第 13 站聖墓教堂內）。

★ 釘十字架之刑（讓死者無法升天、也無法觸地）是斷絕於天地的殘酷重刑。

復活節前 1 日｜星期六｜安息日（墳墓日）

◎ 猶太祭司與法利賽派人去見總督彼拉多，請求多派兵丁去看守墳墓，以防止門徒們偷走耶穌身體（於是增加兵丁嚴加看守）並在墳前洞口大石頭上貼上封條。

◎ 耶穌在墳墓中安息（到靈的冥界中傳道）。

復活日｜星期日｜復活節緣由，星期日被稱為「主日」

◎ 清晨抹大拉的馬利亞前來墳前探望，突然大地一片震動，大石頭被移開（守衛的兵丁被嚇到鳥獸散）她趕緊進入墓室，發覺遺體竟然消失不見，天使出現告知她，耶穌已經復活（今苦路第 14 站在聖墓教堂內）。

◎ 當抹大拉的馬利亞想去通報門徒們時，耶穌手執復活

手持復活旗幟的耶穌

旗幟，顯現在她面前，希望由她來召喚門徒們到加利利地區與他會面。

★ 耶穌復活之後，開始稱為「基督」（意為彌賽亞），在 40 天內多次向門徒顯現，教導他們關乎神國的事（頒布大使命），第 40 天他至橄欖山附近的伯大尼處升天（今建有「升天寺」，因為是穆斯林所建造，所以稱「寺」而不稱「堂」）。

? **小常識**

━━━ 各種紀事年的類別 ━━━

● 西元｜又稱「耶穌基督紀元」（耶元）

西元前 BC（Before Christ）即基督前（主前）

西元後 AD（拉丁文 Anno Domini）即主的年份（主後）

★ 因有濃厚的宗教色彩，為求淡化，國際間遂改用「公元」紀年

★ 台灣地區目前還是慣用「西元」一詞

● 公元｜即公曆紀元

公元後 CE（Common Era）即為公共時代

公元前 BCE（Before Common Era）

★ 此為國際通用版本，中國大陸慣用「公元」一詞

● 紀元｜即紀事年

★ 西方以太陽曆（公元）為紀年（國際通用版本）

★ 中國以月亮曆（農曆）用干支紀年、朝代皇帝以年號紀年（光緒 ○ 年）

★ 台灣以中華民國紀年（如民國 ○○ 年）、日本以天皇名紀年如（昭和 ○○ 年）

● 世紀與年代

★ 每 100 年為一個世紀（例：1 ～ 100 年為 1 世紀，101 ～ 200 年為 2 世紀）

★ 每 10 年為一個年代（例：30 ～ 39 年為 30 年代，40 ～ 49 年為 40 年代）

例：★ 1736 年為 18 世紀 30 年代 ★ 1989 年為 20 世紀 80 年代

第五節　認識耶穌的十二門徒

緣由 耶穌親自揀選的十二門徒（代表以色列十二支派），門徒中有三對同名（西門兩位、雅各兩位、猶大兩位）、兩對親兄弟（彼得與安德烈、大雅各與約翰）。

◎ 十二門徒中以彼得、大雅各及約翰最獲耶穌信任，在「他泊山」變容及最後晚餐後到客西馬尼園做最後三次禱告時，均由他們三人陪侍在耶穌旁，被稱為「三柱石」。

1 彼得（伯多祿） 意為「磐石」，原名西門，是位漁夫（十二門徒之首），耶穌把教會建在磐石上，把天國鑰匙

聖彼得

公雞與倒十字架

交給他（成為教會創始祖、首任教宗）耶穌受難當日，他曾三次否認是耶穌的追隨者（深感懊悔），畢生極力宣揚基督教義。

殉道　被羅馬暴君尼祿釘在倒十字架上。★ 殉道處現為梵蒂岡國聖彼得大教堂。

象徵物　倒十字架、天國鑰匙、公雞。

2 安德烈（安德肋）　意為「剛毅」，是彼得的親弟弟，曾見證耶穌五餅二魚的神蹟。

殉道　在希臘被釘在 X 木架處死。

象徵物　X 型十字架。

X 型十字架

安德烈

3 大雅各（大雅各伯）　意為抓住腳跟，號「雷霆之子」，是門徒中首位殉道者，其遺體被秘密運往西班牙安葬（當地後來改名為「聖地牙哥」），成為西班牙最著名的聖城）。

殉道　被希律·亞基帕一世斬首於耶路撒冷。

象徵物　手杖。

大雅各

4 約翰（若望）　意為恩賜，大雅各的親弟弟，是耶穌最疼愛的門徒，著有《約翰福音》、《約翰一、二、三書》，被放逐到拔摩島期間，著有《啟示錄》，他是十二門徒中唯一善終者（其餘均殉道），享年 94 歲。

象徵物　老鷹、聖杯。

老鷹

5 腓力（斐理伯）　意為「愛馬者」，又稱為菲力普，其個性較懦弱，負責門徒們的食糧調度。

殉道　在小亞細亞被處以石礫之刑（亂石砸死）。

約翰

6 巴多羅買（巴爾多祿茂）　意為「神的禮物」，別名「拿但業」，熟悉律法，耶穌曾稱讚他為「真以色列人」，曾遠赴到印度傳道。

殉道　在亞美尼亞被剝皮處死。

象徵物　剝皮刀、人皮。

7 馬太（瑪竇）　意為「神賜予」，原名利未，是一位稅吏，著有《馬太福音》、《登山寶訓》、《主禱文》（天主教）。

殉道　在波斯宣教時讓公主成為信徒，惹怒國王慘遭殺害。

象徵物　鵝毛筆、經卷、天使。

天使

8 小雅各（小雅各伯） 意為抓住腳跟，他是門徒中最不受重視的邊緣人（鮮少有他的記述），反而他的母親（革羅罷的妻子馬利亞）比他出名。

殉道 在埃及宣教時，被用木棍打死。

象徵物 漂布用的木棍。

9 多馬（多默） 意為雙子，個性耿直，耶穌復活時，他非要親眼見證用手觸摸才肯相信，被稱「多疑的多馬」，聖母馬利亞升天時，他獲贈衣帶的榮寵。

殉道 在印度遭婆羅門教徒用長矛刺死。

象徵物 長矛。

10 西門（西滿） 意為神聽見，原為激進的猶太奮銳黨成員，非常敵視羅馬政府。

殉道 在波斯因推倒異教神祇，被鋸成兩半慘死。

象徵物 鋸子。

11 達太（達陡） 意為稱讚，原名也叫猶大，較少有關他的事蹟。

殉道 同西門在波斯傳教時被殺殉教。

猶大的毒吻

◎ 加略人猶大（猶達斯依斯加略） 意為敬拜，他原為門徒中的會計，後來鬼迷心竅為了 30 枚銀幣而出賣耶穌，當主耶穌要被釘十字架時，他精神錯亂最後畏懼選擇上吊自殺。

12 馬提亞（瑪弟亞） 意為神所賜，門徒們用抽籤方式，選上他成為新的門徒（遞補加略人猶大的缺）。

殉道 在耶路撒冷宣教時，被猶太人處以投石之刑。

第六節　新約聖經中重要的人物

1 聖經裡的六位馬利亞

1 聖母馬利亞 聖安妮的女兒，她接到大天使加百列的報佳音，得知具有「童貞無原罪的懷胎」（聖靈懷胎）生下救世主耶穌基督。

◎ 她經常穿著紅色長袍（代表聖愛）外套著藍色披風（代表貞潔），升天時全身白色袍（代表光明）。

★ 耶穌受難時陪伴的三名女子之一。

2 抹大拉的馬利亞 耶穌曾幫她驅逐身上七個邪靈而成為聖潔女，也是第一位見證耶穌復活的人，並把好消息轉告給其他門徒。

聖母馬利亞

★ 耶穌受難時陪伴的三名女子之一。

❸ 革羅罷的妻子馬利亞 　她是小雅各的母親，是位虔誠的女信徒，當耶穌被釘於十字架受難時，在旁禱告哭泣，直到遺體被安置在石墓中，久久不肯離去。

★ 耶穌受難時陪伴的三名女子之一。

❹ 伯大尼的馬利亞 　耶穌受難前一週在伯大尼，她拿出最高級的香膏幫耶穌抹腳，門徒猶大批評她，將如此昂貴的膏油拿來塗抹在腳下太過奢侈浪費，應該將它賣掉，拿錢去施捨窮人。

◎ 耶穌說：「你們常與窮人同在，卻無法常與我同在。」意為她為了安葬他，提前在做準備。

❺ 馬可的母親馬利亞 　她位在耶路撒冷的房子隨時為信徒敞開，是最高屬靈的彰顯，很多信徒常到她家裡聚會禱告（彼得從大牢被釋放後，立刻直奔到此聚會）。

❻ 為主勞苦的馬利亞 　保羅曾向在羅馬召會中勞苦的馬利亞問安，她是個對教會完全付出、有諸多貢獻的事工，深受當地信徒們的敬仰。

---

❷ 東方三博士

　來自東方的三位占星術士（代表當時所知的世界三大地區「亞洲、歐洲、非洲」和「黃種人、白人、黑人」），他們依照星光的引領下，在伯利恆找到聖嬰耶

東方三博士

穌向他參拜，並獻上三項朝觀賀禮「黃金、乳香、沒藥」（是全世界最早的耶誕禮物），隨後因害怕殘暴的希律王逼問聖嬰下落，於是直接返回東方引退，此舉引發希律王的暴怒，下達屠嬰令（殺光耶路撒冷附近城市兩歲以下的男嬰）。

東方三博士朝觀聖嬰的三寶	1	黃金	青年者送	象徵黃種人（亞洲）	代表尊榮	王權
	2	乳香	壯年者送	象徵白種人（歐洲）	代表屬靈	神性
	3	沒藥	老年者送	象徵黑人（非洲）	代表救贖	受難

❸ 施洗者約翰

約翰幫耶穌施洗

　他是耶穌的表哥，曾幫耶穌做施洗禮（他是第一位知道耶穌具有神性的人），開始宣揚耶穌才是真正的彌賽亞（救世主）。

◎ 希律・安提帕王的妻女（希羅底及莎樂美）用詭計讓王將其斬首。

4 **基督教奠基者｜聖保羅**

　　原名掃羅，歸信主之前是個迫害基督徒的猶太教法利賽派激進分子，受耶穌聖靈感召後成為基督教最重要的支柱，三次宣教之旅，將福音傳播到世界各地。

5 **保羅的四位門生**

1 **西拉**　　保羅第二次傳教之旅的追隨者，他們兩人曾一起被捕入獄，後來被神使奇蹟救出。

2 **提多**　　提多是希臘人，是外邦最早信主者之一，曾因割禮事件引發風波，追隨保羅宣教之旅，被稱「保羅的真兒子」。

3 **提摩太**　　保羅二次傳教之旅，在路司得遇到個性內向、忠心勤奮的提摩太，揀選他為海外傳教的夥伴，他受到各地教會的賞識讚揚。

4 **路加**　　保羅忠實同工（一同為一個群體服務的夥伴），是位醫生、歷史家、作家兼畫家，著有《路加福音》及《使徒行傳》。

6 **使徒調解者｜巴拿巴**

　　名意為「勸慰者」，他雖然不是耶穌嫡傳門徒，但卻是個虔誠信徒，變賣所有家產來支持教會運作（受到使徒們的敬仰），由於他極力推薦讓信徒們非常警惕畏懼的保羅入教，才能奠定基督教爾後的快速成長發展，如果當初沒有巴拿巴的慧眼舉薦，就沒有最偉大的傳教士聖保羅，也就沒有世界三大宗教之首的基督教。

7 **馬可**

　　聖彼得秘書，保羅與巴拿巴在第二次傳教之旅，因是否帶著馬可同行而起了爭執，最後分道揚鑣（雖然各自去傳教，但使宣教範圍更加擴張，功效更廣遠），馬可在彼得身旁記錄下很多事蹟，著有《馬可福音》。

8 **亞拿尼雅**

　　他受耶穌聖靈指示去大馬士革醫治失去視覺（失明）的掃羅，使他從一個仇視基督徒的人，變成一位虔誠忠心的信徒，並改名為「保羅」。

9 **司提反**

　　基督教首位殉教者，是早期教會七執事之一，被猶太教視為異端邪士，在耶路撒冷的城門下被民眾用亂石給砸死，其死前大喊：「求主赦免殘害他的人」。

　　★ 其殉教之處，現今稱為「司提反城門」，在當時砸死司提反的暴民中，有一位就是保羅。

10 **撒該**

　　是耶利哥的大財主，因身為稅吏，被視為是羅馬的走狗叛徒，但是他非常仰慕耶穌，其身材矮小，當得知耶穌要入城，為一睹聖容，爬上一棵桑樹上等候，耶穌行經此處，抬頭對他說，「撒該快下來，今晚住你家」，眾人見狀私下議論紛紛，「他竟然要到罪人家裡住宿。」耶穌說，「他正是在解救迷失自我的人，才會選擇住在他家。」撒該感動不已，將一半財產分給窮人，且將過去不法手段賺來的財富，以四倍金額還給村民。

第七節　　基督教教會的起源

緣由 ◎ 耶穌升天後的第十天（即五旬節）彼得領導門徒及信徒們在耶路撒冷的一間房屋二樓大廳，用抽籤的方式選出遞補的門徒馬提亞（成為新的十二門徒）。

◎ 忽然間一陣強風夾帶著舌狀火焰落在十二門徒頭頂，整間房屋被聖靈充滿，開始說出各種方言（大批群眾聽到奇異的聲音齊聚而來），因為受到神蹟而感動，當場三千人受洗成為基督教徒，於

聖靈充滿

是五旬節成為基督教的「聖靈降臨日」也是「基督教會的建立日」。

★ 早期教會採用財產共有及資源共享制度（由信徒樂捐奉獻財物）。

第八節　　聖經中彌賽亞（救世主）的預言

猶太教心目中的彌賽亞 ◎ 耶和華大而可畏之日未到之前我必遣先知以利亞到你們那裡去。（《瑪拉基書》第 4 章第 5 節）

★ 故猶太人認為彌賽亞就是以利亞，將復臨救世。

1 **聖靈懷胎** ◎ 必有童女（未婚女子）懷孕生子，給他起名叫「以馬內利」，意為神與我同在。（《以賽亞書》第 7 章 14 節）

2 **伯利恆之星** ◎ 伯利恆的猶大宗族中將來會有一位統治以色列。（《彌迦書》第 5 章

聖靈

第 2 節）

❸ 從埃及而來 ◎ 以色列年幼的時候我愛他，就從埃及召出我的兒子來。（《何西阿書》第 11 章第 1 節）

❹ 騎驢進城 ◎ 耶路撒冷啊！你的王到你這裡來了，他是正義的會帶來拯救，他十分謙卑騎在驢上，就是騎著驢的駒子。（《撒迦利亞書》第 9 章第 9 節）

❺ 受膏者 ◎ 受膏者說：「我要傳聖旨，耶和華曾對我說：『你是我的兒子，今日生你。』」（《詩篇》第 2 章 7 節）

❻ 大衛的後裔 ◎ 耶和華說：「日子將到，我要給大衛興起一個公義苗裔，他必掌王權行事有智慧，在地上施行公平的公義。」（《耶利米書》第 23 章第 5 節）

◎ 看哪！那名稱為大衛苗裔的他要在本處長起來，並要建造耶和華的殿（《約書亞書》第 6 章第 12 節）。★ 此章節被認為在講述的人是所羅巴伯（耶穌的先祖）。

◎ 耶和華揀選了所羅巴伯（以他為印）。★ 他是早期被認定的彌賽亞（《哈該書》第 2 章第 23 節）。

◎ 耶和華向大衛憑誠實起了誓必不反覆，說我要使你所生的坐在你的寶座上（《詩篇》第 132 章第 11 節）。

◎ 從耶西（大衛之父）的本必發一條從他根生的枝子，必結果實（《以賽亞書》第 7 章第 14 節）。

❼ 好牧人 ◎ 我們都如羔羊走迷，各人偏行己路，耶和華使我們眾人的罪孽都歸在他身上（《以賽亞書》第 53 章第 6 節）。

好牧人

◎ 我必立一牧人照管他們、牧養他們就是我的僕人大衛，他必牧養他們的牧人（《以西結書》第 34 章 23 節）。

> ◎ 我是好牧人，我認識我的羊，我的羊也認識我，正如父認識我，我也認識父一樣，並且我為羊捨命（《約翰福音》第 10 章第 14 ～ 15 節）

第九節 認識耶穌的家譜

❶ 大衛的子孫 《舊約聖經》記載彌賽亞（救世主）必出大衛後裔。

★ 大衛名字在希伯來文切音為「D、V、D」每個字母對應數字合成鏈為「4、

6、4」三個數字，相加起來為「14」（成為猶太人神聖數字，從亞伯拉罕到大衛王至耶穌，一共經歷三個「14代」）。

三個十四代世系表 ◎ 其中約雅敬因悖逆上帝，被《馬太福音書》記載中將其摒除在外。

第一個十四代（豪族時期）				第二個十四代（君王時期）				第三個十四代（平民時期）		
族長	1	亞伯拉罕		統一	1	所羅門	統一王朝國王	1	耶哥尼雅（約雅斤）	
	2	以撒						2	撒拉鐵	被擄走到巴比倫
	3	雅各			2	羅波安	第一任國王	3	所羅巴伯	
猶大支派	4	猶大 ⟷ ①他瑪		南朝猶大王國	3	亞比雅	第二任國王	4	亞比玉	● 猶太人第一次回歸的領導人
	5	法勒斯			4	亞撒	第三任國王	5	以利亞撒	
	6	希斯崙			5	約沙法	第四任國王	6	亞所	● 興建第二聖殿（所羅巴伯聖殿）
	7	亞蘭			6	約蘭	第五任國王	7	撒督	
	8	亞米拿達			7	烏西亞	第十任國王	8	亞金	● 他一度被認為是彌賽亞（救世主）的預表
	9	拿順			8	約坦	第十一任國王	9	以律	
	10	撒門 ⟷ ②喇合			9	亞哈斯	第十二任國王	10	以利亞撒	
	11	波阿斯 ⟷ ③路得			10	希西家	第十三任國王	11	馬但	
	12	俄備得			11	瑪拿西	第十四任國王	12	雅各	
	13	耶西			12	亞捫	第十五任國王	13	約瑟 ⟷ ⑤馬利亞	
	14	大衛 ⟷ ④拔示巴			13	約西亞	第十六任國王	14	耶穌	
					14	（約雅敬）	第十八任國王			

2 《馬太福音書》及《路加福音書》對耶穌家譜三個十四代記載有所差異

①《馬太福音書》將耶穌以「君王」觀點記述，而《路加福音書》則以「人子」觀點記述，所以在大衛之後，傳嗣名字完全不同（以上表格是依照《馬太福音書》版本重新排列）。

②《馬太福音書》將大衛定為第一個十四代的最後一位，同時也是第二個十四代的首位（重複）。

③《馬太福音書》略去第六任～九任的三位國王（亞哈謝、約阿施、亞瑪謝），因和北朝亞哈國王聯姻，為神所不容，第十七任國王約哈斯被埃及法老擄走（最後老死在埃及），第十八任國王約雅敬悖逆上帝（被神詛咒），被馬太抹去名字、略過排名。

3 耶穌家譜中五個重要女子｜兩位妓女、兩位人妻、一位聖女 ◎ 其中四位為外邦女子

❶ 他瑪｜從兒媳變成夫人　迦南人

◎ 丈夫死後被公公猶大（猶大支派始祖）遣送回娘家守寡（心有不甘），假

扮成妓女去色誘公公（猶大），並且成功懷孕生下法勒斯，於是成為猶大家族的第一夫人。

2 喇合｜從妓女變貴婦 　迦南人

◎ 原為耶利哥城的妓女，因冒險搭救過以色列探子，當耶利哥城被以色列人攻陷毀滅時，唯獨她倖免於難，最後嫁給以色列猶大支派人撒門，生下波阿斯。

3 路得｜從寡婦變成人妻 　摩押人（大衛王的曾祖母）

◎ 路得是摩押女子（外邦人），丈夫及公公相繼去世後，為了照顧年邁的婆婆拿俄米，跟隨她回到丈夫的家鄉伯利恆定居，每天以拾穗果腹，其孝心讓大地主波阿斯十分感動，便娶她為妻。

4 拔示巴｜從人妻變成王后 　西臺人

◎ 大衛王搶走有夫之婦拔示巴，犯下通姦罪受神懲罰（其子夭殤），因大衛及時懺悔，使神原諒並賜給他們一個智慧超群的孩子（所羅門）。

5 馬利亞｜人被上帝祝福的聖女 　利未支派後裔

◎ 天使向其報佳音，稱其為聖靈懷胎（無原罪懷胎），不久後在伯利恆生下耶穌基督。

4　耶穌三次進到耶路撒冷聖殿的境遇

1 出生　　出生後 40 天，依猶太傳統習俗由父母帶到聖殿做淨潔禮（屠嬰事件之前）。

結果　希律王得知聖嬰降臨的預言下達屠嬰令（為躲避迫害，全家避難到埃及）。

2 少年　　耶穌 12 歲時，隨同家人進入聖城過逾越節，期間耶穌走丟（父母焦急四處尋找）」。

結果　三天後，在聖殿山找到他（少年耶穌正在與祭司們高談闊論中）。

？

小常識

耶穌人生的三階段

1 聖誕　　　　**2 聖行**　　　　**3 聖殤**

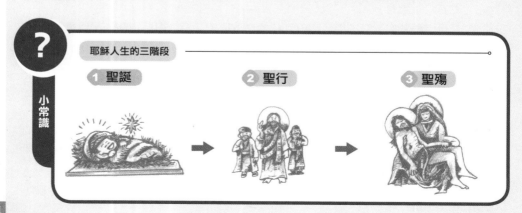

③ 死別 耶穌最後一次進入聖殿，趕走商販、大罵祭司：「將聖殿弄成像賊窩。」

結果 惹怒祭司們，設下詭計將耶穌釘於十字架上處死。

5 第一位見證耶穌復活的人｜抹大拉的馬利亞（瑪利亞、瑪達肋納）

感召從良 她原為淪落風塵的女子，受到耶穌感召而從良，她曾用眼淚及長髮幫耶穌洗腳，耶穌對她說：「你的愛比罪多，你已得赦。」並幫她驅逐身上七個邪靈，因此成為聖女（天主教、東正教及聖公會非常崇敬她）。

神聖任務 她是第一位見證耶穌復活的人，並將已經一哄而散的門徒們重新聚集起來。（在橄欖山萬國教堂右上方，目前有一座由東正教所建立擁有七個洋蔥頂金碧輝煌的「抹大拉的馬利亞教堂」。）

抹大拉的馬利亞

6 基督教三大聖物｜約櫃、聖杯、聖槍（均已失蹤）

① 約櫃（法櫃） 猶太教聖殿裡的核心、至尊無上的聖物櫃內裝有上帝所頒的「十誡律板」。

② 聖杯 耶穌最後晚餐所使用的杯子（內裝葡萄酒被隱喻為聖體血）」。

③ 聖槍｜朗基努斯槍 羅馬百夫長朗基努斯拿槍（長矛）刺進耶穌右肋旁，確認是否死亡，因槍沾有耶穌寶血，成為法力無邊的聖物（又稱為「命運之矛」）。

約櫃

聖杯

朗基努斯槍

？

小常識

何謂「門徒」、「使徒」、「信徒」

- **門徒**——耶穌親自揀選的嫡系子弟。
- **使徒**——對發揚基督教義有重大貢獻者，又被稱為「聖徒」或「宗徒」。
- **信徒**——虔信基督教教義的人（被比喻為羔羊，由神來牧養）。

國家圖書館出版品預行編目資料

圖解猶太教／黃國煜編著；———初版——臺中市：好讀出
版有限公司，2023.10   面；   公分，———一本就懂；25
）

ISBN 978-986-178-684-1（平裝）

260   112013328

好讀出版

一本就懂 25

圖解猶太教

編　　著／黃國煜
繪　　圖／黃國煜
總 編 輯／鄧茵茵
文字編輯／莊銘桓
美術設計／鄭年亨
發 行 所／好讀出版有限公司
　　　　　台中市407西屯區工業30路1號
　　　　　台中市407西屯區大有街13號（編輯部）
TEL：04-23157795 FAX：04-23144188 http：//howdo.morningstar.com.tw
（如對本書編輯或內容有意見，請來電或上網告訴我們）
法律顧問　陳思成律師

讀者服務專線／TEL：02-23672044／04-23595819#212
讀者傳真專線／FAX：02-23635741／04-23595493
讀者專用信箱／E-mail：service@morningstar.com.tw
網路書店／http：//www.morningstar.com.tw
郵政劃撥／15060393（知己圖書股份有限公司）
印刷／上好印刷股份有限公司
如有破損或裝訂錯誤，請寄回知己圖書更換

初版／西元2023年10月1日
定價：400元

線上讀者回函
更多好讀資訊